唐山 党旗指路百年行

——献给中国共产党成立100周年

中共唐山市委网络安全和信息化委员会办公室 编著

编纂人员

主　编 王振良

副主编 聂立芝　李　茹　姚一帆　魏钰星

撰　稿 王振良　魏钰星　韩立强　郭海宁

崔玉宝　张爱云　王　华　王　海

顾　问 王士立

燕山大学出版社

·秦皇岛·

图书在版编目（CIP）数据

唐山 党旗指路百年行 / 中共唐山市委网络安全和信息化委员会办公室编著. —秦皇岛：燕山大学出版社，2021.6

ISBN 978-7-81142-848-3

I. ①唐… II. ①中… III. ①中国共产党－地方组织－史料－唐山②社会主义建设成就－唐山 IV. ①D235.223②D619.223

中国版本图书馆 CIP 数据核字（2021）第 063551 号

唐山 党旗指路百年行

中共唐山市委网络安全和信息化委员会办公室 编著

出 版 人：陈　玉
责任编辑：朱红波
封面设计：张　珅
出版发行：燕山大学出版社 YANSHAN UNIVERSITY PRESS
地　　址：河北省秦皇岛市河北大街西段 438 号
邮政编码：066004
电　　话：0335-8387555
印　　刷：唐山冀东印务有限公司
经　　销：全国新华书店

开　　本：700mm×1000mm　1/16　　印　　张：27.75　　字　　数：318 千字
版　　次：2021 年 6 月第 1 版　　印　　次：2021 年 6 月第 1 次印刷
书　　号：ISBN 978-7-81142-848-3
定　　价：110.00 元

序

中共唐山市委网络安全和信息化委员会办公室为隆重庆祝中国共产党诞生100周年，组织相关学者编著了《唐山　党旗指路百年行》一书。

100年前,13位风华正茂的中国青年,在上海的一座小弄堂里、在嘉兴的一艘小游艇上，伴着昏黄的灯光和熹微的曙色，坚定地唱起了《国际歌》，他们决心用自己的毅力和智慧、奋斗和牺牲唤起手握铁锤和镰刀的劳苦大众，唤起中华民族的几万万儿女，实现他们矢志追求的共产主义理想。

与此同时，出生于直隶省（今河北省）乐亭县一个普通农家的李大钊，正在古都北京关注着上海和嘉兴。他同样坚信，他和战友一手缔造的这支只有50多人的先锋队，最终能够领导着中国人民走向民族独立和国家富强。不久，他的家乡唐山，一座产业工人高度集中的工厂里，这个先锋队的一员从这里走出。从此，唐山这座主要由近代产业工人组成的城市，昂首站在铁锤镰刀的旗帜下，走过了一个世纪的光辉历程！

百年奋进，世纪回眸。我们有过那么多的英勇不屈和壮烈牺牲，我们有过那么多的激情燃烧和高歌猛进，我们有过那么多的历史跨越和幸福憧憬。而这一切，都是在中国共产党的领导下取得的。编著《唐山　党旗指路百年行》一书，就是为了隆重纪念党的生日，讴歌中国共产党领导中国人民艰苦卓绝的斗争和伟大胜利，缅怀为中国革命牺牲的革命先烈，特别是回顾在党的领导下唐山人民走过的光辉历程，总结历史的经验，鼓舞唐山人民为实现“三个努力建成”的宏伟目标、为实现中华民族伟大复兴的中国梦而不忘初心，征程再续。作为新媒体，“唐山你好”公众号有幸承担了这一光荣的任务。

本书用100件发生在唐山的典型事例，记录了一个世纪以来中国共产党领导唐山人民走过的峥嵘岁月。

党的十八大以来，唐山人民在习近平新时代中国特色社会主义思想指导下，拥抱蔚蓝，走向世界，谱写了和正在谱写着更加壮丽的新篇章。在“三个努力建成”的重要指示指引下，唐山将坚持一张蓝图绘到底，沿着“三个努力建成”方向笃定前行，开启“三个努力建成”的新征程、新局面。

因此，我们坚信，在中国共产党领导中国人民继续前行的第二个100年，唐山，会在党旗指引下，迈出更加坚实的步伐，做出更加辉煌的伟业！

目　录

上篇　烽火——前赴后继

中篇　激情——高歌猛进

下篇　跨越——勇往直前

上篇

烽火

烽火——前赴后继

反对帝国主义，反对封建主义，致力民族解放，追求人民福祉。在一场场血与火的较量中，中国共产党一步一步从幼年走向成熟，最终领导中国人民建立了新中国。在这28年的峥嵘岁月中，唐山，英烈长虹贯日，毓雄年年辈出，渤海大浪淘尽，燕山松柏长青。唐山，在新中国的旗帜下站了起来！

★壹

北京谋开天　家乡播星火

李大钊指导唐山工人运动，为创建中共唐山地方组织作了充分准备（1919—1921 年）

1919 年五四运动以后，马克思主义在中国广泛传播。唐山是中国北方的重要工业区，聚集着几万名产业工人。唐山是李大钊的家乡，工人们深受帝国主义、封建主义和官僚资本主义的三重压迫，又有早期工人斗争的基础，因此备受李大钊等北京革命知识分子的关注，很快成为他们传播马克思主义、组织开展工人运动的重要基地。

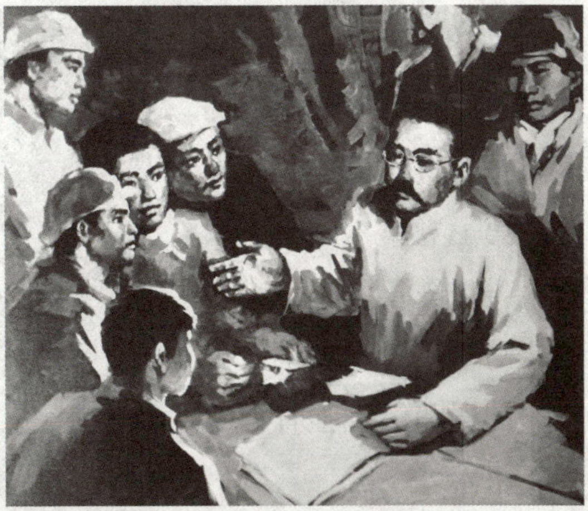

李大钊在唐山工人中传播马克思主义。

早在 1919 年 3 月，李大钊来到唐山，深入到开滦煤矿工人中调查研究，写了《唐山煤厂的工人生活》一文，登在《每周评论》上。其中指出：“工人的生活，尚不如骡马的生活，工人的生命，尚不如骡马的生命。”在北京大学的革命知识分子中间产生了广泛的影响。五四运动爆发后，唐山工业专门学校（即后来的唐山交通大学）的学生首先起来响应，他们派出代表访问了北京大学。北大的革命知识分子根据李大钊提出的“把知识阶级与劳工阶级打成一气”的主张，建议唐山学生与工人结合一起开展爱国运动。因而唐山的爱国运动在6月中旬以后，突破了青年学生、知识分子的范围，发展成为工商联合的广大群众的革命运动。开滦矿务局、京奉铁路唐山制造厂（今北车集团唐山机车车辆工厂）的工人和上海、长辛店工人一道，“以中国历史上第一次的政治罢工，参加了全国人民的反帝国主义斗争，帮助斗争迅速地得到了胜利”。唐山工人阶级在五四运动中表现出了巨大革命力量，从而进一步受到李大钊的重视。

五四运动以后，北京大学的一些革命知识分子，在李大钊的影响下，于1920年1月到唐山工人中进行调查。后来写成两篇《唐山劳动状况》的调查报告，发表在《新青年》第七卷第六号上。调查报告揭露了资本主义的罪恶与黑暗，提出了改良工人待遇和组织强有力的工人团体等。

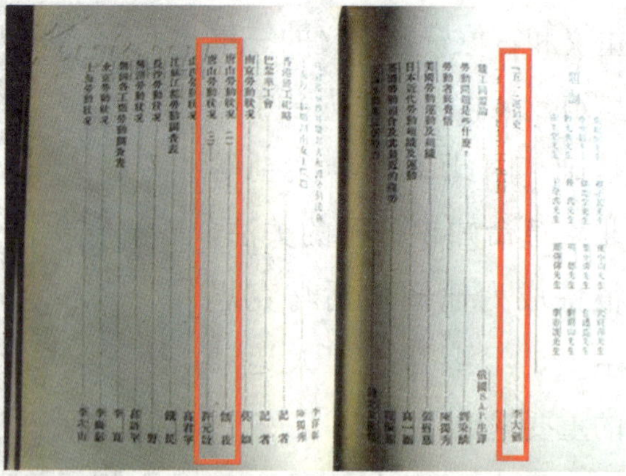

刊载着李大钊两篇文章的《新青年》第七卷第六号目录。

1920年3月，李大钊

在北京大学领导一部分革命知识分子，建立了马克思学说研究会。他强调理论联系实际的重要意义，提出把马克思主义的理论灌输到工人中去，从事建立工人团体的实际活动。经过研究，确定首先到产业工人比较集中的长辛店、丰台、南口和唐山等地开展工人运动。4 月间，李大钊派罗章龙到唐山，首先和京奉铁路唐山制造厂的镟床工匠、在工人群众中有很高威信的邓培建立了联系。邓培对北京大学的革命知识分子很钦佩，愿意建立合作。从此，北京大学马克思学说研究会在唐山的革命据点建立了起来。在以后两年多的时间里，北京大学马克思学说研究会、北京共产主义小组以及后来的中共北京区委和北方劳动组合书记部，在李大钊的领导下，在唐山进行了一系列卓有成效的工作，为唐山地方党组织的建立打下了坚实的基础。

此后，李大钊不断派人到唐山来，向邓培等工人进行革命宣传。他们热情介绍俄国的十月革命，用通俗的语言解释马克思主义剩余价值的学说和阶级斗争的理论，宣传无产阶级革命和无产阶级专政的思想，使邓培等工人开始知道工人贫困的根源和求解放的道路，逐步树立起对共产主义的信仰。北京大学马克思学说研究会又把《共产党宣言》和《新青年》杂志等革命书刊送给邓培等同志阅读，再通过他们把书刊中的革命思想传播到工人群众中去。

1920 年，中国工人阶级第一次纪念五一国际劳动节，李大钊领导的北京大学马克思学说研究会也组织唐山工人举行纪念活动，这是使马克思主义和唐山工人运动相结合的一次实践。纪念活动使唐山工人受到了深刻的阶级教育，在唐山工人心中播下了革命的火种。

1920 年 11 月，北京共产主义小组在李大钊的领导下，创办了工人刊物《劳动音》，向工人进行通俗的马克思主义教育。每期出刊后，他们就派人送往唐山，在工人中散发。

1921 年年初，北京共产主义小组在长辛店举办劳动补习学校、组织工会，获得了显著的成效，影响日益扩大。

1920 年出版的《劳动音》。

1921 年 3 月，北洋政府交通系在唐山开办了职工学校，他们到北京聘请教员，李大钊领导的北京共产主义小组趁机派遣北京大学的旁听生、社会主义青年团团员李树彝到该校担任教员。李树彝一方面教工人学文化，一方面利用这个讲坛向工人宣传马克思列宁主义理论。他从劳动创造世界讲起，讲到工人受压迫不合理，应该团结起来斗争。他用通俗生动的语言，讲了社会发展史，阐述了旧社会必然灭亡、共产主义必然胜利的客观规律。这些内容给处于茫茫黑夜之中的唐山工人带来了光明和希望。

中国共产党成立前后，李大钊和北京的共产主义者更加重视唐山，积极为在唐山建立党组织而努力。

唐山，漫漫长夜中即将飘起铁锤镰刀的光辉旗帜。

★贰

唐山工运壮　国际著声名

唐山党的早期组织为共产国际所了解（1921 年 6 月）

张太雷，中国共产党最早的党员之一，1920 年即参加了李大钊创建的中国共产党北京早期党组织，也是中国共产党早期重要领导

革命导师列宁在共产国际第三次代表大会上演讲。

出席共产国际三大的张太雷。

人之一。

1921年春，张太雷作为中共最早派往共产国际的使者赴苏俄伊尔库茨克共产国际远东书记处工作，在该处负责人、共产国际远东全权代表舒米亚茨基的领导下组建中国支部，随后他们一起出席在莫斯科召开的共产国际第三次代表大会。作为共产国际与中国共产党早期组织之间开展联络活动的第一人、第一个被派往共产国际工作的中国共产党的使者，也是中国社会主义青年团最早派往青年共产国际的使者之一，他担任过维经斯基、马林、鲍罗廷等共产国际代表的翻译和秘书，并以他无穷的精力、渊博的知识赢得了各国共产党人对他的尊重，显示了杰出的政治、外交才能，被誉为"真正的国际主义者"。

张太雷的报告被编入共产国际第三次代表大会文件。

1921年6月22日至7月14日，共产国际第三次代表大会在苏俄克里姆林宫召开，张太雷向大会提交了书面报告，介绍了中国国内工人运动的现状并发表了振奋人心的演讲，呼吁共产国际对中国革命提供更多支持和帮助。这份书面报告是研究中共早期历史的珍贵文献，是中共成立前面向党外的最早的正式报告。会后该报告以《共产国际第三次大会上的中国共产党（中国代表的报告）》为题，刊登在伊尔库茨克发行的《远东人民》第三期（1921年8月号）上。

张太雷的报告，提到了中国共产党的地方组织：截至今年（1921年）5月1日，中国共产党已经有七个省级地方党组织，它们是：1. 北京组织……2. 天津组织及其唐山站分部……3. 汉口组织……4. 上海组织……5. 广东组织……6. 香港组织……7. 南京组织……首先应该指出的是地方组织的数字，即1921年5月有七个地方组织。在介绍天津组织及其唐山站分部时，是这样表述的：“该分部的成员是这个津浦铁路（注：应为京奉铁路）最大车站的铁路修配厂的工人。党特别重视唐山地区，因为它是中国最大的一个工业中心。这里有：（1）二千五百工人的京奉铁路修理厂；（2）两千工人的启新洋灰公司；（3）一万四千工人的开滦矿务总局。我党在这个地区正竭力通过开办工人学校、工人俱乐部以及建立各产业工会发起小组的办法来巩固自己。我们在这里除了共产主义组织外，还有两个小组：一个是五金工人小组，一个是铁路员工小组，在他们周围，我们团结了一批相应的工会。”这说明，在中国共产党正式成立之前，中国无产阶级的先进分子已经开始在产业工人比较集中的唐山开展了卓有成效的工作，使马克思主义与唐山工人运动相结合，建立了相应的组织，并把唐山的共产主义运动发展状况介绍到了国外。

张太雷的报告，后来被编入中央编译出版社出版的《国际共产主义运动历史文献》。

★叁

沪上星星火　唐山熠熠燃

中共唐山地方组织建立（1922 年）

1921 年中国共产党的成立，是“开天辟地大事业”（毛泽东语），从此，中国革命有了前进的方向。而 1922 年建立的中共唐山地方组织，又是河北省最早的中共地方组织。

1920 年 4 月，李大钊派北京共产主义小组的成员来唐山，在邓培家中与邓培讨论组织工会等事宜。图为邓培在唐山的故居，新中国成立后修复，毁于 1976 年地震。

唐山地方党组织的建立，李大钊始终处于领导地位。

1921 年春，北京共产主义小组和李大钊派北京大学旁听生、北京社会主义青年团员李树彝前往唐山，指导工会工作和协助邓培创建唐山社会主义青年团。1921 年 7 月 6 日成立了唐山社会主义青年团，李树彝任代理书记。1921 年 11 月，马克思主义的社会主义青年团在中国成立，唐山的社会主义青年团加入基层组织，并在 1922 年 5 月派李树彝为代表参加在广州召开的中国社会主义青年团第一次全国代表大会。

1921 年秋，李大钊亲自发展了唐山制造厂的镟床工人邓培加入了中国共产党。当时，全国仅几十名党员。李大钊还多次邀请唐山工人到北京学习、参观，并给予当面教诲，领导建立了唐山社会主义青年团。邓培是唐山第一个共产党员，也是我国最早的工人党员之一。发展邓培入党和唐山社会主义青年团的建设，为唐山党组织的产生打下了组织基础。

李大钊等共产主义者又于 1921 年 12 月在唐山西中新街 2 号创办了唐山工人图书馆（包括阅览室）。唐山工人图书馆不仅是工人读书看报的地方，而且是一个工人群众组织。不到半年的时间，工人图书馆就在工人中发展会员 200 多人。邓培等人利用馆务会议，经常向会

1921 年创办的唐山工人图书馆旧址。

员宣传马克思列宁主义，唤起他们的阶级自觉。同时，工人图书馆藏有马克思、恩格斯、列宁的著作，以及《新青年》《劳动周刊》《工人周刊》《先驱》等革命刊物，秘密借给会员阅读。创办工人图书馆是当时组织工人群众、使马列主义与工人运动相结合的有效形式。在李大钊的领导下，唐山工人图书馆成为中共北京区委组织唐山工人的重要纽带。

1921 年 11 月，中国共产党中央局向全国各地发出关于建设与发展党、团、工会组织的通告，李大钊领导北京党组织积极贯彻通告精神。1922 年上半年，经中共北京区委和李大钊批准，邓培在京奉铁路唐山制造厂的社会主义青年团团员中发展阮章、许作彬等人入党。这样，建立唐山地方党组织的条件已经具备。

1922 年 4 月的一天，在唐山解放路上的一座十分普通的二层小楼，门牌礼字胡同 5 条 7 号，邓培、李树彝、阮章等党员聚在一起，他们悄悄挂起了绣有镰刀、锤子的党旗，一起唱起了《国际歌》。在庄严的气氛中，河北省第一个党组织——中国共产党唐山地方委员会（地方支部）诞生了，邓培为书记。此后，中共唐山地方委员会又在开滦矿务局和启新洋灰公司的工人中发展党员和建立基层党组织，同时深入交通部唐山大学发展革命力量，在革命知识分子中发展团员和党员。1922 年 8 月间，在李大钊的领导下建立了中共唐山地方执行委员会，使唐山地方党组织的力量日益壮大起来。从此以后，唐山成为京奉铁路和京东地区工人运动的中心。

在李大钊的领导下建立的中共唐山地方组织是一个非常坚强的党组织。中共唐山地委成立后，立即领导唐山工人投入劳动立法运动，发动了京奉铁路唐山制造厂的工人罢工和震惊中外的开滦煤矿五矿同盟大罢工，以及启新洋灰公司的工人罢工，对掀起全国第一次工人运动高潮起了巨大的推动作用，这是唐山和冀东人民的光荣。在李大钊的亲自教育下成长起来的唐山地方党组织最早的领导人邓培，后来长期担任中华全国铁路总工会委员长，中华全国总工会副执行委员长和中国共产党第三届、第四届中央执行委员会候补委员，从一个普通工人成长为中国铁路工人运动的优秀活动家，最后为革命事业英勇献身。

1922 年中共唐山地方执行委员会正式建立。图为中共唐山地方执行委员会活动地点：礼字胡同 5 条 7 号小楼，已毁于 1976 年地震。

唐山建党初期，主要是开展工人运动，成绩突出。截至 1922 年 10 月份，较短时间内就出现了包括邓培在内的 18 名党员，这些人都是最底层的工人。唐山的工人运动吹响了中国北方工人运动的号角。中共唐山地方组织的建立，使投身革命的唐山工人阶级有了坚强的领导核心，为冀东地区党组织的建立和工农革命运动的发展奠定了重要的基础。

中国共产党播下的星星之火，开始在唐山地区熠熠燃烧。

★肆

工运开新纪　五矿卷巨澜

中共领导开滦五矿同盟大罢工（1922 年 10 月）

开滦煤矿公司是由唐山、赵各庄、林西、马家沟、唐家庄五矿组合而成的。原为官僚资本所创办，后被英帝国主义者侵吞。矿工们受着中外资本家的残酷压迫和剥削，工时长，工资低，劳动条件恶劣，生活非常困苦，故该矿有“人命一条，不如一马”之说。1922 年，中共领导的全国罢工运动风起云涌：1922 年 1 月，香港的中国海员在海员工会联合总会的组织领导下，举行了大罢工，罢工从要求增加工资的经济斗争，发展成为反抗帝国主义压迫的政治斗争，最后罢工取得胜利；1922 年 9 月，安源路矿工人为要求当局

1922 年，开滦五矿工人俱乐部唐山华宾楼。

承认俱乐部有工人代表的权利和增加工资举行罢工，路矿当局勾结军阀派兵企图镇压，在共产党人刘少奇、李立三等的领导下，17000多名工人英勇斗争，迫使路矿当局答应工人提出的大部分条件，罢工取得了胜利。在这些罢工胜利的鼓舞下，9月，山海关铁路工人和京奉铁路唐山制造厂工人在中共领导下举行罢工，取得胜利。当时开滦矿工在中共的组织领导下，政治觉悟空前提高，纷纷要求组织起来，为获得政治自由和经济解放而斗争。

10月16日，开滦五矿推举8名代表向矿方提出了改善生活待遇的6项要求，被矿局无理拒绝。帝国主义分子和反动军阀相勾结，向工人施加压力。这使矿区工人极其愤慨，决定展开大罢工斗争。

1922年10月 19日，五矿工人行动总指挥部，即五矿工人俱乐部，宣告正式成立。10月22日，中国劳动组合书记部特派员彭礼和同志与唐山地方党组织负责人听取了五矿工人俱乐部所属各矿代表的汇报，决定1922年10月23日举行总罢工。

10月23日，五矿工人同时罢工，数千工人举行大集会、大示威，高呼“打倒帝国主义”“劳工神圣”“要求经济解放”“打倒一切剥削者”等口号。还以五矿工人俱乐部的名义发表了开滦3万多工人总同盟罢工的宣言，向全国各界陈述了矿工们牛马不如的生活，揭露了英国帝国主义资本家和反动军阀虐待矿工的种种罪行。

10月24日，赵各庄煤矿工人痛打了企图阻挠破坏工人集会的比利时人梅尔麦德。五矿总同盟罢工的发展，引起了中外反动派的深深忧虑，仅一天之内，矿局资本家就连发三封电报，催天津方面急速派兵来唐山援助。帝国主义分子杜克茹勾结直隶省警务处处长杨以德，密谋调遣大批军警，包括英国来复枪队开进矿区，图谋武力镇压。10

1922 年罢工的场景。

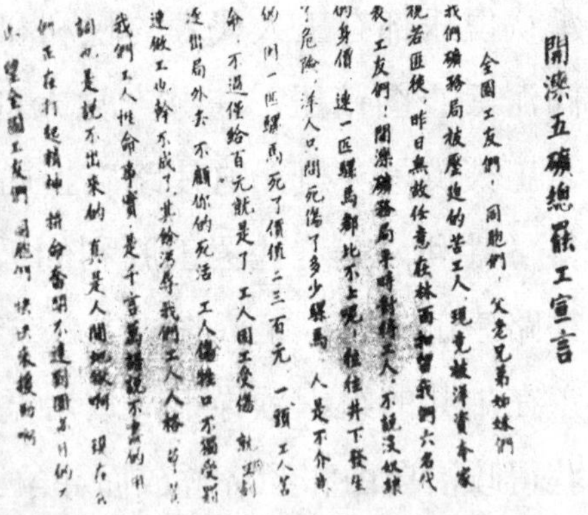

開灤五礦總罷工宣言

全國工友們，同胞們，父老兄弟姊妹們

我們礦務局被壓迫的苦工人，現竟被洋資本家視若匪徒，昨日無故任意在林西扣留我們六名代表，工友們！開灤礦務局平時對待工人，不說沒奴隸們身價，連一匹騾馬都比不上呢！往往井下發生了危險，洋人只問死傷了多少騾馬，人是不介意的，倘一匹騾馬死了價值二三百元，一頭工人苦命，不過僅給百元就是了，工人因工受傷，就送出局外去，不顧你的死活，工人傷殘口不獨受罰連做工也幹不成了，其餘污辱我們工人人格，我們工人性命事實，是千言萬語說不盡的，詞也是說不出來的，真是人間地獄啊！現在我們正在打起精神，拼命奮鬥不達到圓滿目的，望全國工友們，同胞們，快快來援助啊

1922 年开滦五矿同盟罢工宣言。

月 25 日，林西、赵各庄矿工纠察队以集体卧轨的壮烈行动抵抗英兵来矿。

10 月 26 日，各矿工人继续集会，并到街头进行演讲。反动军警无理逮捕纠察队员 7 名，进行武装镇压。为了反抗这种暴行，矿工们聚集到警察署门前示威，要求释放被捕工人，高呼“打倒帝国主义”等口号。反动军警悍然向赤手空拳的工人开枪射击，造成了死伤 50 余人的惨案。血腥屠杀没有吓倒英勇的开滦工人，他们决心把罢工斗争进行到底。在全国各地工人兄弟广泛的同情与支持下，五矿工人继续坚持斗争达 25 天之久，最后迫使开滦矿务局和直隶全省警务处不得不张贴布告，应允给百元以下的工人增资 10%，工人罢工期间发给 7 天的工资，并由矿务局担负受伤工人的医药费。这次罢工，虽未能完全取得胜利，但却给予英国资本家和封建反动势力以沉重打击。

这次罢工的政治意义重大，在中国工运史上占有十分重要的地位。这次罢工沉重打击了帝国主义和军阀政府，教育了工人阶级，动员了全国人民；这次罢工反映了开滦工人新的觉醒，标志着开滦的工人运

1922年开滦罢工旗帜和工人纠察队的标志。

开滦博物馆里表现1922年五矿同盟大罢工的群雕。

动进入新的阶段；这次罢工掀起了北方工人罢工的高潮，进一步推动了全国第一次工运高潮的发展。时任中国劳动组合书记部主任邓中夏在《中国职工运动简史》中热情赞颂开滦罢工是“中国第一次罢工高潮中最重要的罢工之一个”。共产国际驻中国的代表也在罢工期间发表文章声援开滦工人。

1926年3月，毛泽东同志在《中国社会各阶级的分析》一文中深入分析了开滦五矿同盟大罢工和其他几次罢工，得出准确的结论：“工业无产阶级人数虽然不多，却是中国的新生产力的代表者，是近代中国最进步的阶级。”他还热情称赞开滦等地的产业工人：“他们特别能战斗。”

★伍

拼将一腔血 渗入党旗红

中国工人运动的先驱邓培就义（1927年4月）

邓培，原名配安，字少山，广东省三水县（今广东省佛山市三水区）西南镇石湖洲邓关村人，1883年4月8日出生于一个贫苦农民家庭，读过几年私塾。14岁时，邓培跟随一位亲戚到天津德泰机械厂当学徒，学徒期满后，考入京奉铁路唐山制造厂（今唐山机车车辆厂）做镟床工，他边工作边坚持自学。由于刻苦学习、虚心请教，很快成为一个会看图施工，懂英语、数学和机械工程的技术工人。他为人正直、思想进步，在工人中威信很高。

辛亥革命前，邓培接受了资产阶级民主革命思想，参加了同盟会，1919年积极投身五四运动，在工人中组织“职工同人会”和“救国十人团”，发动工人罢工、学生罢课、商人罢市等。

1920年4月，李大钊派北京马克思学说研究会的人员到唐山与邓培联系，并吸收他为该会在唐山的直接联系人。1921年5月，北京共产主义小组派青年团团员李树彝到唐山，协助邓培于7月建立了唐山社会主义青年团，邓培任书记。不久，邓培加入了中国共产党，他在入党誓词里说："献身工人革命运动，实现马克思主义与工人运动相结合，不争荣誉地位，站在最前线；胜则相让，败则相救，牺牲个人利益；廉洁奉公，生活朴素，禁绝一切败坏道德的行为。"邓培是党创立时期最早的几个工人党员之一。

1921 年上半年，共产国际决定在莫斯科召开远东各国共产党及民族革命团体第一次代表大会。中共北京组织和北方劳动组合书记部派邓培作为中国产业工人的代表参加中国代表团，10 月下旬赴苏俄出席会议。

1922 年 1 月大会在莫斯科举行，会议期间，邓培在大会上报告了中国的工会、铁路和冶金工人罢工的情况，又到苏俄各地参观，参加了"共产主义义务星期六"的劳动，目睹十月革命后苏俄发生的天翻地覆的变化，大大开阔了眼界，提高了共产主义觉悟。大会期间，革命导师列宁利用一个晚上的时间，在克里姆林宫单独接见了邓培等三位中国代表和朝鲜的一位代表。列宁勉励中国无产阶级团结其他革命群众，推动中国革命前进，指出中国工人会在革命中起到非常重要的作用。邓培因此备受鼓舞，邓培受到列宁接见也成为中共党史上的美谈。

1922 年邓培参加远东民族大会回国后与工人们合影。

回国后，邓培在中共北京区委的领导下，在唐山地区进一步开展建党工作，任中共唐山地方执行委员会书记。不久，担任北京区委委员，参加北京区委的领导工作。10月至次年 1 月间，邓培参与领导唐山铁路、矿山、纱厂、洋灰厂等工会，组成唐山劳动立法大同盟。先后领导和指导了唐山铁路工人和开滦煤矿工人罢工取得胜利。

1923 年 6 月，邓培参加在广州召开的中国共产党第三次全国代表大会，当选为中央执行委员会候补委员。会后返回唐山，积极参加筹建中华全国铁路总工会工作。1924 年 2 月，邓培出席了在北京召开的全国铁路工人代表大会，被选为全国铁路总工会执行委员会委员长。

1925 年 1 月，邓培参加在上海召开的中国共产党第四次全国代表大会，继续当选为中央执行委员会候补委员。会后任中共中央驻唐山特派代表兼中共唐山地委书记。同年 5 月，他率领铁路工人代表团到广州，出席第二次全国劳动大会，当选为中华全国总工会执行委员会委员。会后，邓培留在广州进行革命工作。

1925 年 9 月，中共中央调邓培到北京，负责全国铁路总工会的领导工作。1926 年 2 月，全国铁路总工会第三次代表大会在天津召开，邓培主持这次大会，并作了工作报告。这次大会对全国工人运动起了积极的推动作用。会上邓培继续当选为全国铁路总工会执行委员，后又兼任书记。

1926 年 5 月初，邓培参加了在广州召开的全国第三次劳动大会。会上，继续当选中华全国总工会（第二届）执行委员会委员，后被调到广州，兼任全国铁路总工会广东办事处主

广东省佛山市三水区邓培故居的邓培塑像。

毛泽东主席签发的邓培烈士证书（1952年）

毛泽东主席亲自签发的邓培烈士证。

任。他在广东期间，领导铁路工人支援省港大罢工，支援国共合作的北伐战争。

1927 年 4 月 15 日，广州的国民党反动派发动反革命政变，派出大批军警，搜捕共产党员和革命者，邓培被捕。在狱中，敌人威逼利诱，要邓培交出共产党员、工会干部的名单，遭到邓培严词痛斥，他始终严守党的机密，宁死不屈。1927 年 6 月 22 日夜间，邓培惨遭敌人秘密杀害，时年 44 岁。邓培同志的一腔热血，为鲜红的党旗增加了庄严的色彩。

邓培牺牲后，1927 年 6 月 27 日，中共中央在致第四次全国劳动大会的信中指出："邓培、李森、刘尔崧等同志在广州之死难……其惨烈当为中国工人阶级及本党永远不忘之事。"

中华人民共和国成立后，唐山市人民为怀念这位早期的共产党人和杰出的工人运动领袖，重修邓培在唐山的故居。1990 年 9 月，中国共产党三水县委员会、三水县人民政府在县城西南的公园内建立邓培铜像，原全国人大常委会委员长彭真为铜像题写了"邓培烈士"；1993 年年底，中国共产党三水市委员会、三水市人民政府拨出专款修葺石湖洲邓关村邓培故居。邓培铜像和邓培故居成为革命传统教育的好场所。邓培烈士的光辉事迹，将永远激励人民去夺取新的胜利。

★陆

铁肩担道义　殉难主义真

李大钊英勇就义（1927 年）

李大钊像

李大钊，中国共产主义运动的先驱，中国共产党的主要创始人之一，河北省乐亭县大黑坨村人。

1924 年国民大革命开始后，身为中共北方党组织负责人的李大钊同志，夜以继日地领导党的北方工作。

1926 年，随着北伐战争的胜利推进，帝国主义势力和反动军阀非常害怕。北京处于白色恐怖之中，3 月底，国、共两党北方领导机关秘密迁入东交民巷苏联大使馆西院旧兵营，继续领导北方革命斗争。李大钊以大无畏的革命精神，继续领导党的秘密工作。在敌人严密的监视下，他的活动受到了很大限制，苏联大使馆门口，总是停放着几辆洋车，由密探伪装成洋车工人，有人出来就被跟踪。但是，李大钊仍然通过各种方法与各地的革命组织和革命同志保持着密切的联系。在他的领导下，沉寂多年的俄国兵营一时成了北方革命运动的指挥中心。在这里，李大钊派遣、输送了许多干部和革命青年到南方去，还派了一些共产党员到冯玉祥的国民军中去担任政治工作，积极支援北伐战争。与此同时，大力发展北方的革命力量，仅北京一地，共产党员就由300多人发展到1000多人；在许多大学和中学发展了共青团组织。李大钊还领导中共北方区委开展人民群众的革命斗争，直隶、山西、热河、绥远（今内蒙古自治区）等省的农民运动不断发展，城市的革命活动也积极进行，创办了许多革命刊物。

1927年4月，在帝国主义势力的支持下，奉系军阀和直系军阀联合控制了北京政权。奉军进占北京后，下令通缉李大钊等共产党人和国民党左派人士。在严重的白色恐怖下，李大钊也清楚自己的处境越来越险恶，但他毫不畏惧，仍然坚守战斗岗位，满怀信心地克服愈益严重的困难。同志们和许多老朋友屡次托人带信给他，或者亲自来看他，劝他离开北京，都被他婉言谢绝了。他坚持留下来，并说："要走出北京并不难，就是工作离不开，我是不走的。"他对夫人赵纫兰说："要知道现在是什么时候，这里的工作是这样的重要，哪里能离开呢？"

1927年4月6日，奉系军阀张作霖不顾国际惯例，悍然调动大批军警闯入苏联大使馆，逮捕了李大钊等60人。李大钊被捕后，面对敌人的威逼利诱，始终严守党的机密，坚贞不屈，"自称为马克思学说崇信者，对于其他之一切行为，则谓极不知晓"。他利用狱方让他"交代"的机会，写出《狱中自述》，回顾自己革命的一生，表达了坚定的革命信念和伟大抱负。"钊自束发受书，即矢志努力于民族解放之事业，实践其所信，励行其所知，为功为罪，所不暇计。今既被逮，

北京东交民巷西段的一条小胡同USSR ENBASSY COMPOUND LANE，直译为“苏联使馆内部通道”，中文称“苏联豁子”。这条胡同的东西两边是苏联大使馆和俄国兵营。李大钊就是在这里被捕的。

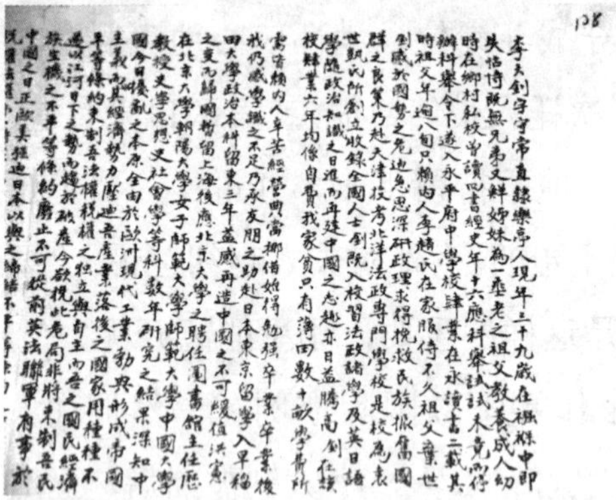
李大釗字守常直隸樂亭人現年三十九歲在襁褓中即失怙恃既無兄弟又鮮姊妹為一垂老之祖父教養成人幼時在鄉村私校曾讀四書經史年十六應科舉試未竟而停辦科舉令下遂入永平府中學校肄業在永讀書二載其時祖父年逾八旬只賴內人李趙氏在家服侍不久祖父棄世釗感於國勢之危迫急思深研政理求得挽救民族振奮國群之良策乃赴天津投考北洋法政專門學校是校為袁世凱氏所創立收錄全國人士釗既入校習法政諸學及英日語學随政治知識之日進而再建中國之志趣亦日益騰高釗在該校肄業六年均係自費我家貧只有薄田數十畝學費所需皆賴內人辛苦經營典當挪借始得勉强卒業卒業後我仍感學識之不足乃承友朋之助赴日本東京留學入早稻田大學政治本科留東三年益感再造中國之不可緩值洪憲之變而歸國暫留上海後應北京大學之聘任圖書館主任歷在北京大學朝陽大學女子師範大學師範大學中國大學教授史學思想史社會學等科數年研究之結果深知中國今日擾亂之本原全由於歐洲現代工業勃興形成帝國主義而以其經濟勢力壓迫吾產業落後之國家用種種不平等條約束制吾法權稅權之獨立與自主而吾之國民經濟遂以江河日下之勢而趨於破產今欲挽此危局非將束制吾民族生機之不平等條約廢止不可從前英法聯軍有事於中國之日正歐美强迫日本以與之締結不平等

李大钊《狱中自述》（局部）。

惟有直言。倘因此而重获罪戾，则钊实当负其全责。惟望当局对于此等爱国青年宽大处理，不事株连，则钊感且不尽矣！”

1927 年 4 月 28 日，张作霖军阀政府不顾社会舆论和世界进步人士的谴责，公然组织特别法庭判处李大钊等 20 位革命同志绞刑，并于当日在西交民巷京师看守所杀害。当时，在北京任京师高等审判厅推事的何隽曾亲历现场，据他回忆，在受刑之前，指挥行刑官曾询问过李大钊对家属如何处分，李大钊说道：“我是崇信共产主义者，知有主义不知有家，为主义而死，份也，何函为？”没有为家属留下任何遗言。当天下午 2 时，李大钊第一个走向绞刑架，慷慨赴死，从容就义，时年 38 岁。

李大钊就义后，许多报刊都有报道，无论他们站在什么立场，都对李大钊的从容就义持敬意，用了“毫不恐怖”“神色未变”“从容就死”“态殊从容”等词语。

李大钊在北京西交民巷京师看守所被绞杀。《晨报》留下了这位党的创始人从容就义的遗照，也留下了这样的记载：他身“着灰布棉袍，青布马褂，俨然一共产党领袖之气概”，“态度极从容，毫不惊慌”。共产国际执委会第八次会议给中共发来电报：李大钊的英勇就义和其他在北京被杀害的共产党员的壮烈牺牲是在国际无产阶级的记忆中永远不可磨灭的。

李大钊英勇就义时的照片。

1927 年 4 月，一个比冬天还寒冷的春天，38 岁的李大钊怀着人类最美好的理想，在反动军阀最原始的刑具下被杀害。慷慨赴死易，从容就义难。面对死亡，李大钊没有恐惧，因为他如此看待死亡，看待人生：“人生的目的，在发展自己的生命，可是也有为发展生命必须牺牲生命的时候。因为平凡的发展，有时不如壮烈的牺牲足以延长生命的音响和光华。绝美的风景，多在奇险的山川。绝壮的音乐，多是悲凉的韵调。高尚的生活，常在壮烈的牺牲中。”作为中国共产主义运动的先驱、中国共产党的创始人之一，李大钊同志的牺牲是中国共产党人追求伟大的信仰和英勇献身精神的集中体现，近百年来一直是共产党人的楷模，也是家乡人民投身反帝反封建的伟大斗争、投身波澜壮阔的社会主义建设和改革开放伟大事业的动力。

★柒

湘赣战旗指 玉田浴血拼

中共领导玉田暴动（1927 年 10 月）

1927 年国民革命失败后，中国共产党开始独立领导反对国民党反动统治的武装斗争：8 月 1 日，南昌起义打响了武装反抗国民党反动统治的第一枪；8 月 7 日，八七会议确定了土地革命和武装斗争的总方针；9 月，毛泽东同志领导了湘赣边界的秋收起义。在这些武装斗争的影响下，在中国共产党的领导下，中国北方爆发了以玉田县为中心的农民武装暴动。

此次暴动发生在玉田，并以玉田为中心扩展到京东，原因是多方面的：一是玉田建党早，1925 年夏，革命家江浩建立了玉田党组织并逐步发展扩大，这为玉田农民暴动提供了领导核心。二是这里的农民受压迫程度比较深，人民的觉醒程度比较高，为暴动提供了坚实的群众基础。三是李大钊从玉田县派张明远等 4 名党员到广州参加第六期农民运动讲习所（毛泽东主办），他们学习了革命理论以及由彭湃领导的海陆丰农民运动的经验，革命的理论和革命实践武装了他们的头脑。

1926 年 9 月，张明远从广州学习归来，被顺直（历史地名，大致

玉田农民暴动领导人：张明远、杨春霖、于方舟、解学海、刘自立。

相当于今天的河北和天津、北京三省市的区域，清代在此设立直隶省和顺天府，此后人们就用“顺直”来称呼这一带地区）省委派到玉田为农民运动特派员，与顺直省委常委、省农民运动委员会主任杨春霖共同组织农民运动。1926 年 10 月，在李大钊的亲自关心下，玉田成立中共玉田党支部，张明远任书记，杨春霖为宣传委员，李立元为组织委员，三人组成领导核心，利用一个冬天时间发展了十多名党员，他们利用这些党员力量深入农村成立农民协会，发展农民协会会员。1927 年 1 月间，经中共北方区委批准，玉田县委正式成立，后改为玉田中心县委，统一领导玉田、遵化、丰润西部和蓟县（今天津市蓟州区）东部党的工作。

1926 年冬，奉系军阀加征税款，激起民愤。张明远等组织农民起来反抗，火烧县议会、捣毁县衙门、赶跑县官，取得胜利。随后的抗捐抗税等重大活动的胜利为玉田农民暴动积蓄了坚实的群众基础。

此时，奉系军阀的控制日益被削弱，玉田革命力量发展日趋壮大，玉田境内农会的发展尤为迅速。自 1927 年 1 月间建立农会至同年 10 月武装暴动前夕，玉田全县建立农会的村庄已超 500 个，农会会员达 6 万多人（户），并扩大到遵化、丰润、蓟县。此外，到 1927 年，“京东四县”已有党支部60余个，党员400多名，玉田农民武装暴动已具备条件。

1927年中共“八七”会议后，中共中央派王荷波、蔡和森到北方，筹建并主持北方局。1927年9月，中共顺直省委召开会议，传达“八七”会议精神，研究确定在北方开展农民武装暴动和土地革命，以配合南昌起义和秋收起义。当时玉田农民运动基础好，北方局和顺直省委前后作出以玉田为中心组织京东地区农民武装暴动的决定。

1927年10月18日，来自玉田，包括丰遵蓟的近2万名农会会员，携带棍棒、大刀、长矛和长短枪支，从四面八方向玉田县城集结。暴动队伍进城后，在暴动临时指挥部的领导下，顺利占领了县公署、警察所、县议会、税务局等机关，解除了所有警察的武装。当时县知事和城内的土豪劣绅已大部分逃匿，暴动临时指挥部宣布全城戒严，搜捕逃匿的反革命分子。下午，暴动临时指挥部在县公署附近的广场上召开群众大会，副总指挥解学海宣布成立农民政府、组织农民军，并取消一切苛捐杂税，取消警察、民团，继续收缴各区警察、民团的枪支，没收土豪劣绅的土地财产。

玉田农民暴动纪念碑。

10月19日，暴动队伍撤出县城，临时指挥部和县委决定将有枪的自卫队组成农民军，开展打土豪、分田地的斗争，并把参加暴动的400多名武装自卫队员编为农民军总队。张明远、解学海率领200多名农民军在玉田城东北一带坚持斗争，其余农民军到亮甲店、孔雀店、虹桥、林南仓收缴警察的枪支。

玉田农民暴动震惊了敌人，奉军从马兰峪、唐山调集军队“清剿”。10月24日，中共顺直省委常委、组织部长于方舟等组织召开京东特委和玉田中心县委联席会议，会后以玉田农民军为基础，成立了京东农民革命军，杨春霖为总司令，张明远为总指挥。10月30日，革命军向玉田县城进发，当晚在鲁家峪宿营时被民团包围，革命军在突围中损失巨大，于方舟、杨春霖、解学海、刘自立等在突围中被捕。1927年12月30日，他们在玉田公署被杀害，而张明远带领的革命军也遭受重大损失。

玉田农民武装暴动历时近两个月，涉及玉田、遵化、丰润、蓟县四个县，它是在中国共产党领导下的北方农民第一次武装暴动，与秋收起义等南方各地的武装起义遥相呼应，被学界称为“北方秋收起义”。

此次暴动最终结果虽然以失败告终，但党在斗争中经受了严峻的考验，扩大了党在北方的影响，提高了党在农民群众中的威望，显示了在党的领导下组织起来的农民的伟大力量，人民群众在斗争中也受到了血与火的锻炼，党在人民群众中扎下了根，为后来革命斗争的兴起和开辟、创建革命根据地播下了革命的火种，对后来北方的农民运动与武装斗争产生了较大的影响。在玉田农民暴动中，中国共产党培养了一批干部，为未来的革命运动奠定了组织基础和思想基础。

★捌

北平祭大钊 英骨入土安

中共地下党组织发起李大钊葬礼（1933 年 4 月）

1927 年李大钊等牺牲后，被警方装殓在薄棺之中，寄厝宣武门外长椿寺内。不久，李大钊同乡好友白眉初、李凌斗等人到长椿寺准备领出李大钊棺木，在征求了李大钊夫人赵纫兰的意见后，决定为李大钊换棺，并募捐办理后事。到 1933 年，李大钊的灵柩已在妙光阁浙寺停放了整整六年，由北大校长蒋梦麟领衔北大同人联合发起向社会募捐活动，购置万安公墓墓地。

此时，中共北平地下党也秘密筹办李大钊葬礼。当时李大钊长子李葆华是北平地下党的领导人之一，正被敌人通缉，为了保护他，不能让他出面。长女李星华已成年，但按习俗女性不能直接出面。次子光华只有 10 岁。李大钊族侄李振华，21 岁，是党的外围组织成员。所以，中共北平地下党组织决定，让李振华以“长子”的名义出面办理为李大钊下葬手续。

李振华（曾用名李友堂、李华、高继祖、黎文），1912 年 9 月出生于乐亭县胡家坨乡大黑坨村。李大钊壮烈捐躯后，李振华才知道自己的大钊叔是个了不起的革命者，他非常钦佩大钊叔的伟大人格和英勇献身精神，决心继承革命先烈未竟的事业。1929年李振华在天津读书时，参加了爱国组织“反帝大同盟”和“社会科学研究会”，开始研究马克思主义理论，参加革命活动。接到通知后，李振华义无反顾地承担起为李大钊办理后事的任务。

1933年4月，李振华返回老家大黑坨村，把李大钊的多位遗属接到北平，安顿在铁匠胡同一个公寓内。23日，在妙光阁浙寺内举行公祭，蒋梦麟、马裕藻等北大同人及教育界人士，各大中学青年学生，工人及军人700多人，陆续赶到李大钊灵前致祭，参加出殡仪式。

李光华摔盆后，为李大钊送葬的队伍从妙光阁浙寺出发，李振华以李大钊“长子”身份穿着孝袍，打着灵幡，走在灵柩前边。赵纫兰等乘坐一辆马车跟在灵柩后面。送葬队伍由浙寺出发，一路上高喊口号，散发传单，不断地有人加入，不久，人群便堵塞了马路。虽处于白色恐怖中，一路上仍有许多群众团体不畏强暴地为李大钊路祭送行，祭桌上摆满了水果、糕点和醇酒。送葬队伍从宣武门一直到西单。人们时而高呼“李大钊先烈精神不死！”“中国共产党万岁！”等革命口号，时而又唱起悲壮的《国际歌》。群众对反动派互相勾结残杀李大钊及

1933年李大钊葬礼的队伍。

当时的革命者创作的李大钊木刻像。

多年来不准许亲属安葬烈士遗骨愤愤不平，加之日本帝国主义侵占我国东北三省后国民党反动派一方面卖国投降，一方面残酷镇压人民的抗日爱国行动，群众已经怒不可遏。加入送葬的队伍实际变成了人民群众反对国民党反动政府的抗议行动。有些送葬的群众边走边撒“纸钱”，这些所谓的“纸钱”上印的是共产党提出的抗日救国革命口号。

在西四牌楼，送葬队伍遭遇国民党政府的大批军警、宪兵、特务用大刀和水龙的驱逐，当场抓捕数十人。后经找回杠夫，李星华姐弟及李振华，收拾起被冲散踩碎在地下的花圈、挽联和鲜花等，护送灵柩起程，直到黄昏时分才到达香山万安公墓墓地，由北大同人扶灵下葬。

当李大钊灵柩刚进入万安公墓时，便见一辆骡子车疾驰赶来。车上用棉袄和花圈覆盖着一块石碑，上面刻着“中华革命领袖李大钊同志之墓”大字，碑额上镶刻着镰刀铁锤图案。因当时的残酷环境，中共北方党组织没有公开出面，而是以河北省互济会的名义全程参与，并以北平互济会的名义为李大钊书刻制此墓碑。在那腥风血雨的年代，这块珍贵的墓碑无法公开树立在李大钊墓前，只能同李大钊烈士同葬于地下。

李大钊灵柩下葬时，在场的人们失声痛哭。有人主动帮助亲属铲土培墓，没要一文工钱。葬礼结束后，大家强忍悲痛默默地离去。

为李大钊烈士送葬活动结束后，李振华便受到国民党特务的注意，他的住处两次遭特务搜查。他回到乐亭县，以教书为掩护开展地下革命斗争。同年，李振华加入中国共产党，改名李海涛，后在北平、天津从事地下抗日工作。1938年，李海涛参加了冀东抗日大暴动，在开辟敌后抗日根据地期间，曾任迁（安）青（龙）平（泉）联合县第二任县委书记（当时化名黎文）、中共晋察冀边区十七地委书记等职。1978年，李海涛任天津市人民检察院副检察长、党组成员。1980年离休，1997年9月逝世。

1982年，中共中央决定在北京香山万安公墓修建李大钊烈士陵园。有关部门找李海涛及当年地下党组织成员，回忆了那次葬礼的有关情况，李海涛感慨地说："1933年4月22日，葬礼的前一天，大钊叔的灵堂已摆满了挽联。我一直难忘的是两位老教授的无字挽联，这是无声的控诉，表达了他们对李大钊难以言表的思念和对反动派悲愤的痛恨之情。"

新中国成立后，通过北京大学参加葬礼人士提供的线索，特别是李光华指认，有关部门发掘出当时被掩埋的那块墓碑。1983年3月18日，党中央将灵柩移葬在新建的李大钊烈士陵园内。同棺椁一起埋入地下的墓碑，直到1983年为李大钊修建烈士陵园移灵时才出土，得见天日。

1933年4月李大钊葬礼时，中共党组织镌刻的石碑。

★玖

抗日英雄志　中共赞精神

抗日民族英雄孙永勤牺牲（1935 年 5 月）

孙永勤（1893—1935），又名孙允庆。生于热河省兴隆县（今属河北省）黄花川孙杖子村一个富裕的农民家庭。7 岁入私塾学习，自幼习武，喜读《水浒传》《岳飞传》，崇尚忠义，性格直爽，敢于扶弱抑强，成年后，在黄花川一带渐有威望，被推举为农民自卫团团长。1931 年九一八事变后，日本侵略军占领东北，觊觎华北和热河，孙永勤积极进行抗日救亡活动。1933 年 3 月，听闻国民党二十九军官兵在长城喜峰口、罗文峪与日军进行血战，孙永勤与好友星夜骑马百余里，赶赴喜峰口阵地，将他们所见到的日军大规模调动情况报告给二十九军。

1933 年长城抗战失败后，国民政府与日本签订了《塘沽协定》，热河省被日军占领。日军先是推行“土地登记政策”，搜刮热河地区人民财税，后又实行“铳器回收政策”，强迫农民将所有枪支无偿上缴，如有延误，即按匪论处。孙永勤目睹家人和乡亲们因逾期不缴枪，被伪警察抓走。与其等死，不如反抗，他找到好友关元有（共产党员）、赵四川等人，几人在一座大庙中歃血结盟，发起抗日斗争。

1933年，孙永勤站在这个大石碾上宣布成立抗日民众军。

1933年12月12日，孙永勤串联了承德县路通沟赵家庄赵林、赵来等7名农民兄弟，聚集团丁17人，站在村口大石碾盘上庄严宣誓："见贼就杀，毫不留情；有死无降，向前拼命；精忠报国，永无二心。"树起了"天下第一军，杀富又济贫"的大旗，并制定了"不贪财、不扰民、不奸淫、不投降"的四大军规，拉起一支农民抗日武装——民众军，孙永勤为军长，打响了华北民众抗日第一枪。他们杀鬼子，除汉奸，夺枪支弹药，开仓济贫，拔除日伪据点，深得民心。消息传开，群起响应，民众军声威大震。到农历腊月底，聚集到民众军旗下的人数已达六七百人之多。到1934年4月，队伍发展到5000余人，下设三个队，关元有、王殿臣、赵四川（三人均为中共党员）分任队长。在长城以北的深山里与日伪展开了殊死斗争。这是华北地区第一支农民抗日武装。

孙永勤铜雕。

由于民众军作战神出鬼没，让日军非常头疼，日军诬称孙永勤为"山耗子"。1934年1月31日夜间，孙永勤带着16人从黄花川出发，一宿急行军，走小路直插半壁山，包围了半壁山警察署。敌人想凭着墙高院深死守。孙永勤命令加强火力，牵制敌人，自己冲到院墙底下，把秫秸捆点着，扔到房上，转眼之间，伪警察署就燃烧起来。大火吓坏了伪警察，有的把枪扔到井里逃跑，跑不了的全部举手投降。打下半壁山警察署后，孙永勤带领民众军战士迅速撤走。日伪军调集重兵前来，面对人数远多于民众军的敌人，孙永勤果断率领大家折入山中，率部从长城北进到长城南，绕了一个大圈又回到长城北，行程逾 300 里，与日伪周旋。孙永勤率领队伍转战车河、黑河、潵河、柳河四条大川。他们运用巧妙灵活的战术，在长城沿线勇敢地攻打伪满警察机构、海关税所，伏击日本关东军。

1934 年 4 月，中共京东特委书记李葆华派特委委员王平陆与孙永勤联系，向他宣传中国共产党的抗日主张，提出“团结一切抗日力量，与日寇血战到底”的纲领。孙永勤积极接受了建议，将民众军整编为“抗日救国军”。整编后的抗日救国军分散活动在青龙、兴隆、承德、平泉、迁安、遵化等县，不断打击日伪军。抗日救国军缺乏枪弹和医药，中共遵化县委书记骆凤亭知道这个情况后，立即变卖自家十几亩地，筹备了十支大枪和一箱外伤药，派弟弟、共产党员骆凤明和阎龙赶着毛驴、驮着席卷（枪藏在里面），连走三天，送到孙永勤军部。孙永勤了解到此事的经过后，对共产

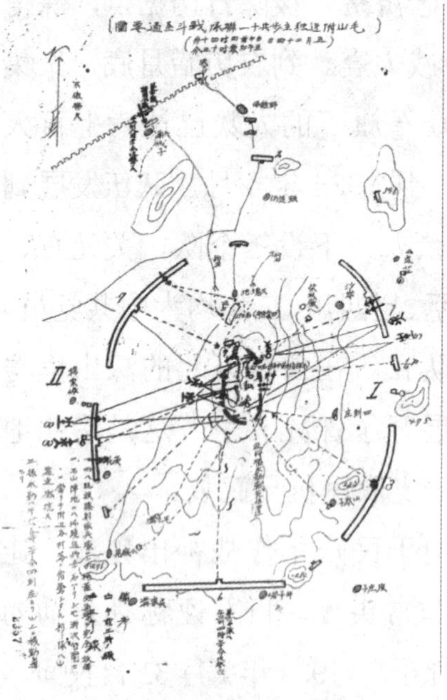

日军围剿孙永勤抗日救国军的作战地图。地图中标明了“匪将孙永勤战死位置”。

党人更加钦佩。1934 年 8 月前后，日伪军两次劝降，均遭孙永勤凛然拒绝。

之后，日伪军大举围剿救国军，使救国军严重减员。1935 年 5 月初，在日本关东军的疯狂围堵下，腿部负伤的孙永勤为解决部队军需给养问题被迫带队入关。后孙永勤发觉日军意图，为不给侵略者造成进占华北的口实，他决定寻机突围，重返长城以北山区。不料，未及冲出，便被日本关东军纠集的 1 万余武装层层围困，被迫坚守在遵化境内的茅山。日军动用飞机、大炮对救国军阵地进行轰击。5 月 24 日，负伤的孙永勤强撑着站立起来说：“弟兄们，这是我们的最后一战，宁死也要跟小鬼子拼到底！”此时，敌人机枪凶猛地扫射过来，他身中数弹，壮烈牺牲，时年 42 岁。日军找到孙永勤遗体后，列队致哀，然后残忍地割掉烈士的头颅，带往热河省会承德示众。

紅軍北上抗日先遣隊艱苦奮鬥，十九路軍及民衆的淞滬抗日血戰，察哈爾、長城及灤東各地軍民英勇殺賊，福建人民政府接受紅軍提議聯合抗日，羅登賢、徐名鴻、吉鴻昌、鄧鐵梅、伯陽、童長榮、潘洪生、史燦堂、瞿秋白、孫永勤、方志敏等民族英雄爲救國而捐軀，……在在都表現我民族救亡圖存的偉大精神，在在都證明我民族抗日救國的必然勝利。

——節選自中共中央《八一宣言》

1935 年，中共中央《八一宣言》称孙永勤等为“民族英雄”。

同年，中共中央发表的《为抗日救国告全体同胞书》（即《八一宣言》）中，称赞他是“为救国而捐躯”的“民族英雄”。新中国成立后，河北电影制片厂拍摄了历史文献片《孙永勤》。

★拾

四纵旌旗指 偏师进冀东

八路军第四纵队挺进冀东（1938 年 5 月）

1937 年 7 月 7 日卢沟桥事变后，中华民族的全民族抗战开始。8 月，中共中央在陕北洛川召开政治局扩大会议，提出了全面抗战路线的行动纲领，即著名的《中国共产党抗日救国十大纲领》，制订了开辟华北敌后战场的计划，提出“红军可以一部于敌后的冀东，以雾灵山为根据地进行游击战争”。根据中共中央的部署，新改编后的八路军东渡黄河，开赴华北前线作战。不久，八路军一一五师以五台山为中心，开辟了晋察冀抗日根据地。遵照中央的指示，晋察冀军区从红军骨干较多、战力较强的第一分区抽调部分军政干部和第三团组成邓华支队，约 3000 多人，先行开辟平西根据地，作挺进冀东的准备。与此同时，又把一二〇师的一部和山西雁北支队合编为宋时轮支队，共 2000 多人。5 月，宋时轮支队在平西斋堂与邓华支队会师。中旬，两支队合编为八路军第四纵队，宋时轮任司令员，邓华任政委，李钟奇任参谋长。部队进行了短期整训后，积极准备挺进冀东。

此时，正当日本侵略军准备进攻武汉的前夕，敌后兵力空虚，是挺进冀东的大好时机。1938 年 5 月 31 日，八路军第四纵队 5000 余人由平西斋堂根据地出发，分两路向冀东挺进。

1938 年 5 月，八路军四纵从平西斋堂出发挺进冀东。

宋时轮等所率的一路沿途连续作战，打下南口、居庸关和昌平县城，毙伤大批日伪军，缴获大批军用物资。邓华所率的一路连克敌伪据点后进入怀柔山区北部，首战即全歼 200 多名日伪军，一直攻到兴隆县城。6 月下旬，四纵主力到达蓟县的靠山集、将军关、下营一线，直逼冀东腹地。

四纵挺进冀热边境后，长城沿线人民大受鼓舞，日军和伪政权已呈动摇之势。日军惊呼“延安触角伸进热河”。他们慌忙调集冀东各地的日伪军拦截阻击。四纵屡战告捷，打击了日伪军的嚣张气焰，一些伪军、民团尚未与八路军接触，听到八路军到来的消息就自相惊扰，不战而溃。四纵很快就由冀热边境进入冀东腹地。此时，中共中央、八路军总部和晋察冀军区多次明确电示，在冀东一带加紧工作，创建敌后抗日根据地。

四纵挺进冀东，克服了极大的艰难困苦。军事上，经常与日伪军作战，有时还是遭遇战。除此以外，恶劣的气候和陌生的地理环境也考验着这支部队。当插入日本侵略者统治的热河省境内时，已至盛夏，燕山山区阴雨连绵，指战员们只好穿着湿淋淋的衣服冒雨行军。获取

1944年在延安学习时，邓华（右一）与宋时轮（左一）等合影。

食物也很困难，由于日伪军的严密控制和反动宣传，兴隆县境内的群众开始时不敢接近八路军，四纵指战员以秋毫无犯的模范行动影响群众，宁肯自己多吃苦，也要坚持做好群众工作。在兴隆县杨树下村附近的山沟里，第三十三大队遇到了几名老乡，他们向群众宣传八路军是共产党领导的军队，是打日本侵略者的，开始解除了这些群众的顾虑，群众回到家里一看，更是大出所料，他们看到八路军战士只是躲在屋檐下避雨，连老百姓的屋门都不进；他们逃离时来不及掩藏的粮食等东西都原样放在那里；有的农户的粮食被八路军吃了，但留下了钱和说明情况的信件。群众深受感动，他们开始主动为八路军带路，掩护和照顾八路军伤员。

侵华日军驻承德的宪兵队长在给其上司的报告中提到八路军四纵和人民群众的关系时称："共产军侵入后，在各部落分配宿营，部落民供应共产军人马粮秣需要。"这是因为他们"对居民不加任何危害"，所以"宁可欢迎共产军的侵入"。人民群众"当共产军袭来时，无丝毫避难样子，遇到满军讨伐队转移宿营时，几乎全避难去了"。此宪兵队长还说："使用驻屯地居民探知敌情之事是困难的，想利用他们

新中国成立后的邓华将军。1950年参与指挥了解放海南岛，抗美援朝时协助彭德怀指挥，1955年被授予上将军衔。

做侦探者，却被共产军所利用。”透过敌人的叙述，可以看到八路军四纵纪律严明，深受沦陷区人民群众的爱戴。

八路军四纵挺进冀东，加速了冀东人民抗日大暴动的进程和暴动队伍的迅猛壮大。聂荣臻元帅在新中国成立后撰写的回忆录中说：“冀东的老百姓在家乡沦亡了几年之后，看到八路军大部队开来，真是喜出望外、欢欣若狂，对冀东人民武装抗日大起义的爆发，无疑起了极大的促进作用。”

★拾壹

延安开会议 冀东隐隐雷

李运昌赴延安参加党的白区工作会议并在《解放》周刊发表文章（1937 年 6—7 月）

1937 年 5 月，李运昌作为中共冀东地区代表赴革命圣地延安，出席了 6 月份召开的党的白区工作会议。中共中央领导对冀东的情况非常关注，在听取了李运昌关于冀东的情况和工作汇报之后，让他把汇报材料整理成文。

《解放》周刊创刊号封面和目录。

《解放》周刊是抗日战争时期中国共产党中央委员会在延安创办的政治理论刊物，由延安解放社出版。1937 年 4 月 24 日创刊，1941 年秋终刊，初为周刊，后改为半月刊，共出版 134 期。《解放》周刊的创刊目的是积极宣传中国共产党的抗日民族统一战线的理论和策略，宣传和普及马克思列宁主义理论，及时反映延安等抗日根据地党和人民的生活和活动以及团结一致抗战到底的精神面貌。毛泽东等党中央领导对该刊物高度重视，对于每个时期的宣传要点，毛泽东都亲自过问，重要的社论、评论和文章都亲自审阅。毛泽东还为《解放》周刊题写了刊名和题词：“坚持抗战，坚持统一战线，坚持持久战，最后胜利必然是中国的。”

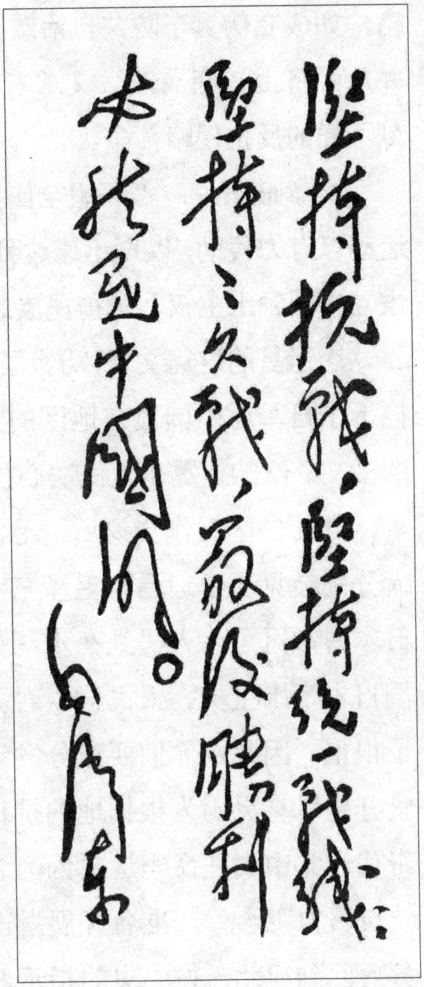

毛泽东主席为《解放》周刊题词。

1937 年 7 月 7 日，在标志全面抗日战争开始的卢沟桥事变爆发这一天，《解放》周刊第 9 期发表了李运昌撰写的《日寇汉奸统治下的冀东人民》一文，署名“鹿鸣”。文章饱蘸悲愤的笔墨，介绍了与东北唇齿相依的冀东地区失陷的情况与现状，控诉了日本侵略者及汉奸伪军对冀东人民的血腥统治和疯狂掠夺，表达了不甘屈辱的冀东人民迫切要求武装反抗日本侵略者的急切心情和强烈愿望。

文章回顾了 1931 年九一八事变发生后日本侵略军对冀东地区的侵

略，如成立伪冀东防共自治政府，把冀东22县置于日军的卵翼之下，并从经济上掠夺冀东。文章着重叙述了英雄的冀东人民在国难当头时刻不屈的反抗侵略斗争。

文章最后说："深望全国同胞，从各方面给冀东人民抗日反汉奸运动以有力援助，以期迅速达到收复冀东、驱逐日寇、打倒汉奸之目的，恢复中国领土主权，求得民族之自由解放。"

李运昌的这篇文章，历数了日本帝国主义在冀东犯下的累累罪行，控诉了日军对中国冀东地区的野蛮侵略和掠夺，是一篇讨伐日寇汉奸的檄文，吹响了冀东人民决心抗战的号角。

党的白区工作会议后，毛泽东、周恩来、刘少奇、彭德怀等领导人分别会见了李运昌。毛泽东对李运昌说："你们那里现在已经变成日本占领区了，人民处在水深火热之中，要进一步发动全民抗战，打倒日本帝国主义。人民群众对冀东的党组织期望很高，你们肩上的担子很重。因此，你们要充分发动群众，巩固和发展抗日统一战线，抓紧开展以雾灵山为根据地的抗日游击战争，不断壮大根据地。"刘少奇代表党中央任命李运昌为河北省委书记，指示他组织"华北人民武装抗日自卫会"，准备开展游击战争，进行武装抗日。李运昌接受任务后回到河北，按中央的指示着手从组织和干部方面为发动冀东抗日大暴动做准备工作。

李运昌到延安参加党的白区工作会议，在《解放》周刊发表长文，受到毛泽东等党中央领导人的接见并委托，为一年以后的冀东抗日大暴动指明了方向，冀东抗日大暴动已经响起了隐隐的雷声。

★拾贰

抗倭怒潮涌　党旗耀冀东

中国共产党领导冀东人民武装抗日大暴动（1938 年 7 月）

1933 年，随着长城抗战的失败，日本侵略者与国民政府签订了《塘沽协定》，从此冀东地区沦陷。1935 年，日本帝国主义唆使汉奸殷汝耕成立伪冀东防共自治政府，将冀东置于日军卵翼之下，强化殖民统治，疯狂掠夺资源，民族工商业迅速萧条，民族文化备受摧残，汉奸特务横行，人民陷入了极度的屈辱和悲愤之中。

冀东具有光荣的革命传统，在中国共产党的主要创始人李大钊的指引下，1922 年起陆续建立了党组织并领导发动了工农革命运动。九一八事变后，冀东民众的民族独立和反抗意识逐渐增强，在中国共产党的领导

1935 建立的伪冀东防共自治政府和日本东亚人文研究所出版的《冀东》。

下，各种反侵略斗争此起彼伏。1937 年全面抗战爆发后，中共中央提出全民抗战路线，冀东人民所向披靡，抗日救亡运动走向武装斗争的新阶段。

日本侵略者迅速增兵华北，并企图重点控制冀东，将其变成扩大对华侵略的兵站基地。鉴于冀东的战略地位，1937 年 8 月，毛泽东在洛川会议指出：红军可以一部于敌后的冀东以雾灵山为根据地，进行游击战争，创建冀热边抗日根据地。9 月，中共中央北方局书记刘少奇提出，冀东应准备迅速发动抗日武装起义，以配合全国抗战。同时，中共河北省委组建了有各界人士参加的华北人民抗日自卫委员会，指挥武装起义。12 月，先期回到冀东的中共冀热边特委书记李运昌在滦县多余屯组织成立华北人民抗日自卫会冀东分会，发展党组织和抗日力量，直接为武装暴动作准备。1938 年春，国共合作在天津成立了华北各界救国会。1938 年 5 月，八路军第四纵队挺进冀东，配合开展抗日暴动。6 月，冀东党组织与自卫会议定了抗日暴动的行动纲领、时间和任务等。

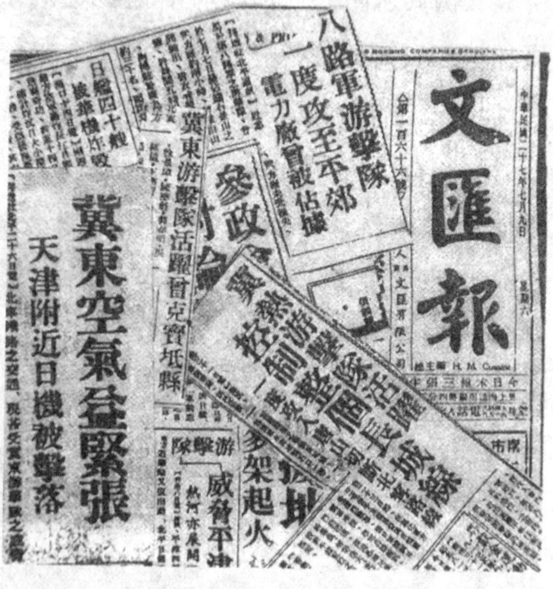

国内各大报纸对冀东抗日大暴动的报道。

1938 年 7 月 6 日，中共滦县县委和红军干部李润民集合暴动骨干 300 多人在滦县（今河北省滦州市）港北率先宣布起义，打响了冀东人民抗日大暴动的第一枪，拉开了冀东抗日大暴动的帷幕。呼者先登，应者云集，7月7日，李运昌在丰润岩口领导暴动；7月8日，杨十三、洪麟阁在遵化地北头领导起义；7月9日，高志远在滦县马城领导起义；7月13日，高敬之在卢龙地区领导起义；7月14日，蓟县地区领导暴动；7月18日，开滦矿区领导暴动。7月中下旬，昌黎、乐亭、宝坻等地的各界志士纷纷拉起队伍，枪口直指日伪军，至8月中旬，在东起山海关，西到潮白河，北起雾灵山，南至渤海滨的22个县和开滦矿区，共产党员冲锋在前，工农大众勇为中坚，知识分子投笔从戎，国民党进步团体奋起参战，形成了有20万之众的冀东武装抗日暴动。暴动中相继建立了10万人的冀东抗日联军，并在八路军第四纵队的配合下斩关夺隘，攻克9座县城和众多集镇，建立了11个抗日县政权。对此，京津沪报刊以及外国媒体报道，冀东方面中国游击队之声势日渐浩大，各地民众纷纷起义风起云涌，北宁路和平绥路东段日军已经动摇。

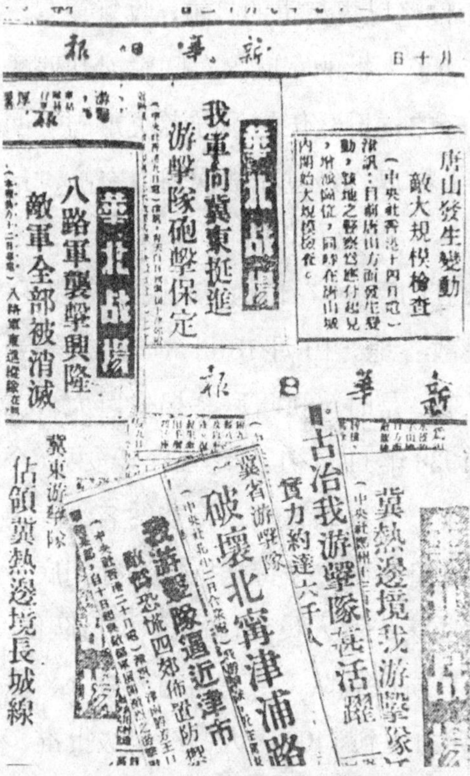
新華日報

唐山發生變動 敵大規模檢查

華北戰場

我軍向冀東挺進 游擊隊砲擊保定

八路軍襲擊興隆 敵軍全部被消滅

冀東游擊隊 佔領冀熱邊境長城線

冀省游擊隊 破壞北寧津浦路

我游擊隊逼近津市 敵偽恐慌四郊佈置防禦

古冶我游擊隊甚活躍 實力約達六千人

冀熱邊境我游擊隊

中国共产党创办的《新华日报》对冀东抗日大暴动的报道。

8月中旬，抗联队伍和八路军四纵在遵化铁厂镇会师，会师后的八路军和抗日联军召开会议。会议确定了建立、坚持根据地的方针，决定整训部队，成立冀察热宁军区，推举宋时轮为军区司令员，邓华为政委，高志远、李运昌、洪麟阁为副司令员，下设5个军区。还成立了冀察热宁边区行政委员会，建立健全各县抗日政权。

9月1日，中共中央发来贺电：由于冀东国共两党同志及无党派抗日志士的合作，抗日联军与八路军正规纵队的胜利，已给日军以严重的打击，摧毁了冀东汉奸政权，发动了广大的民众，配合了全国的抗战。我们相信这一支在抗战中成长壮大起来的生力军，定能在冀东各党派各领袖的合作与正确领导下继续胜利，创造冀热边新的抗日根据地，长期坚持抗战，给日军的野蛮侵略以更沉重的打击，收复冀东。

日军为了把抗日烈火扑灭，调动了大批的军队，对联军展开残酷的大围剿。为了保存实力，这支年轻的抗日队伍的领导者决定向平西根据地撤退。这是一场极其悲壮的大撤退，经过无数次浴血奋战，最终只有少数指战员冲出重围。

西撤途中，日本侵略者进行了疯狂的反扑，在日伪军的围追堵截下，许多指战员壮烈牺牲，部分人员星散各地。10月18日，李运昌等当机立断，带领余部兵分两路返回冀东，是时，抗日联军损失巨大。在严峻形势面前，冀东儿女没有屈服，1938年11月初，李运昌在迁安县（今河北省迁安市）柳沟峪主持召开会议，会议以冀热边特委的名义，决定学习红军长征精神，攻坚克难，重整旗鼓，坚持把抗战进行到底。会后，党员干部和抗联骨干奔赴各地收集失散人员，重新组织抗日队伍。到1938年年底恢复与重新组建了一些抗联总队，筹建路南办事处、昌乐办事处，和一些交通联络站等，兵力达到1400多人。经上级批准，1939年3月正式建立了中共冀东地方委员会，并很快恢复了20个党的基层组织，发展了一批党员。至夏末，丰润、滦县、迁安、乐亭、昌黎、蓟县一带形成了总数 4000 人的武装力量和游击队。从此，在共产党的坚强领导下，抗日武装暴动点燃的抗日烽火，再次燃遍冀东大地，并越燃越旺，直至发展成为冀热辽抗日根据地。

冀东抗日大暴动是中国共产党在敌后组织的一次反对日本侵略者的伟大壮举，具有重要的历史意义。曾任中共中央常委、国务院副总理，冀东暴动时任中共河北省委秘书长的姚依林同志说："1938 年冀东抗日大暴动是抗战以来全国各地所仅有的大规模的人民武装斗争……冀东人民在敌人残酷的镇压之下的这种坚决的斗争，与八路军孤军深入敌人深远后方的英勇行为，在中华民族解放运动史上，将永远是光辉的一页。"

一些从事研究中国抗日战争与国际反法西斯战争关系的学者指出：从世界反法西斯战争的角度看，冀东抗日大暴动发生在法西斯势力鼎盛时期，起义逆势而上，向世界展现了冀东人民和中国人民武装反抗法西斯的英勇不屈精神，展现了中国抗战的伟力和潜力，强化了国际社会对中国抗战事业的关注，提升了国内外民众对中国抗战的信心，一定程度上遏制了中国抗战消极情绪的弥漫。同时，冀东抗日大暴动是世界反法西斯战争的重要组成部分，体现了中国战场对反法西斯战争的重要贡献。长期以来，中国战场及其研究不为国际社会所重视，特别是中国民众反侵略斗争虽称壮烈，但较少有代表性、典型性事例，冀东抗日大暴动提供了这样的个案。相比于同时代世界其他地区的民众武装反抗，冀东抗日大暴动在各方面都首屈一指。而中国共产党对抗日暴动的组织和领导，充分说明了中国共产党是中国抗战的中流砥柱。

附：冀东人民抗日暴动纪念碑碑文

冀东，西屏京津，东扼辽沈，乃兵家必争之地。一九三八年七月，为逐日寇，雪国耻，中共河北省委及冀热边特委奉中央之命，率众举行了声势浩大的抗日暴动。

抗日战争初期，中共中央为壮大抗日力量，开辟新的敌后战场，决定创建冀东抗日根据地。照此部署，中共北方局及河北省委派大批军政干部来到冀东，广泛发动群众，建立人民武装，积极准备暴动。晋察冀军区所属八路军第四纵队从平西出发，下昌平、克永宁、取四海、攻兴隆，于一九三八年六月抵达冀东。主力到来，群情大振，又逢日寇南下，后方空虚，暴动时机业已成熟。

屹立在唐山市大城山的抗日暴动纪念碑。

自七月六日始，中共冀热边特委领导的抗日联军率先在滦县、丰润、玉田、遵化、迁安、乐亭、昌黎、蓟县举行起义。呼者先登，应者云集，抑郁已久的国恨家仇如山洪暴发，势不可挡。数日之内，抗日烽火燃遍兴隆、平谷、青龙、密云、三河、顺义、香河、通县、卢龙、抚宁、宝坻、宁河、武清等二十余县和开滦矿区，起义大军达十余万众，是时，在抗日民族统一战线旗帜下，共产党员冲锋在前，工农大众勇为中坚，知识分子投笔从戎，国民党忠义救国军及诸多有识之士起而参战，伪军民团倒戈向敌，爱国绅商踊跃捐献，起义军与八路军协同作战，驱日寇血涤长城内外，扫顽敌交刃巷闾之间，斩关夺隘，连克七座县城，收复大批集镇。八月中旬，会师于遵化铁厂。九月一日，中共中央及北方局电贺暴动胜利，并嘱全军将士继续巩固团结，为驱逐日寇奋斗到底。

冀东暴动，沉重打击了日寇嚣张气焰，有效地配合了全国抗战。此后，冀东人民前赴后继，浴血奋战，历经长期斗争，终于建成冀热辽抗日根据地，为驱逐日寇，解放全中国做出不朽贡献。

值此冀东人民抗日暴动五十周年之际，为继承和发扬革命传统，努力振兴中华，特立此碑，以为永志。

中共河北省委

河北省人民政府

一九八八年七月六日

★拾叁

教授身殉国　领袖赋悼联

抗日英雄杨十三在抗日战场上殉国（1939 年 7 月 21 日）

在冀东抗日英雄谱上，杨十三是非常突出的一位。杨十三（1889—1939），直隶省迁安县杨团堡人，原名杨彦伦，投身抗战后曾改名杨裕民，因堂兄弟中排行十三，故名杨十三。

青少年时代，他抱着挽救民族危亡的决心走出家门，寻求救国救民之道。1920 年，杨十三毅然放弃了直隶省工业试验所化学工业课长职务，赴美半工半读。

青年时代在美国留学时的杨十三。

1923 年，杨十三回国后任河北省立工业学院教授，他待人亲切、善于团结师生，受到学院教职员工和同学们的敬重、爱戴和信赖。

1937 年，卢沟桥事变爆发，日本帝国主义发动了大规模的侵华战争。7 月 30 日，日军攻占天津，杨十三目睹居民颠沛流离的惨状，后闻第二次国共合作开始，中国工农红军奉命改编为国民革命军第八路军，开赴抗日第一线。杨十三闻讯，号召大家为抗日救国的伟大事业而献身。当时，杨十三胃病刚好，喟然自勉曰：“我以孱弱之躯，誓必效死疆场，马革裹尸，决不辗转床褥作亡国奴也。”

1938年3月，杨十三满怀爱国激情，毅然投笔从戎，和子女到冀东，投入抗日暴动之中，踏上了新的革命征程，任第三路军政治部主任。

在暴动前，杨十三和李楚离、洪麟阁经常研究战局和社会动向。1938年7月7日，丰润、玉田县敌伪千余人将洪麟阁和杨十三领导的暴动队伍围在小狼山。当时，洪、杨只带百余人，因预定1938年7月16日起义，队员们分散隐蔽在各县、村，仓促中无法通知集中。时值暴雨，杨十三掩护洪麟阁带少数警卫员突围，与敌人周旋，转移到鲁家峪。

为提高抗联战士的政治素质和学习八路军的游击战术，杨十三紧抓抗联部队的政治思想建设，选派抗联干部到四纵队司令部受训，使这支农民武装队伍的政治素质与战斗力不断提高。在抗联部队奉命西进到平西整训途中，在蓟县马伸桥附近的台头村遭到敌重兵袭击，洪麟阁壮烈牺牲，杨十三脱险，部队继续转移迂回向平西挺进。此时，杨十三的胃病又复发，暂回天津养病。

冀东烈士陵园中的杨十三雕像。

这时，朱德总司令电召他去八路军总部。杨十三来到太行山黎城八路军总部后，总部为他开了欢迎会。会后，朱德总司令、彭德怀副总司令接见了杨十三，并同他进行了亲切的交谈，对他的义举和冀东的工农武装暴动都给予很高的评价。1939年6月27日，《新华日报》（华北版）发表了题为《欢迎冀东抗日联军领袖杨老先生》的社论，对杨十三积极参与筹划冀东武装抗日大暴动，领导抗日联军配合八路军宋、邓四纵队与日伪进行浴血奋战所取得的辉煌成就给予高度评价。

1939年夏，日军向我八路军总部大举进攻，杨十三跟随总部转移。途中他的胃病再次复发，而且比历次都严重，只好躺在担架上跟随警卫部队在太行山的浊漳河一带和敌人兜圈子。由于长时间的跋山涉水、风餐露宿，得不到很好的休息和医疗，又时逢盛夏酷暑、霪雨连绵的季节，他的病情日益恶化。7月2日，杨十三因感冒而转心脏麻痹病，处于昏迷状态。此时，他感到革命志愿未竟，抗日救国的伟大事业正在蓬勃发展，正是祖国和人民需要他的时候，他却辗转于担架病床之上，真是心急如焚。21日下午6时，杨十三随部队转移到太行山黎城县上遥镇附近，与前来“扫荡”的敌寇遭遇。处于重病垂危的杨十三，在担架上经不起激烈的颠簸，心脏停止了跳动，为抗日救亡战斗到最后一刻。杨十三舍身为国，鞠躬尽瘁，积劳病殁，终年50岁。

八路军总部为了表彰杨十三对中华民族的解放事业坚贞不渝的高贵品德，在襄垣县土河村召开了追悼大会，由朱德总司令主持，彭德怀副总司令致悼词。悼词中说：杨十三的逝世，使我军失去了一位亲密合作的忠实朋友，使冀东人民失去了他们的抗日领袖，使我们国家失去了一位爱国热情极高的科学家。杨十三是广大知识分子、科学教育工作者的榜样。

毛泽东主席给杨十三送了题为《悼念冀东抗日英雄杨十三》的挽联，

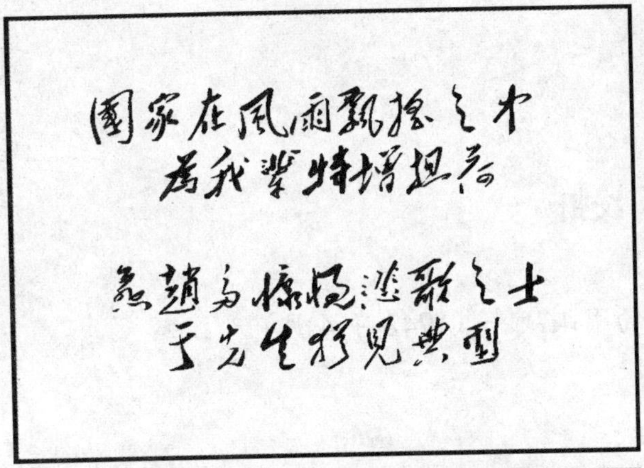

毛泽东主席为杨十三题写的挽联。

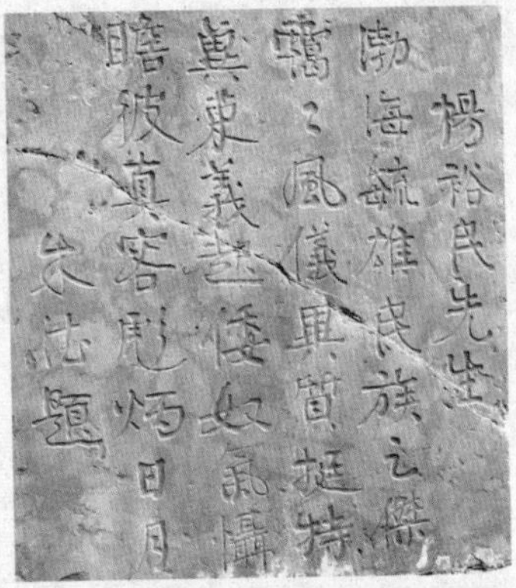

朱德总司令悼念杨十三的悼词石刻。

联曰：

国家在风雨飘摇之中，为我辈特增担荷；

燕赵多慷慨悲歌之士，于先生犹见典型。

朱德总司令也送了题为《彪炳日月》的挽词：

渤海毓雄，民族之杰。

鸾鸾风仪，异质挺特。

冀东义起，倭奴气慑。

瞻彼真容，彪炳日月。

重庆文化教育界知名人士和八路军驻重庆办事处为杨十三召开了追悼大会。

1950 年 10 月 2 日，河北省人民政府将杨十三遗骨移葬于邯郸晋冀鲁豫烈士陵园。

★拾肆

甲山喋血战　英烈贯长虹

冀东八路军气贯长虹的甲山战斗（1942 年 4 月）

1942 年是抗日战争最艰苦的一年，日军在冀东地区不断推行“强化治安”运动，我八路军主力部队一部分转移到外线，一部分仍坚持内线作战。

1942 年 4 月 2 日，冀东军分区政治部主任兼第十二团政委刘诚光、第十二团第二营教导员苏连存带十二团二营四连、特务连及团政治部、营部机关人员 300 余人，从迁安莲花院经大岭沟向遵化方向转移。当日夜间 10 点多到达丰润苏庄。

4 月 3 日拂晓，部队刚要吃饭，西南方向发现敌情，于是苏连存和刘诚光简短地研究后便把部队拉到村外甲山下的山沟里。部队抢占了有利地形。东面的敌人随后就占领了村庄。苏连存和刘诚光各带领部队从甲山的两个山脚下冲上了甲山。他们到山上后，发现东、西、北三面全是日军。敌人来势凶猛，日军调集了两个大队，治安军一个团以十倍于我军的兵力从四面缩小包围圈，以猛烈的炮火向甲山我军阵地射击。部队想转移或突围都已来不及了。刘诚光政委立即把连排干部火速召集到一起，简单地讲了目前的敌情和我军的处境后，命令部队迅速抢占有利地形，马上准备突围。上午9时左右，苏连存带战士似猛虎下山，一下扑到离铁厂不远的西店子村。此时，村头、河套里全是日军，日军的机枪封住了前进的道路。苏连存见冲不过去，又率部队返回到甲山上。

刘诚光和苏连存指挥部队扼守在甲山上打退了敌人的一次次进攻，我军组织了几次突围都没有成功。中午左右，敌人除偶尔用远程重炮轰击我山顶阵地外，停止了冲锋。趁敌人没有发起进攻的间隙，我军指挥员刘诚光同志在战地召开了排以上干部会议，他告诉大家，敌情非常严重，我军弹药不足，伤亡逐渐增多，牺牲同志的尸体无法掩埋，突围比较困难。当时决定，不管发生什么样的情况，也要坚决拼杀到底。看情况变化，能突围就突围，发现哪个方向突围对我军有利就坚决朝哪个方向突围，不要考虑任何代价，突围出多少算多少。全体指战员都作了最坏的思想准备，即使全体将士战死，也决不当俘虏。经刘诚光和几位连长、指导员研究后决定，把收发报机和马达摔毁，电报密码和一切文件全部烧掉，把除武器以外的物品就地全部毁埋。

甲山战斗中牺牲的冀东军分区政治部主任兼八路军十二团政委刘诚光。

到下午4点多钟，敌人的增援部队赶到，带来了大量的炮弹。敌人成吨的“钢铁”倾泻到甲山上，边打炮边放火烧山。顿时，甲山笼罩在硝烟、弹雨、火海之中。随后，敌军以中队为单位，向我军阵地发起了轮番冲锋。接着日军又调来五架飞机，对我军扼守的阵地俯冲轰炸，把甲山三个山头的主峰阵地炸成了一片火海和焦土。太阳将落山时，山上我军只剩下几十人，伤员逐渐增多，弹药用尽。在情况最紧急时，我军决定放弃阵地，刘诚光、苏连存命令战士们焚烧文件，砸毁枪支。在撤离阵地时，刘诚光和苏连存两位同志英勇牺牲。最后，经过一阵激烈的搏斗，战士与敌人一起滚下了数丈高的悬崖，壮烈牺牲。在中华民族的抗战史上留下了一段神鬼皆泣的不朽篇章。

甲山抗日烈士纪念碑。

刘诚光，1915 年出生于湖北省黄安县（今红安县）。1931 年参加红军并加入中国共产党。1939 年 9 月到冀东担任晋察冀挺进军第十三支队政治部主任、冀东军分区政治部主任兼十三团政委。他不仅是我军出色的政治工作者，而且身经百战，有着优秀的军事指挥才能。在冀东，他和李运昌、包森等高级将领密切合作，谋划出多场漂亮的战役。甲山战斗中，在弹尽粮绝的最后关头，刘诚光率领战士们冲进敌群拉响了手榴弹，与敌人同归于尽，牺牲时年仅 27 岁。

1978 年 8 月，遵化铁厂镇修建了甲山战斗纪念馆和烈士纪念碑，纪念馆内陈列着甲山战斗图片展、英雄简介、领导题词等，2007 年被列为唐山市爱国主义教育基地。

★拾伍

抗战近反攻　壮大冀热辽

中共领导的冀热辽抗日军政机构成立（1944 年 9 月）

1944 年，世界反法西斯战争连连告捷，中国的抗日战争进入了一个崭新的阶段，敌后战场已经开始局部反攻。地处华北与伪满之间的冀热边地区，战略地位愈加突出。为此，中共中央于 1944 年 7 月 28 日发出了《关于晋察冀边区划分为四个区党委和军分区的指示》，指出："……在冀东建立冀热辽区党委和冀热辽军区，李运昌为冀热辽军区司令员兼政治委员和区党委书记，李楚离为副书记。"

抗战时期李楚离（左一）与战友们在长城上合影。

9 月 19 日，晋察冀军区下达撤销原晋察冀第十三军分区、成立冀热辽军区的命令，任命李运昌为军区司令员兼政治委员，詹才芳为副司令员，李楚离为副政治委员，彭寿生为参谋长，李中权为政治部主任，才山为副参谋长。9月30日，晋察冀边区政府根据第19次边委会议决定，发布了关于设置冀晋区、冀察区、冀中区和冀热辽区4个行署的命令，任命李运昌为冀热辽区行署主任，朱其文任副主任。当时，由于抗战仍很激烈残酷，根据地各项建设任务繁忙，故冀热辽党政军领导机关未能立即组成，为了便于工作，从11月起，以冀热辽区名义行文。12月下旬，詹才芳等50余名干部陆续到达冀热辽区工作岗位。

冀热辽区委书记、军区司令员李运昌。

冀热辽军区副司令员詹才芳。1955年被授予中将军衔。

1945年年初，冀热辽区的抗战形势有了新的发展：根据地已发展到西部和南部抵近平津和唐山市近郊，北部越过长城扩展到热河，东部逼近山海关和秦皇岛港。全区共产党员发展到3.62万人，县级抗日政权达到25个，辖1.08万个村，近600万人。在此基础上，正式建立了冀热辽区党委、行署和军区。这标志着冀热辽抗日根据地的形成，从此冀热辽成为全国19个抗日解放区之一。

当时，日本侵略军还在垂死挣扎，在战略部署上提出“确保满洲”，因此对冀热辽地区更为重视，企图使冀东地区“满洲化”。在这种思想的指导下，日本关东军与华北方面军商定，由伪满派“国兵”3个旅1.5

万人进驻冀东，与华北方面军驻冀东的日军“北特警”和独立第八旅团协同作战。因此，冀热辽区刚刚成立就面临着严峻的形势。

冀热辽军区主要领导人。左起：司令员李运昌、政治部副主任李中权、副司令员詹才芳、参谋长彭寿生。

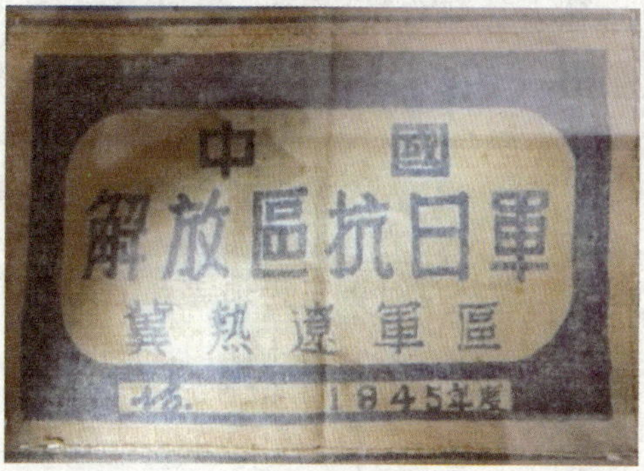

冀热辽军区八路军佩戴的臂章。

发展壮大起来的冀热辽军区在分析了形势之后，于 1945 年 1 月 26 日发出作战命令，进行了三次打伪满军的战役和总体战，不仅粉碎了日军的企图，而且还巩固扩大了根据地。1945 年 6 月以后，又开展了热辽战役，基本控制了热河全境。到 1945 年 8 月大反攻前，冀热辽区县级抗日政权发展到了 31 个，武装部队发展到 3 万多人，牢牢掌握着冀、热、辽三省交界的战场主动权，蓄势待发，准备反攻。

附：冀热辽区党委、行署和军区主要领导人

☆中共冀热辽区委主要领导人（1944 年 11 月—1945 年 11 月）

书　记　李运昌（1945 年 8 月率部挺进东北，由张明远代理）

副书记　李楚离

常　委　李运昌　李楚离　苏林彦　詹才芳　李中权　张明远

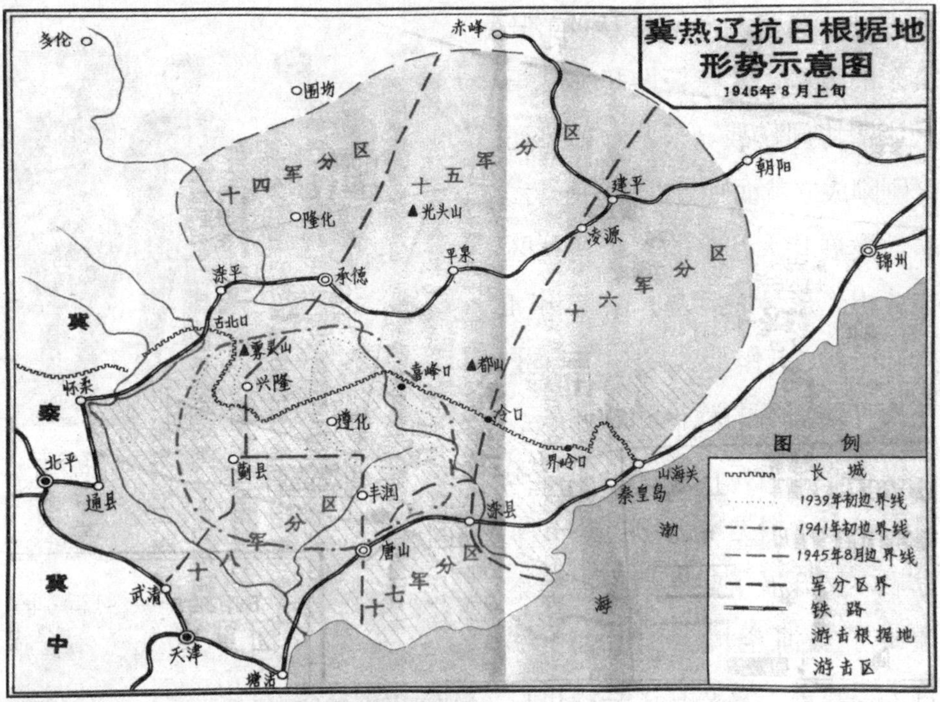

1945 年冀热辽抗日根据地形势示意图。

☆冀热辽行署主要领导人（1944 年 11 月—1945 年 11 月）

主　任　张明远

副主任　朱其文

☆冀热辽军区主要领导人（1944 年 11 月—1945 年 11 月）

司 令 员　李运昌

政治委员　李运昌（兼）

副司令员　詹才芳

副政治委员　李楚离

参 谋 长　彭寿生

副参谋长　才　山

★拾陆

血战杨家铺　忠骨埋青山

冀热辽八路军杨家铺战斗（1944 年 10 月）

1944 年，中国共产党领导的各个抗日解放区，抗日形势从低潮走向高潮。我冀热辽解放区力量也不断壮大，到下半年，尤其是在军事上，三个主力团经过几年的战斗，武器装备好，战斗力强，人数编制也超过大团人数。各专区有区队，县有支队，区有小队和民兵。由于武装部队的发展，被敌人蚕食的政权基本得到恢复。各城镇据点的敌人不敢轻易出击，只有独立第八旅团和伪满洲军巡回扫荡。敌人只好在长城内外实行集家并村，建立无人区，以此控制我军在山区的活动。平原地区敌人控制的炮楼碉垒，很多被我军民推平，设防的据点基本收缩到城镇。

在这种形势下，党中央晋察冀分局下达了“迎接东北大反攻”的指示。为了贯彻晋察冀分局指示，1944 年 10 月中旬，冀热辽区党委在丰润皈依寨召开特委、地委、县委和行政公署、社会部、卫生部三级干部会，传达贯彻中央分局关于“迎接东北大反攻”的指示。军分区首长们分别率领主力团在敌占区活动，吸引敌人。因此司令部主要领导没有参加会议，参加会议的主要有冀热辽区党委组织部长周文彬、副部长吕光、秘书长李杉和特委工作人员，警卫工作由特营二连刘景余连长和华立文指导员负责。

冀东烈士陵园中的周文彬塑像。

10月16日，会议刚开始进行，据各路侦察员汇报：遵化地区有日军几百人在铁厂围攻扫荡；东边的杨店子敌人据点也增加了五六百日伪军；南面的丰润县城和榛子镇据点，都新增加了部队（战后才知道是日军独立混成第八旅团和大批伪军），估计是会议目标暴露了，敌情十分紧张。面对如此严峻的形势，周文彬、吕光、李杉等委员决定，立即结束会议，离开会议所在地，向杨家铺、李庄子、夏庄子一带转移。

晚上6点出发，半夜，大队人马到达杨家铺、李庄子。区党委领导住在李庄子，十七地委丁振军率领的一区队四连住在夏庄子，卫生部和各县干部住在杨家铺。拂晓起床后，响起了枪声，村头站岗的战士跑到村里报告说村南不远处有日本士兵，警卫战士们朝着敌人用机枪扫射，战斗打响了。不一会儿，周文彬、吕光、李杉和丁振军指挥队伍隐蔽在山坳，警卫连在山头战斗。

周文彬、丁振军、吕光等人手持望远镜一看，东、西、南三面的山头都被敌人占领，只好向北突围，走出不远，侦察员报告说，北边也都有敌人。我方军政人员只好又回到原处，丁振军同志带领一个班也冲上山头。他叫战士们卧倒，在观察敌情时，一颗子弹从他的胸膛穿过，丁振军同志牺牲了。通信员跑下山头向周文彬同志报告了这个

杨家铺烈士陵园。

不幸的消息，大家望着山头说：“为丁书记报仇！”周文彬、吕光、李杉也悲痛说：“同志们要保存自己，不要悲伤，情况不允许我们追悼！为了报仇，为了胜利，大家要向南冲下山去！”

周文彬率领的这支队伍大多是文职干部，许多还是抗大的学员，战斗力较弱，还有几位女同志。队伍面对如此众多的敌人，边打边退，等到了杨家铺西北方向，周文彬命令刘景余率领一个排掩护，当时，周文彬想把那些战斗力不强的干部放到老百姓躲藏的老爷沟，但是想到会连累到老乡，最终决定集体突围。

刘景余连长率领战士们担任了突围任务，刘连长端着机枪，带领一排战士杀出重围，但是他出去后看大部队都没有跟出来，又率领队伍杀了回去。刘景余回来后找到周文彬，让他跟着冲出去，周文彬说要和队伍一起走，刘景余又一次率部队向外冲锋，这次将要出去时，回头看大部队还是没有过来，刘景余又一次杀了回来。等到第三次往外冲的时候，日伪军已经架上机枪，把沟两边堵得严严实实了。

杨家铺战斗烈士纪念馆。

部队在沟底向外冲锋的时候，吕光夫妇牺牲；时间不长，周文彬、王少奇和李杉等同志在战斗中相继壮烈牺牲。这次战斗430多名指战员牺牲，只有150多人成功突围。

这场悲壮的战斗，冀热辽八路军所受的损失是空前的，牺牲的人员中，八路军与会的干部多，战斗人员少，是我党我军在抗日战争即将由相持阶段转变为大反攻阶段的一个重大损失。时任晋察冀军区司令员聂荣臻曾痛心地指出：“杨家铺战斗是我军在华北抗日战场上的一次罕见且损失重大的战斗。”

此次战斗中牺牲的冀热辽区党委组织部部长周文彬，原名金成镐，1908年生，朝鲜人。少年时代来到中国，1926年加入中国共产党。曾任中共唐山工委书记，领导了1938年开滦工人大罢工和工人武装暴动。在创建冀东抗日根据地和冀东党组织建设方面作出了重要贡献。为纪念他，有人写诗云：

山招魂，水招魂，此日一家作比邻，东风处处春。

云一村，树一村，犹教人人长忆君，年深情更深。

★拾柒

先机占东北　沈阳壮军威

冀热辽八路军先机挺进东北（1945 年 8—9 月）

进入 1945 年后，世界反法西斯战争进入了最后阶段，5 月，欧洲战场取得胜利。在远东战场，日本帝国主义还在垂死挣扎，中国共产党领导的抗日武装时刻准备进行大反攻。冀热辽解放区位于大反攻的最前沿，在中央和八路军总部大反攻的命令下达后，果断执行，先机挺进东北，争取战略主动，为党中央重大战略转变进而夺取全国胜利“迈出走向解放全中国的第一步”。

1945 年 8 月，冀热辽八路军越过长城向东北进军。

1945 年 8 月 9 日，毛泽东发表《对日寇的最后一战》，指出由于苏联参加对日作战，“对日战争已处在最后阶段，最后地战胜日本侵略者及其一切走狗的时间已经到来了”，“八路军、新四军及其他人民军队，应在一切可能条件下，对于一切不愿投降的侵略者及其走狗实行广泛的进攻，歼灭这些敌人的力量，夺取其武装和资财，猛烈地扩大解放区，缩小沦陷区”。

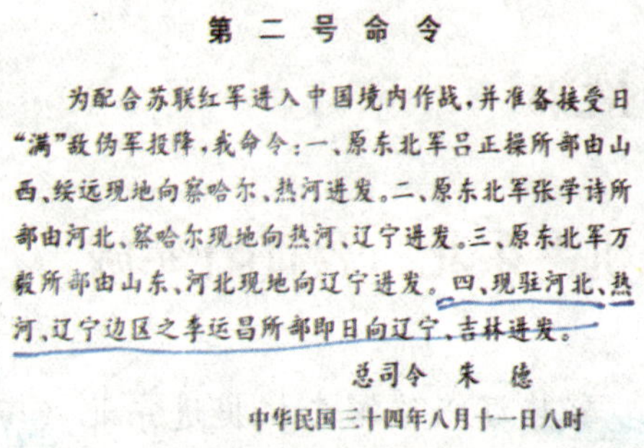
第 二 号 命 令

为配合苏联红军进入中国境内作战，并准备接受日“满”敌伪军投降，我命令：一、原东北军吕正操所部由山西、绥远现地向察哈尔、热河进发。二、原东北军张学诗所部由河北、察哈尔现地向热河、辽宁进发。三、原东北军万毅所部由山东、河北现地向辽宁进发。四、现驻河北、热河、辽宁边区之李运昌所部即日向辽宁、吉林进发。

总司令 朱 德

中华民国三十四年八月十一日八时

1945年8月11日，八路军总司令朱德给冀热辽八路军进军东北的第二号命令。

10日至11日，延安总部朱德总司令连续发布进军命令：令各解放区抗日武装部队依据《波茨坦宣言》规定，向其附近各城镇、交通要道之日伪军及其指挥机关送出通牒，限期投降。如遇日伪军拒绝投降缴械，即应予以坚决消灭；令所有中国解放区的抗日军队向一切日伪军占领的交通要道进攻，迫使日伪军无条件投降，对收复之各城镇实行军事管制，维持秩序，保护人民。其中第二号命令中专门命令“现驻河北、热河、辽宁边区之李运昌所部即日向辽宁、吉林进发”。

接到命令后，冀热辽军区坚决执行党中央和晋察冀分局、军区交给的光荣任务，立即在冀东丰润县（今唐山市丰润区）大旺庄召开党政军紧急会议，会议决定：立即从冀热辽主力部队中抽调2/3的兵力进军东北，即由第十四、十五、十六三个军分区组成三路，近17000人的部队，北出长城，挺进东北、热河。为加强统一指挥，组成以李运昌为首的中共冀热辽区党委东进工作委员会和冀热辽军区前线指挥部，明确进军东北的任务是：一、配合苏联红军作战，消灭东北和热河的日伪武装，接收伪政权；二、接管城市，建立人民政权；三、收缴日伪武器资材，扩大部队；四、为后续部队开辟进入东北的通道。

东路第十六军分区部队由司令员曾克林和副政委唐凯率领，由九门

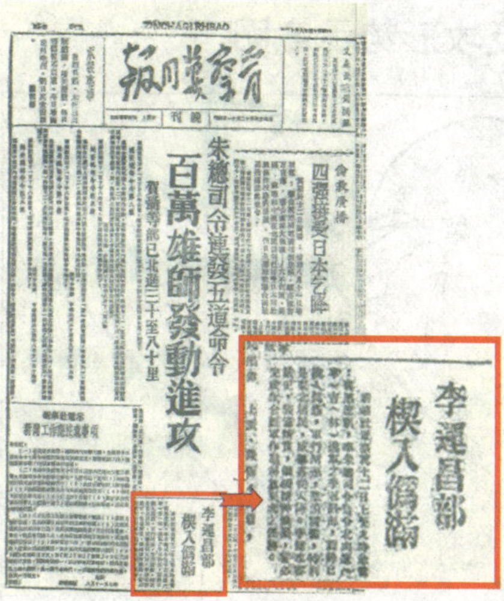
朱總司令連發五道命令
百萬雄師發動進攻
四强接受日本乞降
李運昌部楔入偽滿

1945 年 8 月 12 日，《晋察冀日报》刊登冀热辽八路军“楔入”东北的报道。

口出关，与苏军从赤峰南下的先遣支队在绥中会师。《晋察冀日报》在第一版以大字标题刊登报道：“李运昌部楔入伪满”，形象地刻画了冀热辽八路军先机挺进东北的神速和重要的战略意义。然后，冀热辽八路军回师山海关，8 月 30 日攻克山海关。新华社向全国广播：“华北军事要冲山海关及沦陷敌手 12 年之久的榆关镇，已于 8 月 30 日为我军光复。”然后沿北宁铁路（今京哈铁路）向锦州、沈阳、吉林挺进，于 9 月 5 日到达沈阳，并分兵到南满、吉林。

西路第十四军分区部队由司令员舒行、政委李子光、副政委黄文率领，8 月中旬向热河进军。解放了围场、隆化等县城，进入承德与苏军会师。

中路第十五军分区部队由司令员赵文进、地分委书记宋诚率领，8 月中旬出喜峰口向热河平原及凌源、赤峰、朝阳进军。在平泉外围解除伪满军一个旅的武装，接管 8 座县城，

1945 年 8 月 30 日，冀热辽八路军收复山海关。

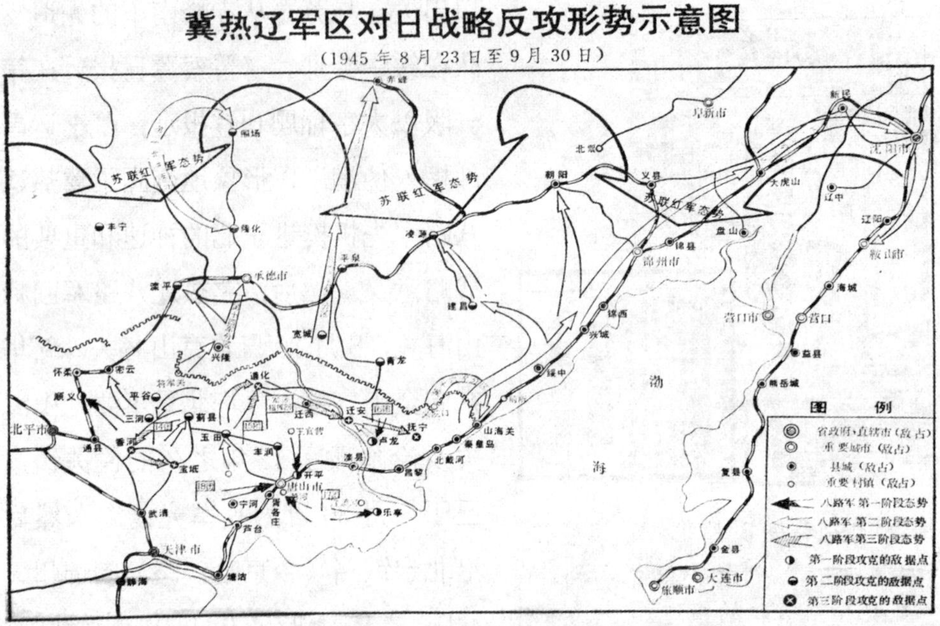

1945 年 8 月冀热辽军区对日战略反攻形势。

俘敌伪 5000 余人。热河全境解放。

冀热辽八路军到达沈阳后，军容整齐地以四路纵队行进在沈阳街头，被日伪统治了 14 年的沈阳人民，即刻涌上街头欢迎祖国的队伍，成千上万的市民簇拥着八路军队伍行进，许多人热泪滚滚，情不自禁地高呼口号，壮大了国威和军威。驻扎在这里的苏联红军也为之感动。

9 月中旬，曾克林司令员和苏军代表乘苏军飞机到延安向中共中央直接汇报挺进东北情况。

争取东北，是 1945 年春中共七大提出的战略任务之一。毛泽东同志在会上强调指出：“东北是特别重要的。……只要我们有了东北，那么中国革命就有了巩固的基础。”曾克林司令员向以刘少奇为首的中央政治局（当时毛泽东主席到重庆与国民党谈判，中共中央主席由刘少奇代理）汇报了冀热辽军区八路军挺进东北、先机占领沈阳的经过和东北的现状，为党中央制定东北乃至全国的战略政策提供了第一手资料。同时，中共中央经过与苏军谈判协商，苏军撤出东北后中国军队如何进入东北，“由中国自行解决”。

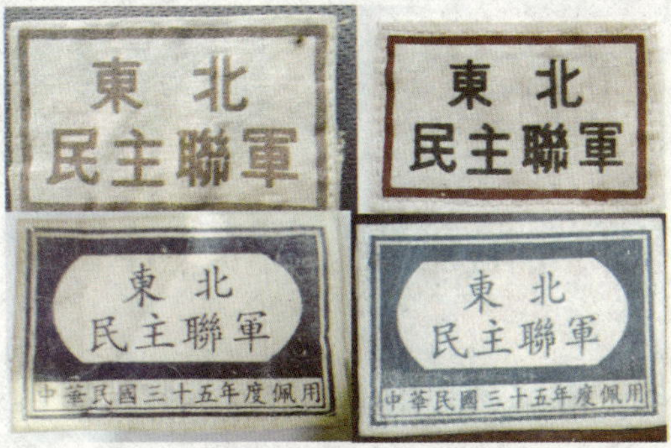

冀东八路军挺进东北后编为东北民主联军。图为东北民主联军佩戴的布质胸章。

1945年9月19日，中共中央提出了“向北发展，向南防御”的全国战略方针。“向北发展”，就是全部控制热河、察哈尔两省，力争控制东北；“向南防御”，就是收缩南部防线，巩固华北以及华东、华中解放区，以对付国民党军的进攻，保证向北发展任务的完成。中共中央强调指出，“只要我能控制东北及热、察两省，并有全国各解放区及全国人民配合斗争，即能保障中国人民的胜利”。

在这种形势下，中央军委决定关内进入东北的部队和原东北抗日联军统一改称“东北人民自治军”（不久改称“东北民主联军”，1948年改称“中国人民解放军第四野战军”）。同时，中共中央决定成立东北局，由彭真、陈云等同志领导，派大批干部到东北。中共中央在军事上和政治上的这两个举措，使党和人民军队在东北站住了脚，为后来的解放东北打下了坚实的基础。正如当时东北局主要领导人陈云同志所说的，冀热辽八路军“执行中央的命令坚决勇敢，先机占领了东北。这对中国革命有很重要的作用”。

★拾捌

戎机千里赴　辽沈至平津

解放战争中遵化“万人担架团”支援解放东北、热河及平津战役（1947年—1949年初）

1947年8月，接上级指示，已经解放的冀东区遵化（今遵化市）县委立即组织民兵参加担架团远征东北。各村民兵在共产党员的带动下，组建起一支2000人的远征担架团，中共遵化县委任命县武委会主任杨青担任团长兼政委。杨青，1923年生，1947年春担任遵化县委常委、县人民武装委员会主任。接到组建担架团的任务后，他马上行动，很快把担架团组织起来，立即远征东北，随同东北野战军第七纵队作战，历时8个月，转战数千里，冒着枪林弹雨抢救运送伤员，有力地配合了热南战役和辽沈战役，出色地完成了任务。

1948年年底平津战役前夕，杨青再度奉命组建“万人随军担架总团”，担任总团长兼政委，带队支援平津战役。1948年初冬，担架团组成，总团共6个团，每团1570人，还有一个100多人的运输队，总计约9500人，所以号称“万人担架团”。12月11日，以团为单位举行誓师大会，12月12日分两路集中，分别开赴天津和北平，与部队

遵化远征担架总团在出征平津战役前营团干部合影。

并肩作战，抢救、转运伤员。

当时的建制是：

一团团长艾平，政委王道和，担架队员由城关区组成。

二团团长张树，政委艾民，担架队员由二、三区组成。

三团团长栾玉山，政委崔治田，担架队员由四、五区组成。

四团团长李凤久，政委李守中，担架队员由五、六区组成。

五团团长张国治，政委常育民，担架队员由七、十区组成。

六团团长刘国安，政委国富，担架队员由八区组成。

后勤运输队队长江振一，并由九区抽调部分持枪民兵押运。

担架总团组建不久，就参加了攻打塘沽、军粮城和天津的战役，他们历尽千辛万苦运送解放军伤员到后方医院。此时正值冬季，寒风凛冽，大雪飞扬。队员们抬着担架在又黏又滑的泥泞道路上前进。路上，队员们精心照顾伤员，有的队员跌倒了，手里依然举着担架，不让伤员再受痛苦；伤员身上

辽沈战役纪念馆收藏的遵化担架团团旗。

穿得单薄，队员们就把自己的棉衣脱下来，盖在伤员身上；伤员要大小便时没有便器，队员们就用自己吃饭用的饭碗、茶缸接屎接尿，伤员们感动得热泪盈眶，对队员们说：“你们真比亲兄弟还亲！”

天津外围的国民党据点全部扫除后，1 月 14 日，对天津市区开始总攻。担架三、四团配属解放军七纵二十五师、二十七师主攻东线。担架三团仍配合二十七师，部队要两个营的担架配合前沿主攻，团长栾玉山带着一、二营到了前沿阵地。二营首先随部队顺着交通壕进入前沿阵地，在敌人工事线外百米处土坎下隐蔽，这里就是前线抢救伤员点。总攻开始时，敌我双方炮击十分激烈。经过一阵猛烈炮击，敌人的工事被我军夷为平地。炮战停止，我军发起第一次冲锋，这时敌人的围墙虽被我军炮火摧毁，但许多大小碉堡仍然交叉着喷射出强烈的火舌。我军在昏暗的硝烟中，冒着猛烈的炮火，一下冲到护城河以内。乘此机会，担架三团的二营，将伤员及阵亡的战士，顺着交通沟，两人一抬，急速往外抢运。栾玉山立即带一营前去支援。此时，敌人的一排炮弹在街头炸响，栾玉山和 7 名队员牺牲，20 余人负伤。栾玉山尸体被抬回村庄以后，由总团长杨青亲自给他选了一口柏木棺材，眼含热泪将战友装殓起来。

遵化远征担架总团总团长杨青用过的手枪和团员们使用的武器。

栾玉山，遵化县西新庄人，共产党员，1945 年参军，1947 年转入地方工作，这次被选入万人担架总团，并任三团团长，牺牲时只有 28 岁。栾玉山的遗骨，新中国成立后转入唐山冀东烈士陵园。

任务完成，担架团于腊月二十七日（公历 1 月 25 日）从天津出发，农历腊月三十到达遵化县界，队员们高兴极了，在界山口，队员们用机枪、步枪对空猛打一阵，以示凯旋。中共遵化县委领导及 1000 多名群众，敲锣打鼓夹道欢迎凯旋的担架团。

1 月下旬，七纵政治部给三、四担架团每团一面奖旗，三团一营、四团二营被评为模范担架营，并评选出 250 多名模范担架员，并奖授了一批从敌人手中缴获的武器弹药。在评选模范的基础上，发展新民主主义青年团员 200 多名。

在辽沈、平津两大战役中，中共遵化县委三次组织近 2 万人的担架团，随部队远征，与子弟兵并肩作战，完成了抢救、转运和护理伤员的任务。特别是在解放天津的战役中，牺牲了 12 名队员，在中国革命战争史上创造了独一无二的县级党组织成建制组建随军担架团的光辉业绩。万人担架团荣获“全国模范随军担架团”称号，在中国人民解放战争史上留下了光辉的一页。

★拾玖

大军入关急　冀东迎解放

东北野战军进入冀东，冀东军区配合东野作战（1948 年 11 月）

人民解放军在 1948 年 11 月初取得辽沈战役的胜利后，中央军委即考虑进行平津战役。当时，平津张唐一带 50 多万人的国民党军队位于东起山海关、西至平绥铁路（今京包铁路）的张家口这几百千米的狭长地带，以塘沽为海上通道。在辽沈战役结束后，这一带的国民党军队已成惊弓之鸟，依据暂守平津、保住出海口、扩充实力、以观时变的方针，不断收缩兵力，先后放弃承德、保定、山海关、秦皇岛等地，准备随时相机向西面的绥远或东面的海上逃跑。如果国民党军队从海上撤走南下，国民党的长江防线就得到了加强或保存较多的作战力量，这对今后的解放战争不利。因此，稳住华北敌军，使它不迅速决策南逃或西撤，成为能否就地歼敌

1948 年 11 月，东北野战军准备入关。

的关键。鉴于这种形势，毛泽东主席和中央军委决定尽快进行平津战役。

当时，淮海战役尚在进行中，那里的国民党军队全部被歼已成定局，中央军委决定：“为着不使蒋介石迅速决策海运平津诸敌南下……两星期内不作最后歼灭之部署。”(选自《关于平津战役的作战方针》,《毛泽东选集》第四卷）以便使华北之敌不能决定马上从海上撤退。同时，电令东北野战军在辽沈战役结束后，放弃休整，迅即入关，尽快解放平津。

11 月 23 日至 24 日，东北野战军各纵队先后启程，首先向冀东玉田开进，兵分三路，一路由三纵打头，从锦州出发，由冷口入关；一路以五纵为先头部队，从义县出发走喜峰口过长城到达冀东；一路由山海关经北宁路入关。自此，80 余万解放军部队，15 万随军民工，14 万头牲畜，3000 余辆汽车和 8000 多辆大车，迅速开入关内，与华北军区共同进行平津战役。

1948 年 11 月，东北野战军进入山海关。

1948 年 11 月 23 日，东北野战军由冷口入关。

据原解放军空军司令员刘亚楼等人回忆，东野总部于 12 月 7 日抵达蓟县以南 10 千米的孟家楼，此时第一兵团部已过遵化，走在最前面的三纵已经到达丰润，五纵抵达蓟县。12 月 8 日，中央军委指示东野“首要任务是不使这些敌人（北平之敌）逃至天津”。要求东野以 4 个纵队打下廊坊、香河，切断北宁铁路，这样就能保证北平的 14 个国民党师动弹不得。不仅如此，东北和华北解放军还周密部署，使华北的国民党军队被分割在北平、天津和平绥铁路的新保安几个孤立的据点。

平津战役前华北军区司令员聂荣臻（右二）与部队领导合影。

根据东北野战军的部署，在东野入关前后和随即进行的平津战役中，冀东军区将部队部署在北宁铁路和平谷铁路沿线。第十四军分区部队进至平古路沿线，第十五军分区部队进至北宁铁路唐山至塘沽段，第十二、十三军分区部队进至唐山以东至山海关段，各县区武装随军分区部队行动。部队的主要任务是：严密封锁东北野战军入关的消息；破坏铁路交通，阻止国民党军队逃跑；主动出击，拔除铁路沿线国民党军队的中小据点。同时，由军区卫生部组建了 4 个野战医院，交归东北野战军后勤司令部。

冀东军民开始迎接全区的解放和平津战役的胜利。

★贰拾

两大战役壮 冀东支前忙

中共冀东区委组织辽沈、平津两大战役的支前（1948 年 8 月—1949 年 1 月）

在辽沈、平津两大战役中，以唐山为中心的冀东地区，由于处于东北和华北的咽喉地带，具有特殊的战略地位，必然成为支援两大战役的主要后方基地。在两大战役中，有近百万野战军和大批随军民工在这里集结作战，仅有 600 万人口的冀东解放区，承担了重大的战勤支援任务。冀东人民以“倾家荡产支援前线”的牺牲精神，出色地完成了支前任务，为解放平津两大中心城市作出了重大的贡献。

1948 年 8 月到 10 月，根据解放战争形势的发展，中共冀东区委提出：大规模的战争很快就要到来，必须做作好充分的准备，建立健全战勤组织，充实干部，从组织领导上保证战勤工作的顺利进行。在各军分区、县、区成立战勤委员会（简称“战委会”），统一领导全区的支前供应任务，动员和组织全区的战勤服务。

1948 年这一年，冀东地区，尤其是东北野战军入关必经的北部山区受灾，很多地方缺粮，群众生活非常困难。但广大群众宁可自己忍

辽宁省锦州市的辽沈战役纪念馆中展出的冀东民工支前用过的小车。

饥挨饿，也要保证支援解放战争。迁西县的群众没有粮吃，靠吃野菜米糠度日，而家中的柜子、缸里装满了公粮，却一粒也不动。秋收刚过，群众就忙着碾公粮，到年底基本完成任务，许多县超额完成。在平津战役前，冀东全区共筹集军粮1.32亿公斤，食油60万公斤，食盐75万公斤，猪2万头，马料3000万公斤，烧柴8500万公斤。平津战役打响后，各供应线上成千上万的马车、牛车、毛驴驮子、人力小推车、肩担背运……川流不息，顶风冒雪，像一股洪流滚滚向前。在战役最紧张的12月份，冀东区投入军需运输的马车平均每天达近2万辆。

支前的民工。

为保证东北野战军顺利进关和平津战役的交通运输，自1948年10月至12月底，冀东全区27个县先后动员民工200万人次，展宽、碾平

平津战役纪念馆前的大型雕塑《支援前线》。

新修公路近万里，将东起山海关，西到平古路，北起长城外的兴隆、承德、凌源地区，南到渤海之滨的公路干线和支线全部整修完毕。翻修、加固公路桥500余座。在公路两侧、桥梁两端和主要路口都修了防空壕（洞）、掩体和战车掩蔽棚。为了修复迁安县城南部的爪村滦河大桥，在没有工程专家指导的情况下，修桥群众发挥自己的聪明才智，冒着国民党飞机的轰炸扫射和严冬的寒冷，下水打桩，昼夜抢修，有的民工累得吐了血也不肯撤下，仅用了10天就修复了这座承重10吨的百孔大桥。广大群众还节衣缩食，慰劳前线将士，据不完全统计，慰劳部队的慰问品计有：白面95万公斤，粗粮4850公斤，还有鸡蛋、花生、白菜、栗子、烟叶及各种生活用品50多种。仅1949年新年，各地慰劳部队的猪肉就达几十万公斤。

在两大战役的支前活动中，冀东地区的广大妇女也作出了突出的贡献。各地除了动员男青壮年参加支前外，还组织了妇女担架队。更多的妇女参加了碾粮、运粮、修路和照顾护理伤员的工作，她们给伤员喂饭、换药、端屎端尿，像照顾自己的亲人一样无微不至。在“保证部队吃饱穿暖”口号的鼓舞下，她们积极赶做被服鞋袜，全区妇女共做军鞋 100 余万双，军装 10 多万套。男子支援前线，广大妇女在后方成为生产的主力军，各地涌现出许多妇女劳动能手和劳动模范。乐亭县黄坨村的赵惠兰，样样农活儿都成了能手，新中国成立后出席了第一次全国妇女大会，受到毛泽东主席的接见。

冀东人民支援辽沈、平津两大战役，作出了巨大的牺牲和突出的贡献。正如聂荣臻元帅所说的：“在解放战争时期，冀东根据地广大军民，为解放华北，紧密配合东北解放区，同国民党军队进行了顽强斗争，以巨大的人力、物力参加和支援了辽沈、平津两大战役，为夺取全国革命的胜利作出了应有的贡献。”

★贰拾壹

党旗军旗飘　唐山得解放

唐山解放（1948 年 12 月 12 日）

1948年9月初，中共中央召开政治局扩大会议，决定抓住有利时机，与国民党进行战略决战，决战方向首先指向形势于我党有利的东北地区，因为东北是全国唯一一个人民解放军军力超过国民党军队的地区，是中国重工业最发达的地区和最大的产粮区。人民解放军对国民党军队的第一次战略大决战拉开序幕。

9月7日，毛泽东主席代表中央军委向东北野战军发出电报（即收入《毛泽东选集》第四卷的《关于辽沈战役的作战方针》）："置长（春）、沈（阳）两敌于不顾，专顾锦（州）、榆（关，即山海关）、

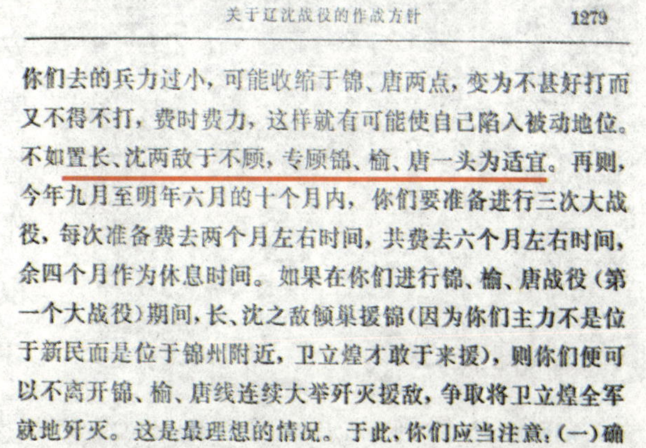

关于辽沈战役的作战方针　1279

你们去的兵力过小，可能收缩于锦、唐两点，变为不甚好打而又不得不打，费时费力，这样就有可能使自己陷入被动地位。不如置长、沈两敌于不顾，专顾锦、榆、唐一头为适宜。再则，今年九月至明年六月的十个月内，你们要准备进行三次大战役，每次准备费去两个月左右时间，共费去六个月左右时间，余四个月作为休息时间。如果在你们进行锦、榆、唐战役（第一个大战役）期间，长、沈之敌倾巢援锦（因为你们主力不是位于新民而是位于锦州附近，卫立煌才敢于来援），则你们便可以不离开锦、榆、唐线连续大举歼灭援敌，争取将卫立煌全军就地歼灭。这是最理想的情况。于此，你们应当注意：(一)确

《关于辽沈战役的作战方针》节选。

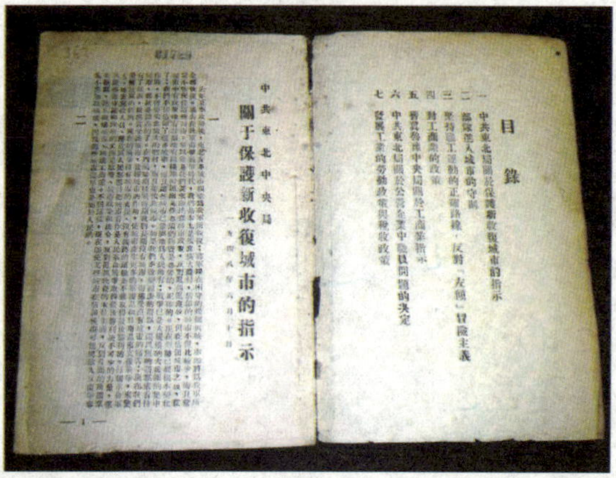

1948年冀东区党委用过的城市工作学习材料。

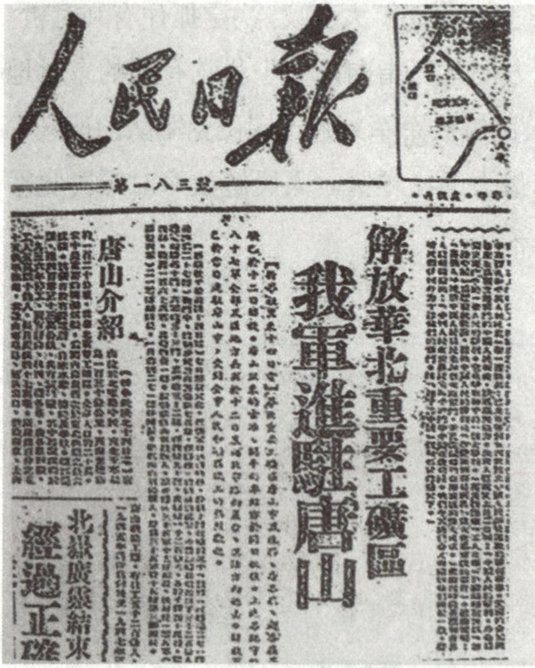

1948年12月13日，《人民日报》在第一版刊载唐山解放的消息。

唐（山）一头为宜。”随之，东北野战军在辽宁省义县至河北省滦县300余千米战线上向国民党军队发起进攻。至10月1日，切断了北宁路，堵住了东北国民党军队向关内的撤退之路。11月2日，辽沈战役结束，全歼东北全境的国民党军队。之后，东北野战军放弃休整，即刻入关，进入冀东地区。国民党在冀东地区最大的军事要地唐山，其守军已成惊弓之鸟。

与此同时，冀东地区党委先后从各县区抽调了几百名干部，按照党、政府、公安三个系统组建了冀东地区唐山、秦榆、塘大三市的军管会、市委和市政办事处，作为接收城市的基本班子。根据事先对国民党各机关的详细调查了解，确定了各部、局的接收对象，配备了干部，进行了具体的分工，并对这些干部进行了培训，学习党的新区工作和城市工作的方针政策，进行了纪律教育，制定了入城守则，熟悉掌握各方面的情况，作了周密的入城组织准备和思想准备。

此时，驻唐国民党守军深感大势已去，于12月11日召开紧急会议，宣布“华北剿总”命令，将部队撤至天津。为了掩护逃跑，派军队把唐山城区封锁起来。

唐山的我方关系人将会议内容通报我方另一位关系人郑志文，以出城传达调兵命令的名义，通过封锁线，将情报送给唐山情报站飞行大队负责人蒋志岐。蒋志岐马上派人送给驻丰润刘家营的唐山情报站，同时组织全副武装的12名队员火速进城。

12日拂晓，驻唐山的国民党官兵，分别乘火车、汽车和徒步向天津溃逃。下午1时，飞行大队一路接收了发电厂、德盛瓷厂、制铁所、启新、华新等工厂，收缴了厂警武器，组织工人护厂。飞行大队另一路队员从南郊进入市区。先到伪警察局与我方情报人员联系，随后组织飞行大队成员分头在市内维持治安，护厂、护矿。

时任唐山情报站站长、市公安局秘书室主任的李文，在12日上午10时接到情报后，当即上报冀东区党委，区党委立即部署接管人员进城。为防备敌人杀回马枪，接管人员分三个梯队入城：第一梯队公安人员；第二梯队政府人员；第三梯队市委人员。

李文按区党委的部署，率侦察班组成第一梯队，携带长短枪，骑自行车驶向唐山。下午3时，从北郊入城，沿途接收了一些厂警的武器。进入市中心后，接收了国民党市党部、市政府、市警察局，并派人驻守，随后又接管了市电信局。为扩大影响，李文命令电话员接通天津电信局，告之唐山解放的消息。为震慑敌人、稳定社会秩序，李文用电话向各

1948年12月12日，唐山解放，唐山人民走上街头热烈庆祝。

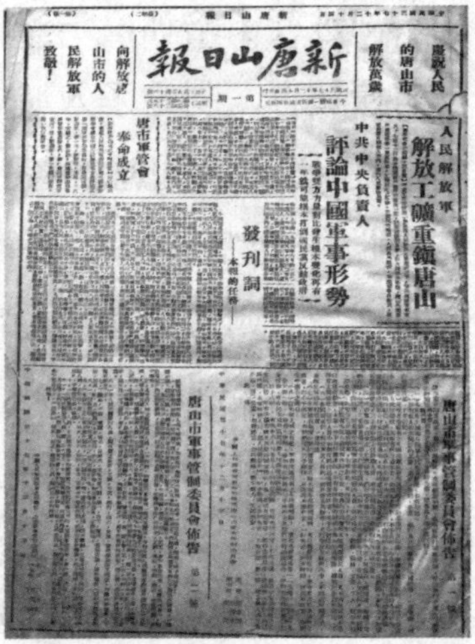

新唐山日報

慶祝人民解放的唐山市

向解放唐山市的人民解放軍致敬！

人民解放軍解放工礦重鎮唐山

中共中央負責人評論中國軍事形勢

唐市軍管會奉命成立

發刊詞

唐山市軍事管制委員會佈告

1948年12月14日，《新唐山日报》报道唐山解放和军管会成立的消息。

厂矿、银行下达命令：“你们要恪尽职守，等待接收，否则严惩不贷。”李文打完电话，又直奔唐山广播电台。晚9时，停播一天的唐山广播电台开始播音。李文在广播电台宣布：唐山解放了！然后广播《约法八章》，号召市民维护社会秩序。第二天，第二、第三两个梯队也分别入城，全面接管了唐山市。同时，成立了唐山市军管会，阎达开任主任，彭寿生、李一夫任副主任。

至此，唐山这座重要的工矿城市获得解放。

☆附一 中国人民解放军东北野战军前线司令部布告（约法八章）

本军奉命消灭国民党匪军，解放北平、天津、唐山、张家口诸城市，兹特宣布约法八章，愿与我全体人民共同遵守。

一、保护各城市人民的生命财产。

二、保护民族工业商业。

三、没收官僚资本。

四、保护学校、医院、文化教育机关、体育场所及其他一切公共设施，任何人不得破坏。

五、原属国民党省、市、县各级政府机关官员、警察人员、区镇乡保甲人员，凡不持枪抵抗，不阴谋破坏者，本军一律不俘虏和逮捕。

六、为确保城市治安、安定社会秩序，一切散兵游勇均应向当地本军部队及警备司令部或公安局投诚报到。

七、保护外国侨民生命财产的安全。

八、无论在本军进城前和进城后，城内一切市民及各界人士，均需共同负责，维护社会秩序，免遭破坏。凡保护有功者奖，阴谋破坏者罚。

☆附二 唐山市军事管制委员会布告（第一号）

唐山市及开滦矿区，兹已全部解放。在此解放初期，由本会实行军事管制，坚决执行中国人民解放军东北野战军司令部、政治部颁布之约法八章。兹特公布，望各界人等一体遵行：

（一）本军保护城市各阶层人民生命财产，不受侵犯。

（二）所有私人资本开设的工厂、商店、公司、企业、银行及其所属的仓库、货栈等，一律保护，准许照常营业，不受侵犯。

（三）没收官僚资本。凡国民党政府所经营的工商企业、银行、仓库等，应听候调查处理。确为官僚资本，由民主政府接收，其中有民营资本者，仍归私人所有，不予没收，今后是否与民主政府合股经营，拟系退出独自经营，悉听自便。但在民主政府清理接收前，所有在这些企业中供职的人员均须继续供职，并负责保护机器、器材、文件、账册、档案，不得破坏烧毁与自由搬走。凡保护有功者一律奖励，其有怠工破坏者则必须惩处。民主政府对上述供职人员，准予分别录用。在休假期内工资照发。

（四）城市电灯、自来水、邮电、铁路、汽车等交通市政设备，小学校、民教馆、图书馆、医院、文物古迹、公园、娱乐体育场所等文化卫生设备，宗教寺院与慈善事业等设备，有关人民福利及宗教信仰，一律不得破坏。所有这些机关、团体、学校供职的人员，无论局长、经理、职员、文书、工人、校长、教授、学生等，均望照常供职或学习，本军对此一律保护，不受侵犯。

（五）国民党省、市、县各级政府机关之官吏、职员与市镇警察及区、乡、镇保长人员，凡不持枪抵抗、不进行破坏活动者，本军一律不加俘虏逮捕。所有各该机关资财档案等均归其保护，听候民主政府处理，不得怠工与破坏。这些人员如无反动行为或严重劣迹者，准予分别录用。

（六）各国领事馆、教堂及其人员与一切外侨及其财产，凡遵守民主政府法令，不隐藏反动分子，并无任何破坏行为者，一律保护。

（七）本军号召藏匿民间的蒋军官兵向本军各部投诚报到，凡自动投诚报到，并持有武器交出者，即不予追究，并斟酌情形仍予优待。其迟迟不报到者，一经查出，即予严办。窝藏不报者亦须受到应有之处分。

（八）自本军入城之日起，所有流通市面之各种蒋币，如“东北九省流通券”“法币”“关金”及“金圆券”等，一律停止使用，改用东北解放区民主政府东北银行发行的流通券。但对于某种货币，例如金圆券，可由民主政府协助持券人民向敌占区抛出。

以上八项，实与全市人民、各界人士的利益相关，故盼共同遵守，不容破坏。无论本军进城以前或进城以后，所有供职市政及其他机关团体的人员均须负起责任，维持市面秩序，免遭蒋特及奸人抢劫与破坏。本军服务人员为人民利益奋斗，纪律严明，公买公卖，不取民间一针一线，望各界人等照常生活，照常营业，勿听谣言，勿自惊扰。群策群力，巩固治安。

此布！

中国人民解放军东北野战军

唐山市军事管制委员会

主　任　阎达开

副主任　彭寿生 李一夫

中华民国三十七年十二月十三日

☆附三 唐山市军事管制委员会布告（第二号）

为严明我机关部队人员入城纪律，彻底执行保护城市政策，特向我一切军政人员，颁布入城守则如下：

一、军事管制期间，一切机关部队人员，民兵、民工，凡未持本会所发之通行证或未佩戴本军特许之证章符号者，一律禁止出入唐山市区。未经本会特许并未持有本会特许证件者，一律不准搬运物资。

二、除本会所指定之卫戍部队及特许之机关人员外，任何机关、部队、民兵、民工，非经本会批准，不得留驻市内。特许留驻市内之机关、部队，亦必须遵照本会指定之地方居住，不得随意住任何民宅、工厂、学校、医院、商店、文化机关、教堂等地。

三、凡准许入城之党政军民人员，一切行动均需服从本会统一领导及指挥，遵行中国人民解放军总部所颁布之三大纪律、八项注意及东北野战军司政两部联合发之约法八章及本会所颁发之一切有关之入城守则。

四、一切入城党政军民人员，必须坚决实行宣传党的政策，保护市内各阶层人民的生命财产，遵守群众纪律，不得擅入民宅，不拿群众一针一线，帮助市民防空、救火、救伤、救灾等。贯彻为人民服务精神，严禁一切破坏群众利益的行为。

五、一切缴获都归公。除本会指定之接收机关外，其他任何机关、部队对蒋匪公营企业、工厂、银行、公司、商店、仓库、栈房及公立之医院、学校，只有保护看管之责，均无接收处理之权，更不得有任何破坏或擅自搬运物资用具等不法行为。

六、一切入城机关、部队人员，对私营之企业、工厂、公司、银行、商店、仓库、货栈等民族工商业，均需负责保护，不得有任何侵犯。

七、对铁路、车站、电灯、电话、自来水、文化教育机关、学校、教堂、医院、名胜古迹、娱乐场所一切公共建筑之房屋、用具、树木及各机关之图书、文件、表册、档案等均须严加保护，不得破坏。

八、一切机关部队，均须尊重回胞之教规与风俗习惯，不得歧视。

九、除本会指定之治安司法机关外，一切机关、部队，均无逮捕犯人之权，违者严办；但对首要战争罪犯，持枪抵抗之蒋匪人员，武装特务及杀人、放火、放毒、爆炸、抢劫、军事破坏等现行犯，必须紧急处置者，准予逮捕，并即送治安机关法办，不得擅自扣押处理。

十、一切机关、部队人员，不许无故鸣枪。如需要实弹演习与军事演习时，须经本会批准，并公告市民后，方得举行。

十一、一切机关、部队人员，实行公平交易，不得强买强卖及犯任何贪污行为，更不得抢购物资，混乱市场。

凡遵守上列规定，执行保护城市政策有功者，均予奖励；如有违犯，凡我市民及机关、部队人员，均有举发之权，本会必予彻底追究，依法惩办。望我入城之全体军政人员，务须遵照执行为要。

此布！

中国人民解放军东北野战军

唐山市军事管制委员会

主　任　阎达开

副主任　彭寿生 李一夫

中华民国三十七年十二月十三日

★贰拾贰

解放平津唐　冀东普天庆

冀东人民庆祝平津唐解放（1949 年 2 月 11 日）

1949 年元旦，是唐山解放后的第一个元旦。全市 18 万市民狂欢三天，热烈庆祝解放后的第一个新年。各机关、工厂、商店、学校、民宅，张灯结彩。街头要道，搭起了高大的牌楼，横挂的“中国共产党万岁！”“庆祝胜利新年！”等大幅标语醒目耀眼，游行队伍中“工人阶级万岁！”“毛主席万岁！”的口号此起彼伏。唐山铁路工人精心赶制的“新唐山”一号机车在铿锵有力而又富有节奏的行进声中，与沿

唐山铁路工厂制造的“1 号机车”，车头上悬挂着毛泽东主席和朱德总司令的画像和“天津工人解放万岁”的大幅标语，由唐山一路鸣着汽笛开往天津。

途各站共度解放后的第一个新年。电力公司的工人在小山天桥、东新街、发电厂等处设置了三颗红色巨星，把城市装点得愈加光彩夺目。入夜，巨大的红星高照，全市灯火辉煌，群众列队游行，锣鼓喧天，各厂矿工人、中小学生演出踩高跷、舞狮子、叠罗汉等节目。

1949年1月31日，平津战役结束，唐山、天津和北平相继解放，华北和东北解放区连成一片。

2月11日，唐山各界5万多人在南富庄广场举行集会，庆祝平津唐解放。主席台上悬挂着毛泽东主席和朱德总司令的巨幅画像，冀东行署和唐山市军管会的主要领导参加。冀东行署主任张明远在集会上讲话，他号召全市人民加紧生产，支援前线，为全中国的彻底解放而奋斗。第二天是元宵节，唐山市的庆祝活动达到高潮，有8万多工人和市民举行了盛大的提灯游行，盛况空前。

《新唐山日报》发表了署名叶遥的文章《华北煤都在狂欢》，真实地记录了全市人民的喜悦之情和当时的盛况：

华北煤都——唐山，在狂欢的庆祝解放年。街上人海翻滚，人山叠叠。

开滦煤矿一万多员工的伟大行列以宽面队形走出厂，队头望不见队尾，浩浩荡荡。踩高跷、耍国术，各部门行列前面，高举着绘制的巨幅木牌，沿街游行，欢呼口号。

电信工人的游行队伍。

1949年2月11日，唐山市召开庆祝平津唐解放大会。左：大会主席台；右：大会会场。

“嘿！这顶对！应该把工人举到前头！啥矿，啥厂，没有工人，还不就歇了？”一位60来岁的老汉，看着井下工人的木牌上画着一个工人，正在有力地挥着洋镐挖煤，他感佩地说。

冀东军区文工团以巨幅毛主席和朱总司令画像、彩珠装饰出的两辆宣传卡车，在室内巡回演出街头剧，唱奏民主歌曲，拥挤不动的人群，紧紧地围拢着。车像个水闸子，一开动，人流急速地随车奔驰。卡车行至××街拐角时，利用尚未拆毁的旧碉堡，当作他们的舞台，演出《八月十五》。当唱到“共产党的主张真正好，今天过节太高兴”的时候，群众掌声经久不息，“高兴，真高兴……”的欢呼声，震撼耳鼓。

解放了的唐山和唐山人民，满怀希望和信心开始新的生活，在党旗指引下，积极迎接新中国的成立。

★贰拾叁

南下过长江 解放全中国

冀东南下工作队出发（1949 年 5 月 25 日）

随着全国解放战争的节节胜利，中共中央于 1948 年 9 月在河北省平山县西柏坡召开政治局扩大会议，分析全国解放战争的形势，制定夺取全国胜利的战略任务与战略决策。会议认为：“夺取全国政权的任务，要求我党迅速、有计划地训练大批能够管理军事、政治、经济、党务、文化教育等项工作的干部。”因此，中央要求各部门迅速组织训练好三四万干部随军前进，以便有序稳健地接管新解放区。根据 “九月会议”方针，中央很快作出《中共中央关于准备五万三千个干部的决议》。《决议》认为，未来新解放区共需要 5.3 万名左右干部，管理军事工作、党务机要工作、民众团体工作、经济工作、教育及舆论工作等。这些干部分两期训练完成，并需要在党校进行集中训练，要在

南下工作团学习过的文件。

政治上、思想上和组织上作好充分准备。

4 月 23 日，南京解放，宣告了国民党统治的倒台，新中国政权建设完成基本的第一步。于是，经过学习和整编，“南下干部”纵队迅速随军接管，并开展江南新政权的巩固与建设活动。

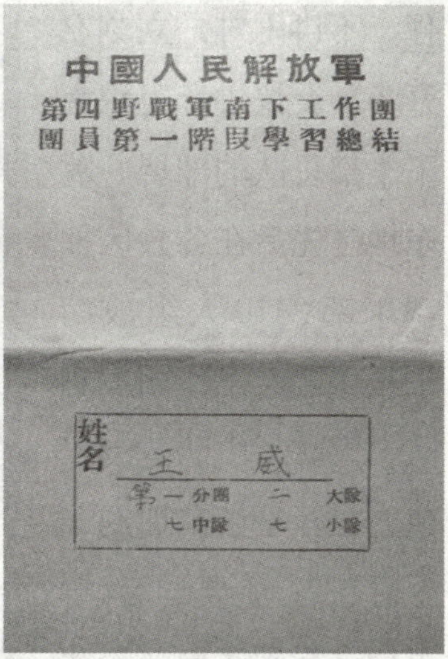
中國人民解放軍
第四野戰軍南下工作團
團員第一階段學習總結
姓名 王威
第一分團 二大隊
七中隊 七小隊

南下工作团团员第一阶段学习总结。

1949 年 1 月下旬，中共冀东区委由遵化县迁入唐山市。唐山市成为冀东区政治、经济、军事中心，拉开组建冀东南下工作团的序幕。

1949 年 2 月 3 日，中共中央在《关于调度准备随军渡江南进干部的指示》中要求华北局所抽调的 1.7 万名干部准备随四野南下，使用于湘、鄂、赣三省及两广方面，南下干部须于 3 月底集中并训练完毕。

2 月 26 日，华北局指示：“冀东区必须抽调一半在职干部参加南下工作团，其余的则由冀东建国学院、冀东党校、公安干校、兵站和唐山、秦榆、塘大三市抽调，并注意招收知识分子、工矿管理与专门技术人员参加。”抽调条件是：年龄在 40 岁以下，有一定文化基础，身体好，能坚持长途行军。不准带家属，夫妇都是干部的可以同去，但不准带小孩。当时，唐山市刚刚解放，各项事业刚刚恢复，各条战线需要大批素质高的干部补充，以适应城市工作的需要。但中共唐山市委以大局为重，不讲条

南下工作团毕业纪念章。左：正面；右：背面。

河北省立唐山中学（今唐山一中）高一戊班师生欢送南下工作团同学合影。

件，不讲困难，立刻召开各种会议进行组织南下干部总队的部署。冀东地区先后在各县区抽调干部3410人组成南下工作团。工作团按总队、大队、中队建制组建，在开平镇集训约一个月左右，主要学习《将革命进行到底》《论共产党员的修养》《社会发展简史》和党章、南下形势、城乡政策、法规法律、组织纪律、军管条例等。1949年4月25日，冀东南下工作团第一批两个中队启程，与冀南南下工作队合编，前往华东区福建省南安地区接管。

1949年5月2日，冀东建国学院召开南下干部动员大会。500多名南下同志听了备受鼓舞，不断高呼口号表达决心，“打过长江去，解放全中国！”“把一切献给党和祖国！”等口号，此起彼伏。

5月25日，南下工作队从石庄出发，步行到开平集中。沿途，同志们热情很高，唱着《三大纪律八项注意》《咱们工人有力量》《解放军进行曲》《陡河小调》等歌曲，到达了开平。当天夜间，冀东各界在开平举行了欢送活动。南下工作队登上了两列火车，向天津方向前进。早晨8时，到达唐山车站。唐山市委、市政府领导和各界群众、工作队家属到车站欢送。唐山站（今唐山南站）广场上红旗如海人如潮，“欢送冀东健儿下江南，解放江南同胞两万万”的巨幅标语格外醒目。

1992年出版的《中国人民解放军四野南下工作团团史》。

广播里播送着雄壮的《解放军进行曲》。唐山南下工作团跟随着人民解放军开始了解放全中国的斗争。

南下工作团到达江南地区后，1949年6月上旬重新调整接管方案：冀东第一大队、第二大队接管湖南郴州地区，后来，华中局决定只派17人去郴州地区，其余的人员改为去广西省（今广西壮族自治区）；冀东第三大队、第四大队接管永州地区；撤销冀东第五大队、第六大队建制，人员分别充实到接管湖南的郴州、永州、邵阳地区。根据安排，冀东南下工作总队一中队、三中队进驻湖南永州地区，二中队、四中队进驻广西，五中队、六中队进驻湖南邵阳地区；部分人员分配到省直机关、华中局、湖南省支前司令部、武汉市等。

在解放初期极端艰难困苦的条件下，冀东南下工作团用鲜血和生命支援着湖南、广西人民，帮助湖南、广西人民恢复生产、建设家园，发展各项事业，留下了许许多多可歌可泣的事迹。冀东人民同湖南、广西建立的非常深厚的友谊和感情，至今还被人民传颂。

★贰拾肆

党的关怀至 煤海涌春潮

刘少奇视察开滦煤矿（1949 年 5 月）

1949 年 3 月中共七届二中全会召开之际，中国共产党人在最后一个农村指挥所谋划新中国的成立，谋划将党的工作重心转移到城市的战略转变。全会通过的决议指出：“从现在起，开始了由城市到乡村并由城市领导乡村的时期。党的工作重心由乡村转移到了城市。”全党“必须用极大的努力去学会管理城市和建设城市。必须学会在城市中和帝国主义者、国民党、资产阶级作政治斗争、经济斗争、文化斗争和外交斗争”。

从现在起，开始了由城市到乡村并由城市领导乡村的时期。党的工作重心由乡村移到了城市。在南方各地，人民解放军将是先占城市，后占乡村。城乡必须兼顾，必须使城市工作和乡村工作，使工人和农民，使工业和农业，紧密地联系起来。决不可以丢掉乡村，仅顾城市，如果这样想，那是完全错误的。但是党和军队的工作重心必须放在城市，必须用极大的努力去学会管理城市和建设城市。

毛泽东主席在七届二中全会上关于城市工作的论述（节选）。

唐山，是中国北方重要的工业城市，煤炭、钢铁、水泥、机车制

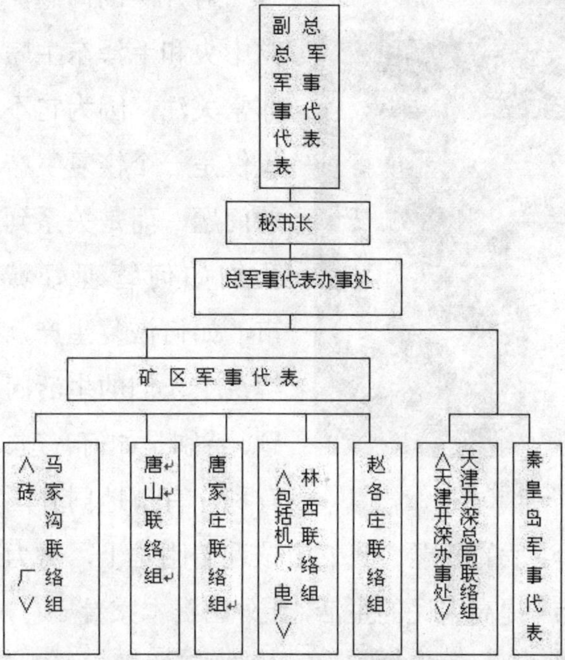

解放初期开滦军事代表机构建制及矿区军管会。

造等在全国具有举足轻重的地位。然而，1949年春天的唐山却是一片破败不堪的景象：工厂停工，工人失业，百业凋敝，民生痛苦。历史，似乎想以唐山为例考验一下中国共产党管理城市的能力。

唐山的开滦煤矿，是由外国资本家把持的大型企业，唐山解放后，中国共产党对煤矿实行了军事管理，但到1949年春，它的情况仍然非常复杂：生产不能恢复，工人们的生活还相当困苦；英方资本家将一部分人员撤离，将一批重要物资和器材转移到上海等地，还把大量资金转移到国外的账户，借口煤炭销售不畅，拖欠工人工资达四个月之久。2月12日，他们致函中共中央主席毛泽东和华北人民政府主席董必武，称“开滦煤矿已濒将破产”，提出三项要求：一是大宗借款，二是铁路尽先运煤，三是暂时减产。只要稍加分析就可以看出，这三项要求是英国资本家给中国共产党出的三个难题：通过借款的要求考验中共理财的能力，通过占用铁路的要求打乱人民军队南下解放全中国的战略，通过减产的要求挑战中共的民生政策。

人民政权对开滦进行军事管理。

对开滦的问题，党中央和毛泽东主席非常关注，因为它不仅仅是一个恢复生产的问题，而是关系到我们如何管理好城市，如何恢复生产，解决工人们的生活问题，特别是如何有理、有利、有节地同外国资本家进行政治斗争和经济斗争的问题。我们应该迎着困难上，努力恢复生产，管理好人民的城市，提高人民的生活，让外国资本家看一看，站起来的中国人民有能力管理好自己的城市，建设好自己的国家。

正是在这样的情况下，中共中央书记处书记刘少奇受中共中央和毛泽东主席的委托，来到天津和唐山处理开滦问题。在天津，刘少奇给英方高层管理人员讲了中共的城市政策和对开滦的态度，他们表示一定遵守中共的有关政策，不再要求停产，尽量把拖欠的工资发给工人们，不同人民政权作对。

5 月 7 日，刘少奇来到开滦矿区，听取军代表汇报进驻矿区后对资方进行监督生产的情况。他对军代表和军管会的人员讲：“刚刚开过的党的七届二中全会指出，在城市工作中，党的中心任务就是恢复和发展生产。开滦这个企业是关系到国计民生的大企业，为了国家，为了工人们的生活，必须坚持生产。这一点也务必向工人们讲清楚，这不是为中外资本家生产，而是为自己的国家生产，只有坚持生产，才会对人民有利。”刘少奇还重点作了三条指示：一、要依靠工人阶级办好开滦，要监督资本家按时给工人开支，同时还要向工人们讲清楚我们的困难，发动工人同我们一起克服和战胜困难；二、对待中外资本家要讲究策略；三、开滦的企业性质发生了变化，它已经不是英帝国主义控制的企业，帝国主义在华的特权已被剥夺，开滦应在国家的监督之下，生产计划、产品分配、价格政策、材料供应等要按国家的方针办。

第二天，刘少奇又邀请各矿的工人代表来座谈，直接倾听工人们的呼声。刘少奇对工人们说：“开滦的事情，是工人们自己的事情。工人们要相信党、依靠人民政权，组织起来就有力量。”

刘少奇离开开滦后，人民政权给开滦以适当的扶持，开滦的中外资本家也不敢再要挟政府；开滦的包工大柜全部取消，工人们也领到了欠发的工资，劳动条件也大大改善，劳动积极性空前提高。不久，人民政府正式宣布代管开滦，矿山终于回到人民手中。

刘少奇这次视察开滦，解决了三个重大问题：第一，对中外资本家阐明了党的政策，使其不敢对人民政权随意要挟，采取了同人民政权合作的态度。第二，坚定了军代表管理好城市、管理好大企业的信心。第三，为工人阶级撑了腰，提高了工人阶级当家作主的信念。更重要的是，显示了中共在复杂的形势下接收城市、管理城市的能力，为中共在全国解放后把工作重心转移到城市积累了宝贵的经验。

1958 年，在社会主义建设高潮中，刘少奇再次视察了开滦。

★贰拾伍

迎接总司令　南厂勇争先

中共中央书记处书记刘少奇、中国人民解放军总司令朱德先后视察中国人民革命军事委员会交通部平津铁路管理局唐山机厂（1949 年 5—6 月）

唐山机车车辆厂（今中国北车集团唐山机车车辆厂）建于 1881 年（清光绪七年），是中国铁路机车车辆工业系统第一家企业，曾装造了中国第一台蒸汽机车，是中国铁路机车工业的摇篮，几十年来一直是中国铁路机车制造的翘楚。到 1948 年唐山解放时，该厂能够制造太平洋式、米卡度式、摩拿尔式等多种客货机车。工厂曾数次易名，1929 年开始称北宁铁路唐山工厂。日本帝国主义侵华时期曾被日本侵略者接管，1945 年抗战胜利后直接归国民政府交通部管辖。

1960 年出厂的机车厂名铭牌。

1948 年 9 月，国民

党政权拟将工厂迁到湖南株洲，中共地下党组织发动工人开展反南迁斗争，致使其阴谋未能得逞。唐山解放后，鉴于唐山北宁铁路唐山工厂在交通制造方面的重要地位，唐山市军管会立即派员接管了工厂，工厂也改称为“中国人民革命军事委员会交通部平津铁路管理局唐山机厂”。1949 年 3 月，中国人民革命军事委员会铁道部发布命令，工厂由铁道部直接领导，不久改称“中国人民革命军事委员会铁道部唐山铁路工厂”（以下简称机车车辆工厂）。

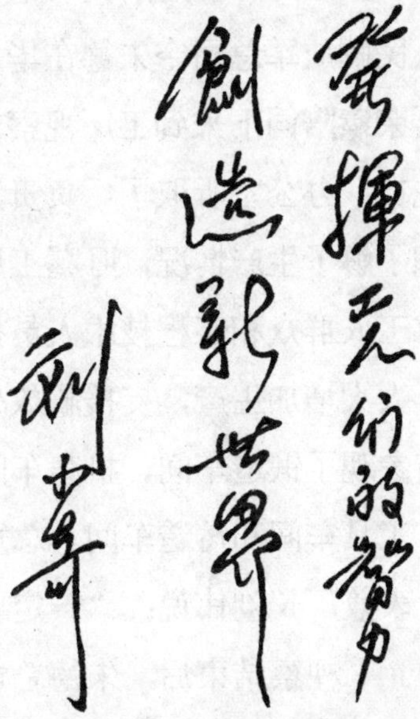

1949 年 5 月，刘少奇同志为唐山机车车辆工厂题词。

1949 年 5 月 9 日，中共中央书记处书记刘少奇在视察了开滦煤矿后，来到机车车辆工厂视察。刚刚获得解放的工厂广大干部职工，为庆祝五一国际劳动节，把工厂装点一新，还正在举办解放后本厂职工的新技术产品展览会。刘少奇同志到厂后，首先听取了军代表兼厂长刘伟的汇报，询问了工人、技术人员的生产生活情况，了解了设备和生产情况等。之后，他视察了锻造车间、机械车间、修车场和客车场，最后到技术展览室参观视察了该厂职工和技术人员的技术革新产品。其中，工人出身的老工程师唐仲谦经过潜心钻研和刻苦努力仿制的先进的空气压缩机格外引人注目。视察结束后，刘少奇为工厂题词：“发挥工人们的智力，创造新世界。”

6月4日，中共中央书记处书记、中国人民解放军总司令朱德在华北军区司令员聂荣臻陪同下来到工厂视察。总司令等首先在厂办公室听取了厂负责人的汇报，详细了解了生产情况，叮嘱工厂负责人要依靠工人群众和工程技术人员把生产搞上去，大大增加生产，支援解放战争前线。接着参观了锻造车间、机车车间、机械车间、工具车间和铸造车间。总司令专门对军代表兼厂长刘伟说："一定要搞好这个工厂。"视察结束后，朱德总司令为工厂题词："努力工作，完成二十万里铁道的任务。"聂荣臻同志也为工厂题词："依靠工人阶级的生产积极性和创造性，发展新中国的交通事业。"

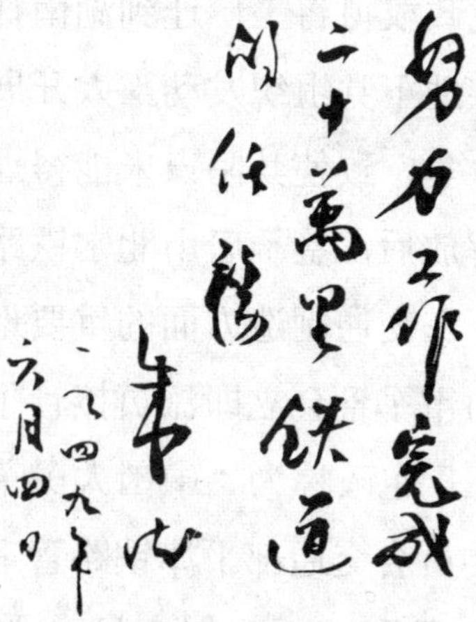

1949 年 6 月，朱德总司令为唐山机车车辆工厂题词。

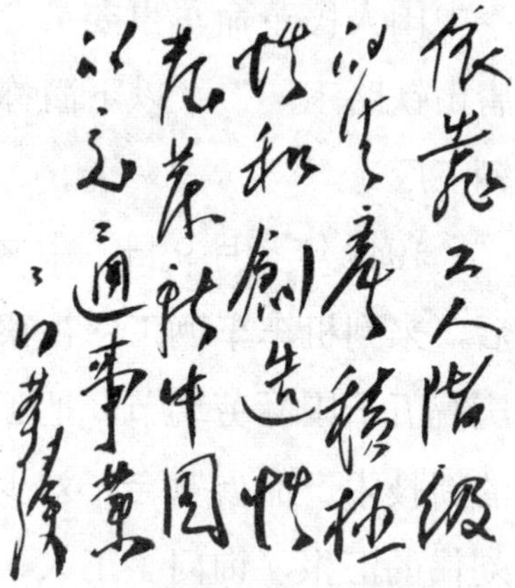

1949 年 6 月，聂荣臻司令员为唐山机车车辆工厂题词。

刘少奇、朱德两位领导人视察机车车辆厂后，全厂干部职工受到极大的鼓舞，迸发出冲天的干劲。他们按照两位领导人题词的指示，忘我地劳动，克服困难，努力生产，贡献自己的聪明才智。全厂干部职工昼夜奋战，修复了"唐山解放一号"和"唐山解放二号"机车，赶修了大批军用汽车、坦克和大炮，争分夺秒抢修被蒋军炸毁的滦河铁路大桥……为支援解放全中国的战争作出了卓越的贡献。

中篇

激情

激情——高歌猛进

“我们不但善于破坏一个旧世界，我们还将善于建设一个新世界。”毛泽东主席在党的七届二中全会上的报告，吹响了新中国社会主义建设的号角，中国人民开始了向社会主义工业化的奋进。唐山，以煤炭的朴实、钢铁的意志、水泥的凝聚、电力的光明……在社会主义工业化道路上踵事增华，高歌猛进！

★贰拾陆

党的领导好　人民政权红

唐山市人民政府成立（1949 年 6 月 15 日）

1948 年 12 月 12 日唐山解放后，中共唐山市委机关暂时在开滦一号房办公。12 月 13 日，中国人民解放军东北野战军司令部、政治部成立了唐山市军事管制委员会（简称军管会），任命阎达开为军管会主任，彭寿生、李一夫为副主任，何兰阶、王林、王大中、宋敏之、常佩池、柳谦为委员，宣布对唐山军管并行使市政府的权力。

解放初期，工作千头万绪。在半年的时间里，军管会做了大量工作：

政治军事方面。在颁布了第一号和第二号布告后，于 12 月 15 日又以唐山市卫戍司令部的名义发出布告，宣布对唐山市实行军事戒严，一切人员均凭唐山市军管会制发的通行证或各机关自制的胸章通行。凡残留于市内的零散蒋军及特务、土匪等，要立即自动报告，交出武器，否则依法处理；严禁任何掠抢、杀人、放火、造谣惑众等反革命行为。1949 年 4 月 13 日，军管会又发出通告，再次申令：凡在本市的国民党、三青团及伪中央系或地方系的特务组织，统于限期内，亲赴指定机关登记，如仍隐匿不报、潜谋活动，决予严惩。这两个布告的实施震慑了敌人，基本肃清了国民党的残余军事力量，安定了社会秩序。2月，遵照中央的指示，东北行政委员会与华北人民政府商定，将冀东行政区划归华北人民政府领导。同时，民主建政工作也开展起来，推翻了国民党政府实行的“保甲制”。到1949年5月底，全市的街、村民主政权基本建立。市总工会、市妇联、共青团、学联都宣告成立或正在筹备成立。

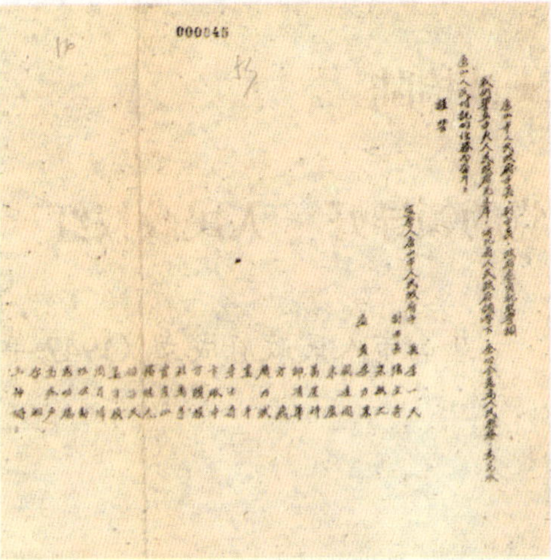

1949年6月，唐山市政府市长、副市长、委员就职誓词。

交通邮电方面。继1949年2月滦河铁路老桥、北宁铁路修复并简易通车后，4月29日，被蒋军炸毁的滦河铁路新桥也修复通车，使关内外铁路连为一体，不仅使东北和华北两大解放区的联系更加紧密，而且还便利了北京、当时河北省省会天津与唐山的交通。唐山市与各解放区也恢复了通邮。唐山电信局也开通了唐山至天津、北平、秦皇岛、锦州等地的电话电报业务。唐山市公安局对唐山市的面积、人口和街区做了初步调查，重新划分了市辖区。对一些国民党统治时期的道路重新命名，如“中正路”改为“解放路”等。

经济方面。1949年5月，唐山市军管会召开了工商业家座谈会，阐明党的工商业政策，号召和鼓励工商业者发展有益于国计民生的工商业。启新洋灰公司、华新纺织厂、唐山钢厂、唐山机车车辆工厂等大厂矿在实行军管后都已先后复工，各厂也建立了或正在筹备建立职工代表会。对开滦，一方面领导广大矿工取消欺压工人的“包工大柜”，改由

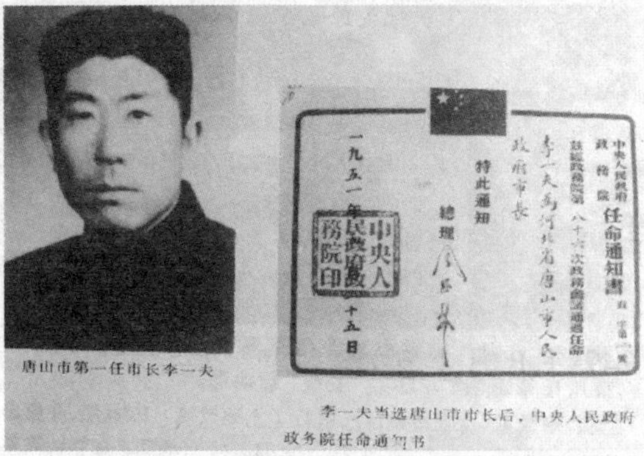

1949年6月，唐山市人民政府成立，李一夫为市长。中央人民政府政务院由周恩来总理签署了任命状。

工人伙包组直接与矿方订立劳动合同，一方面对矿方面临的生产困境给予适当的扶持，对中外资本家采取既斗争又团结的政策。

金融贸易方面。为了稳定金融，原解放区的“冀东长城银行”奉命改名为“中国人民银行冀东分行”，人民币逐渐取代解放前混乱的货币，金融秩序开始建立。党领导的冀东贸易公司也迁到唐山。

在这种形势下，唐山市人民政府的成立也提上了日程。1949年6月15日，根据冀东行署的命令，唐山市军管会市政办事处改组为唐山市人民政府，任命李一夫为市长。

1949年6月，唐山市人民政府成立，市长、副市长及全体委员合影。

中国共产党领导的唐山人民政权建立起来了！

★贰拾柒

党报始创刊　领袖神来笔

《唐山劳动日报》创刊（1949 年 8 月 1 日）

《唐山劳动日报》的前身。

《唐山劳动日报》前身是冀东党组织于 1940 年创办的《救国报》。1939 年 5 月，根据中共中央发出的《关于宣传教育工作的指示》，为宣传党领导的抗日战争和教育根据地广大人民，冀东党组织决定创办一份地方党报。1940 年 1 月 1 日，冀东党组织的第一份报纸《救国报》在遵化县芦各寨出版，油印发行。这是抗战时期敌后抗日根据地创办较早的地方党委机关报，是冀东党组织报道抗日前线战况和联系广大抗日群众的重要纽带。

1945 年抗战胜利后，《救国报》于 1945 年 11 月 3 日改名为《冀热辽日报》，1946 年改名为《长城日报》。1946 年 5 月 15 日，由新的中共冀东区委在《长城日报》的基础上创办机关报《冀东日报》，在解放战争中对重大历史事件都做了相关报道，伴随着冀东人民走过了整个解放战争全程，成为冀东人民迎接解放的号角。

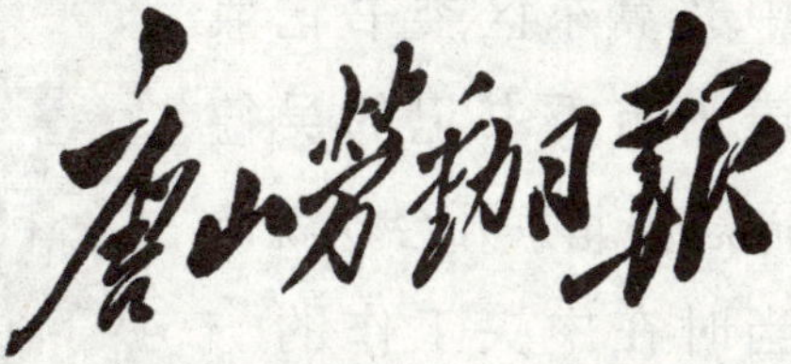

毛泽东主席题写的《唐山劳动日报》报头。

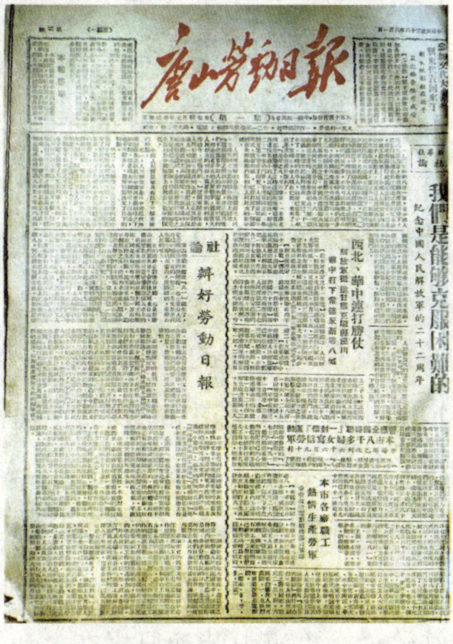

1949 年 8 月 1 日《唐山劳动日报》创刊号。

1948 年 12 月 12 日唐山解放后，中共唐山市委创办了《新唐山日报》。1949 年 5 月，《冀东日报》由农村迁入唐山市内出版发行，两报合并，继续用《冀东日报》的报名。随着冀东行政区的奉命撤销，唐山市成为省辖市，原《冀东日报》的绝大多数干部和工作人员转入新的唐山市委机关报，此时，大家想到的第一个问题是新报纸的名称叫什么。大家集思广益，多数人认为唐山是工业城市，是劳动人民的城市，党报是劳动人民的报纸，所以报纸名应为《劳动日报》；也有一部分人认为应称《唐山日报》。同时，报头请谁题写的问题也摆在了面前。原《冀东日报》的报头是采用毛泽东主席的手迹拼接的，这次，冀东和唐山的党组织的领导同志们都想请毛泽东主席题写。适逢时任中共冀东区委书记兼唐山市委书记的吴德同志去北京开会，就请当时在中央工作的一位熟人转请毛泽东主席题写报头。据当事人回忆，当时毛主席正在指挥全国的解放战争

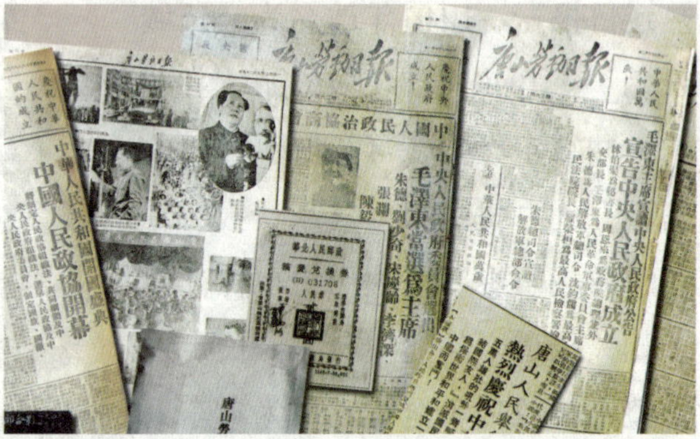

《唐山劳动日报》对新中国成立的报道。

并忙着筹备新中国成立的重大事宜，工作非常繁忙，但仍欣然答应，并说“‘劳动日报’这个名字好”，“要学会建设好人民的城市”，他还建议加上“唐山”二字，让读者知道报纸是哪里出版的。他把“唐山劳动日报”六个字写了两幅，其中一幅旁边画了一个圈，沿用至今的就是画了圈的那幅。这六个字，用了他在题写《人民日报》《解放日报》等报头时常用的行草体，结构严谨、张弛有致、浓墨重笔，既稳重又奔放，也是书法中的神来之笔。毛主席在日理万机的同时，为一份市级报纸亲自题写报头，给唐山人民以极大的鼓舞。

《唐山劳动日报》在创刊号（第一期）上发表社论《办好劳动日报》，社论说：“唐山劳动日报在‘八一’诞生了，它是唐山市委的机关报，也是唐山人民自己的报纸，它的一切言论及文章是代表党亦即代表唐山人民讲话的，是唐山人民的喉舌。”号召唐山人民积极行动起来，在党的领导下，团结一切劳动阶级，恢复生产，支援解放战争，为建立新中国而一起奋斗。

新中国成立初期，《唐山劳动日报》重点宣传党的有关城市政策，宣传党的过渡时期总路线，以大量的篇幅反映工人阶级以主人翁的姿

态展现的劳动热情，刊登许多英雄模范的先进事迹，振奋了全市人民群众的革命精神；在社会主义革命和建设中，紧跟国家形势，讴歌伟大时代，成为推动社会主义建设的重要力量。

《唐山劳动日报》报道的唐山社会主义建设成就。

在改革开放的新时期，《唐山劳动日报》坚持正确的舆论导向，“贴近群众、贴近生活、贴近实际”，是联系党和政府与人民群众的桥梁，也是宣传党和政府政策的重要窗口，及时准确、鲜明生动地宣传党和政府最新政策、决定，报道国内外大事，反映广大人民群众的意愿和要求。

★贰拾捌

帝国主义遁　煤都人民管

人民政府代管开滦矿务局（1952年5月14日）

开滦矿务局的前身为1878年（清光绪四年）创办的开平矿务局，1900年被英国资本家据有，1911年与滦州矿务局合并，称开滦矿务总局，此后一直由英国资本家经营（抗日战争时期曾被日本帝国主义占据）。

1948年，开滦共有唐山矿、林西矿、马家沟矿、赵各庄矿、唐家庄矿5座煤矿，在中国近代工业史上占有重要地位，是国际上知名的大型煤矿，总部设在天津。1948年12月12日唐山解放后，为了更好地恢复生产，发挥这一大型煤矿在国民经济恢复中的作用，唐山市军管会（后来的唐山市人民政府）向煤矿派出军代表管理，但英国资本家采取不合作的态度，携巨款逃到英国。

1949年4月18日，在北平召开的开滦劳资双方代表协商会议上，华北人民政府工商部部长姚依林宣布了政府援助开滦的七项措施：（1）贷款人民币3亿元；（2）华北贸易总公司代开滦向东北购窑柱（即坑木）170万根；（3）将开滦特许出口税由30%降为

15%；（4）进口税以实物缴纳；（5）平津路局近期日运量提至1万吨，另订协议；（6）滦煤价格按物价上涨情况适当调整，由天津燃管会确定；（7）同意开滦积极出口。

1950年年初，物价暴涨，公私关系、劳资关系紧张，职工生活极度困难。这一年，政府供给开滦面粉130万袋，杂粮614.8万斤，现款298.8亿元（旧币），换得开滦煤99.9万吨，现款购煤18万吨，全年贷款571.9亿元（旧币）。

两年来，人民政府消化大量积压存煤，多方筹集物资救助开滦。政府的援助，相当于每个职工每月的全部面粉和半个月的工资。另半个月的工资和生产费用，则依靠出口的收入来解决。正是靠了政府的援助，开滦才渡过了解放之初最困难的时期。

然而，开滦资本家尤其是英方资本家预料到人民政府不可能容忍他们再随心所欲地攫取高额利润，因此他们便采取了由消极经营到放弃经营的对策，对人民政府的扶持不仅不感谢，而且还一直怀有戒心，并对人民政府采取不合作态度，甚至时刻以放弃经营、收回其所谓"投资"和资产相要挟。英商开平公司曾两次向人民政府提出有偿接管其在开滦的权益。英方总经理裴利耶则一次面见、三次呈文中央人民政府有关部门及主要负责人，要求与之商洽撤让权益的具体办法。滦州公司在接到开平公司提出的"撤让权益"要求后，于1950年1月25日举行董监事会，形成决议案，同意开平公司"撤让权益"。

1950年6月16日，裴利耶利用在日本洽谈出口滦煤的机会，从东京取道香港飞往伦敦，回国后，随即背弃诺言，将只准用于购买矿用器材之售给日本的7万吨煤款及开滦原在英国伦敦的全部存款予以扣留。而其本人则滞留伦敦，不再来华，给开滦造成了极大的困难。

开滦煤矿大门上正在悬挂“中央人民政府燃料工业部开滦煤矿总管理处”的牌子。

为此，中方总经理余明德于1952年4月8日致函开滦煤矿总军事代表徐达本转呈中央：“吁请人民政府派员管理，迅加改革，并清理债权债务，于公于私，均有裨益。为此，披沥陈言，惟祈鉴察赐予转恳中央，俯准迅赐施行，不胜迫切待命之至！”

中央人民政府收到开滦总经理余明德的申请后，为了展示人民政府管理大企业的能力、打击帝国主义的气焰，郑重决定代管开滦。

1952年5月14日，燃料工业部部长陈郁，副部长李范一、刘澜波下达了代管开滦的命令，主要内容为：接受开滦矿务总局总经理余明德及滦州矿务股份有限公司之请求，开滦矿务总局即着由中央人民政府燃料工业部代管；组织开滦煤矿财产清理委员会，并以刘澜波为主任委员，徐达本、余明德为副主任委员，负责进行开滦煤矿财产的清理工作；组织开滦煤矿总管理处，在中央人民政府燃料工业部领导下，

开滦煤矿工人举行游行庆祝人民政府代管开滦。

负责代管开滦煤矿企业，并派徐达本为总管理处主任。

代管的命令于5月15日下午在开滦各矿厂同时公布。这一充满中华民族凛凛正气、代表广大职工利益的命令下达后，开滦的广大职工顿觉扬眉吐气。5月17日，开滦煤矿工人在唐山市工人文化宫露天剧场隆重集会，热烈庆祝国家代管开滦。燃料工业部部长陈郁到会宣读中央人民政府代管开滦的命令。这一被帝国主义霸占半个多世纪的大型煤矿终于回到了人民手中。

1952年5月17日，庆祝人民政府代管开滦煤矿职工大会。

1952年5月19日，原开滦矿务总局发出了通告，宣布：开滦煤矿总管理处业已于5月17日成立。所有本局所属各部、处、院、室，所有矿、厂、经理处、办事处、事务所，一切经办事务，应于本年5月17日结束，办理交代。本局交代事宜另由总经理办公室负责办理。开滦旧机构即停止运作。

同日，新组成的开滦煤矿总管理处也发出了通告，向全体职工说明人民政府代管原因及经过，并发出号召，号召全体职工为建设新开滦，为迎接新中国大规模经济建设而努力奋斗。

★贰拾玖

城中双凤山 人民建公园

唐山劳动公园动工兴建（1952 年 7 月 15 日）

唐山市区内的凤凰山原名双凤山，属燕山余脉，因前山如凤凰展翅，故名。主峰海拔88.92米，山势挺拔秀丽，苍松翠柏密布。早在唐代以前，凤凰山上就有朝阳寺等古建筑，明代建菩萨殿，内供铁菩萨一尊，所以始称铁菩萨山。自此，方圆百里香客不绝，后在山下形成庙会。到解放前，由于战乱不绝、经济凋敝，加之疏于管理，山上建筑所存无几，没有一条像样的上山之路，山上的植被也很少；山下由于常年采沙，形成一个大坑，部分山体岩石裸露，附近还建有石灰窑。

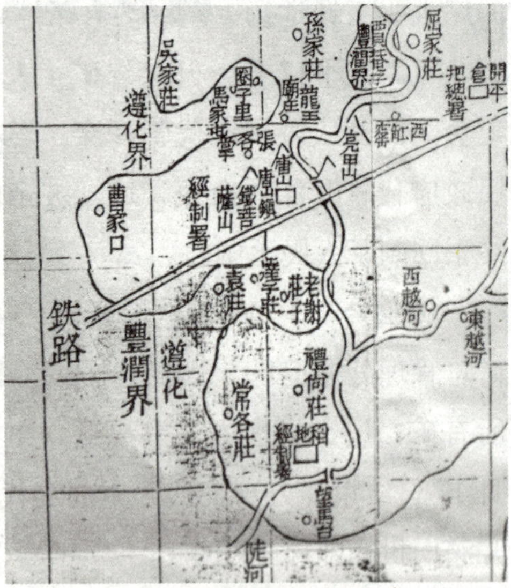

1898 年（清光绪二十四年）《滦州志》地图上标明了今凤凰山（铁菩萨山）的位置。

1945 年的凤凰山。

1952 年，唐山市人民政府决定在铁菩萨山修建占地 655 亩的公园，定名为劳动公园，取劳动人民游览、休憩之意。计划在公园里划分文化区、康乐区、游览区、儿童园地等区域，建设露天舞场、露天剧场、游泳池、体育场、图书馆、文化宫、展览馆、动物园（后体育场、图书馆、文化宫等在公园周边另建）等。

1952 年 7 月 15 日，唐山劳动公园动工兴建，对园内和山体进行了立体绿化，栽植了油松、马尾松、侧柏等常绿乔木和柿树、龙须柳、垂柳、加拿大杨、毛白杨、法桐、刺槐、国槐等落叶乔木。为美化园容，陆续栽植了丁香、木槿、榆叶梅、连翘、紫薇、藤萝、紫荆、刺梅等十几种花卉灌木。

凤凰山公园门口的凤凰雕塑。

开滦煤矿对劳动公园的开发建设非常支持，除捐款人民币 15 亿元（旧币，相当于 15 万元），还拨出了凤凰山以东的旧马场圈地块。

1956 年，劳动公园建成，后改名为“凤凰山公园”，划分为公园和工人文化宫两个部分，两者形成一组互为映照的景观群。凤凰山公园是解放后唐山市建园最早、游人最多的一个封闭型售票公园。

1963 年，由于唐山新市区（今文化路以西）内的居民日趋增多，公园新建了西大门（即现在的公园正门）。

1974 年，公园改建中重修了正门和售票处，门内还增设了管理室，新挂上了“唐山市凤凰山公园”（1967 年曾改名为“工农兵公园”）和“唐山市园林处”两块牌匾。同时，公园还兼有了动物园的功能，鸟类、猛兽和其他动物共有近百种。到 1976 年，山上山下已普遍绿化，园内新建了喷水池、儿童游泳池、花窖、金鱼池、孔雀亭、儿童乐园等。不久，山顶八角亭的续修工程也竣工了。1976 年大地震中，凤凰山八角亭竟奇迹般地躲过了劫难，巍然屹立在山顶，成为这座公园的标志性景观。

今日凤凰山公园远眺。

震后，根据恢复建设总体规划和城市公园绿化规划，公园复建。为方便游客出入，增开了北门和南门。复建后的凤凰山公园划分为登山眺望区、安静休息区和儿童游艺区三个区域，三个区域自然相接又连成一体。

登山眺望区以凤凰山为主体，山势挺拔秀丽，苍松翠柏密布，是老市区的至高点。震后幸存下来古朴典雅的八角重檐凤凰亭依然矗立在山巅，经全面加固和整修亮化之后，格外庄重秀丽。白天，登上二楼平台眺望，新唐山一览无余；晚上，彩灯齐放，耀眼夺目。山上还新建了竹韵亭、朝阳阁、松风亭和烟雨亭等，与山顶的凤凰亭遥相呼应。

安静休息区整修了苹果园、荷花池、人工湖、留春亭和长廊，新

唐山籍著名书法家张飚书写的凤凰山公园园名刻石。

建了牡丹园、天香亭、荷风桥、荷风亭、丁香溪、紫薇园、旱冰场、退役军用飞机展览区、花展馆等。

儿童游艺区新建了儿童电子打靶游艺室、自控飞机、碰碰车、秋千、组合滑梯、儿童火车、转椅等。

1984年12月20日，公园重新开放。新修的正门颇为壮观，售票处上方竖起了“凤凰山公园”5个醒目的红色大字。大门旁高达7米的白色水泥凤凰雕塑，格外引人注目。该雕塑投资近10万元，由中央美院雕塑系李行健教授设计。这座寓意凤凰涅槃的雕塑，通身洁白，凤尾高翘，凤首回眸，鲜活灵动，象征唐山震后重获新生，在许多唐山人心中留下了难忘的印象。凤凰雕塑的东边临近大门之处，还建有一座喷水池。池中的“四童戏水”和“六蛙喷水”格外诱人。在阳光的照耀下，顽童姿态各异，与喷珠吐玉的青蛙相映成趣。玉雕顽童和青蛙是在石雕之乡保定曲阳定做的。

2007年2月1日，凤凰山公园取消了门票，从此告别了50年来游人购票入园的历史。4月，对凤凰山公园进行敞开式改造工程，公园的改造设计旨在将新的凤凰山公园及博物馆、图书馆和景观大道等城市资源和社会生活结合起来，成为城市的有机体，使公园消解在城市之中，成为市民的“城市客厅”。

★叁拾

党旗耀高炉　钢水绽心花

唐山钢厂侧吹碱性转炉炼钢法全面投产（1952 年 11 月）

新中国成立后，国家百废待兴，尤其是钢铁生产，更是重中之重。1949 年，中国钢产量 16 万吨，人均不到 7 市两，国家恢复建设迫切需要大幅度地提高钢铁产量。面对国家严重缺钢的现实，唐山制钢厂（1950 年 6 月改名为唐山钢厂，以后若干年简称“钢厂”。今为河钢集团唐钢公司）的广大工人和技术人员在党的领导下，以百倍的热情投入到新中国的建设中。到 1950 年年初，不仅恢复了生产，而且对电炉炉底和炉膛进行改造，扩大了炉膛的容量；对浇铸方法加以改进，解决了轧钢裂缝的技术难题；对铸件表面粘沙进行技术攻关，提高了生产水平；并开发了弹簧钢、工艺钢和钢轧辊等许多新产品。

在国家恢复建设中，钢厂党工委依靠知识分子进行技术革新。1950 年，试验成功“双联炼钢法”，解决了当时转炉炼钢不能使用高硫、高磷生铁的难题，但成本较高，需要进一步探索。

1950 年 8 月，唐山钢厂组成了由余景生、肖来潮、魏亚、赵乃斌、张俊民等技术人员参加的侧吹转炉炼钢法攻关小组，开始了新的试验。

攻关小组克服重重困难，经过反复试验，于1951年8月用中磷生铁在侧吹碱性转炉直接炼钢获得成功。但是，这种侧吹碱性转炉还存在着体积小、生铁消耗增多、炼出的钢质量不够稳定等缺点。为此，攻关小组继续探索试验，对造渣、吹损、吹炼角度、炼钢脱磷、炉衬、高硅铁水冶炼、低锰铁水冶炼、炼钢回磷、炉温等不断进行改善，到当年年底，先后进行了166次（炉）的冶炼试验，使侧吹碱性转炉炼钢法进一步完善。在一系列技术难题一一被克服后，于1952年年初开始小规模生产，6月底侧吹碱性转炉炼钢法终于最终确定，开始在钢厂生产中大规模应用。侧吹碱性转炉炼钢法可以使用中磷生铁直接炼钢，缩短了冶炼时间，扩大了原料来源，减少了能源消耗，提高了生产效率和产品质量。

武汉钢铁公司翻印的唐钢转炉工艺学习手册

20世纪五六十年代，全国各大钢铁企业纷纷学习唐山钢厂的转炉炼钢技术。这是武汉钢铁公司翻印的唐钢转炉炼钢工艺学习手册。

侧吹碱性转炉炼钢法的试验成功，是我国炼钢史上具有划时代意义的技术进步，它不仅解决了炼钢生产全过程不能脱磷的技术难题，突破了中磷生铁不能炼钢的技术难关，而且攻克了强化前期脱磷时不能冶炼中碳钢种和高碳钢种的技术关键。它具有设备简单、冶炼时间短、生产效率高、不需外加燃料、耗能低、投资少、见效快的特点。

1952年7月1日，唐山钢厂职工满怀喜悦的心情向毛主席报喜，

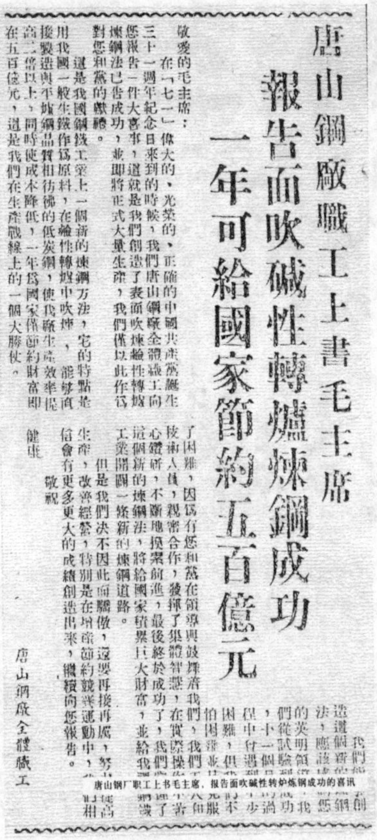

唐山鋼廠職工上書毛主席

報告面吹鹼性轉爐煉鋼成功

一年可給國家節約五百億元

敬愛的毛主席：在「七一」偉大的、光榮的、正確的中國共產黨誕生三十一週年紀念日來到的時候，我們唐山鋼廠全體職工向您報告一件大喜事，這就是我們創造了表面吹煉鹼性轉爐煉鋼法已告成功，並即將正式大量生產，我們僅以此作爲對您和黨的獻禮。

這是我國鋼鐵工業上一個新的煉鋼方法，它的特點是用我國一般生鐵作爲原料，在鹼性轉爐中吹煉，能夠直接製造與平爐鋼品質相彷彿的低炭鋼，使我廠生產效率提高二倍以上，同時使成本降低，一年爲國家僅節約財富即在五百億元，這是我們在生產戰線上的一個大勝仗。

我們能創造這個新的煉鋼法，應該[illegible]的英明領[illegible]們從試驗到[illegible]，十一個月[illegible]程中曾遇到[illegible]困難，但我[illegible]怕困難並且[illegible]了困難，因爲有您和黨在領導與鼓舞着我們，我們工[illegible]技術人員，親密合作，發揮了集體智慧，在實際操作中苦心鑽研，不斷地摸索前進，最後終於成功了，我們懂了這個新的煉鋼法，將給國家積累巨大財富，並給我國鋼鐵工業開闢一條新的煉鋼道路。

但是我們決不因此而驕傲，還要再接再厲，努[illegible]提高生產，改善經營，特別是在增產節約競賽運動中，[illegible]倍會有更多更大的成績創造出來，繼續向您報告。

敬祝

健康

唐山鋼廠全體職工

唐山钢厂职工上书毛主席，报告面吹碱性转炉炼钢成功的喜讯

1952 年 7 月 1 日，唐山钢厂职工给毛主席的报喜书。

报告面吹碱性转炉炼钢的成功。报喜书中说："敬爱的毛主席：在'七一'伟大的、光荣的、正确的中国共产党诞生三十一周年纪念日来到的时候，我们唐山钢厂全体职工向您报告一件大喜事，这就是我们创造了表面吹炼碱性转炉炼钢法已告成功，并即将正式大量生产，我们仅（应为"谨"之误）以此作为对您和党的献礼。""我们能够创造这个新的炼钢法，应该感谢您的英明领导，我们从试验到成功，十一个月的过程中曾遇到不少困难，但我们不怕苦难并且克服了困难，因为有您和党在领导和鼓舞着我们，我们工人和技术人员，亲密合作，发挥了集体智慧，在实际操作中苦心钻研，不断地摸索前进，最后终于成功了，我们党懂了这个新的炼钢法，将给国家积累巨大财富，并给我国钢铁工业开辟一条新的炼钢道路。"

1952 年 11 月，侧吹碱性转炉炼钢法在钢厂全面投入生产，钢的产量和质量迅速提高。在侧吹碱性转炉炼钢法的基础上，又先后研发出富氧侧吹、氧气顶吹、顶底复合吹炼、喷吹石灰粉等一系列在国内居于领先地位的炼钢新工艺，为中国冶金工业的发展作出了重要贡献。到 1955 年，唐山钢铁工业产值就占到了全市工业产值的 25% 以上，跃居工业产值第二位，成为唐山市的支柱产业。

1956年7月，国家冶金部在唐山召开了第一届转炉炼钢经验交流会。图为与会人员合影。

1953年4月，中国科学院召开技术交流大会，唐山钢厂的侧吹碱性转炉炼钢技术在全国钢铁企业推广。1955年，中国科学院主办的《科学通报》（主要报道自然科学各学科基础理论和应用研究方面具有创新性、高水平和重要意义的研究成果）旬刊第二期对唐山钢厂的侧吹碱性转炉炼钢技术做了重点介绍。1956年7月，国家冶金部在唐山召开了第一届转炉炼钢经验交流会，对唐山钢厂的侧吹碱性转炉炼钢技术做了重点推介。1958年，冶金部把唐山钢厂作为全国第一个转炉炼钢试验基地。1964年，国家科委把侧吹碱性转炉炼钢法列为重要发明项目。

侧吹碱性转炉炼钢法还推广到全国各大钢铁企业，1952—1956年，钢厂先后派出200多名技术人员和工人到许多钢铁企业传授技术。各大钢铁企业纷纷学习唐山钢厂的炼钢技术。20世纪50—70年代，此炼钢法一直是我国的主要炼钢方法。

★叁拾壹

交大声名赫　领袖关怀殷

毛泽东主席签署中国交通大学校长和唐山铁道学院院长任命状（1952 年 11 月 15 日）

唐山交大（晚清至新中国成立前，历称山海关北洋铁路官学堂、唐山路矿学堂、山海关内外路矿学堂、邮传部唐山路矿学堂、交通部唐山铁路学校、唐山工业专门学校、交通大学唐山学校、交通部唐山大学、唐山交通大学、交通部第二交通大学、交通大学唐山土木工程学院、交通大学唐山工程学院、国立交通大学贵州分校、国立唐山工学院等，在国内外，人们一般习称为“唐山交大”），蜚声中外。

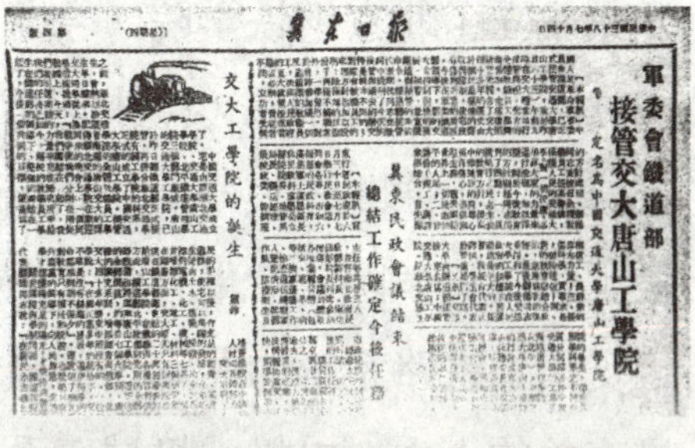
冀東日報
軍委會鐵道部
接管交大唐山工學院
定名為中國交通大學唐山工學院
交大工學院的誕生
冀東民政會議結束
總結工作確定今後任務

《冀东日报》刊登的中央军委铁道部接管唐山交大的版面。

1948 年 12 月 12 日唐山解放，1949 年 1 月 10 日，中国人民革命军事委员会组建了铁道部（新中国成立后改名为中华人民共和国铁道部，以下简称铁道部）。鉴于国立唐山工学院在国内外的知名度和对新中国建设的重要作用，学院由铁道部接管，接管代表为顾稀。7 月 13 日，铁道部在唐山交大举行接管仪式。当时，只有 342 名学生的唐山交大有教授 28 人、副教授 7 人、讲师助教 20 人，中高级知识分子的人数和比例远远高于全国高等学校的平均水平。《冀东日报》发表署名文章称："新唐院诞生了，她像刚跳出地平线的太阳，希望她为培养建设新中国人才而放射光明。"

1949 年 7 月，铁道部发布成立中国交通大学（后改为北方交通大学）的命令，任命中国桥梁泰斗茅以升为院长，由毛泽东主席亲自签署了任命书，并为中国交通大学题写了校名（时至今日，全国所有交通大学中的"交通大学"四字都是出自毛泽东主席的题字）。与此同时，国立唐山工学院更名为中国交通大学（北方交通大学）唐山工学院。

茅以升

1952 年，国家对全国高等院校进行院系调整时，把唐山交大的冶金、采矿、建筑、化工四个系调出，支援建立了新的国立院校。如：冶金系全体师生前往北京成立了北京钢铁学院（今北京科技大学），采矿系全体师生调出成立了北京矿业学院（今中国矿业大学），建筑系和化工系分别并入天津大学（原北洋大学），另外调出两个专业和一部分知名教师，支援了中国科学院、清华大学、上海交大、北京地质学院和国防部门。还支援了铁路系统的北京、兰州、长沙三个铁路学校。唐山只留与铁道有关的土木、电机、机械三系及相关学科，至此，唐山工学院更名为唐山铁道学院，仍直属中央铁道部领导。

在抗美援朝战争中，唐山铁道学院土木系师生组成全国高校唯一一支抗美援朝工程队赴朝参战。图为工程队队员们在志愿军缴获的美军坦克上合影。

茅以升(1896—1989)，字唐臣，1896年1月9日出生于江苏省丹徒县（今镇江市），1911年考入唐山路矿学堂。1916年毕业并考取清华官费留学生赴美。1917年毕业于美国康奈尔大学桥梁专业，获硕士学位。经导师贾柯贝（H.S.Jacoby）介绍，在匹兹堡桥梁公司实习，同时又利用业余时间到卡内基理工学院（现卡内基梅隆大学）夜校攻读工学博士学位。1919年成为该校首名工学博士。博士论文《桥梁桁架次应力》的创见被称为“茅式定律”，并荣获康奈尔大学优秀研究生“斐蒂士”金质研究奖章。回国后，20世纪30年代，他主诗设计并组织修建了钱塘江公路铁路两用大桥，成为中国铁路桥梁史上的一个里程碑，为我国桥梁建设作出了突出的贡献。1979年，应邀访问美国卡内基梅隆大学母校时，校长授予他“卓越校友”奖章，以表彰他在世界工程技术方面作出的贡献。他是中国桥梁专家、工程教育家。从交通大学卸任后，主持我国铁道科学研究院工作30余年，为铁道科学技术进步作出了卓越的贡献。

顾稀，原名顾乾熙，1919年6月出生，上海市崇明县（今崇明区）人。1937年毕业于苏州工业学校土木科。1938年9月参加革命工作并加入中国共产党。曾入陕北公学大学部和华北联保大学研究班、中央高级党校学习。抗日战争胜利后曾任张家口铁路学院代院长、院长，晋察冀边区工业交通学院教导主任、华北交通学院教务长。1949年2月任中央军委铁道部代表，9 月被派到北平铁道管理学院（现北京交通大学）任铁道部代表。新中国成立后，任中国交通大学（现西南交通大学，时在唐山，名交通大学唐山工学院）教育处处长，1950 年任代院长、院长。1952 年该校更名为唐山铁道学院时任第一任院长，1954 年 5 月并任党委书记，直至 1972 年学院南迁四川。可以说，顾稀见证了解放后唐山铁道学院的全部发展历程。

唐山铁道学院编译的教材。

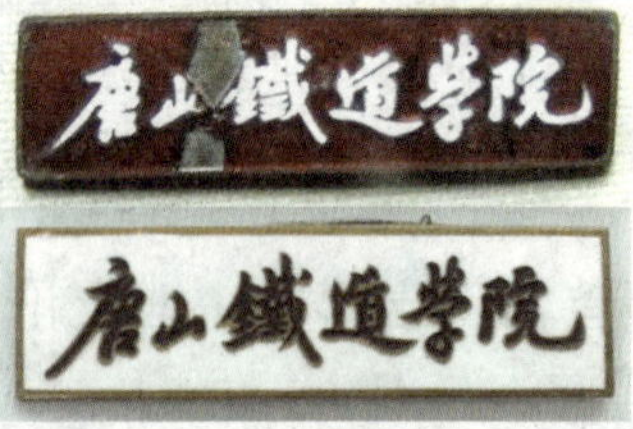

唐山铁道学院校徽。

1973 年，顾稀调上海铁道学院（后并入同济大学）任党委书记、顾问，2012 年 9 月 12 日逝世。顾稀是新中国成立初期少数几位由毛泽东主席亲笔签署任命书的全国重点大学校长。今人评价他是“新中国铁路高等院校的奠基人和开拓者之一”，在他领导的各院校中，培养了数以万计的优秀人才，功绩卓著，有口皆碑，深受人们的尊敬和爱戴。顾稀被《中华当代文化名人大辞典》列为“教育管理专家”。2007 年 2 月，中共党史人物传编委会将顾稀载入大型文献《开国将士风云录》（第 3 卷）中，同时授予其“开国将士”荣誉勋章及荣誉匾牌。

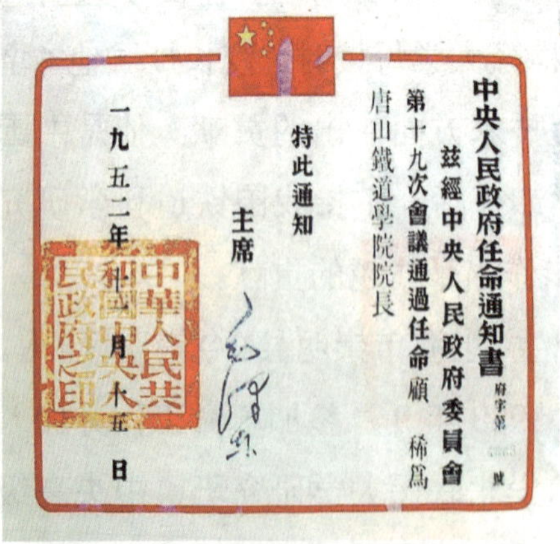

中央人民政府任命通知書 府字第 號

茲經中央人民政府委員會第十九次會議通過任命顧稀為唐山鐵道學院院長

特此通知

主席

一九五二年十一月十五日

中華人民共和國中央人民政府之印

毛泽东签署的顾稀任唐山铁道学院院长的任命书。

★叁拾贰

健康唐山市　工人医院成

唐山工人医院建成（1953 年）

解放前，唐山市区只有 1 所市立医院、5 所企业医院（开滦总医院、开滦林西矿医院、开滦赵各庄矿医院、开滦马家沟矿医院和北宁铁路医院）和 15 所私人诊所，民众求医看病十分困难。1948 年年末唐山解放时，全市人口平均寿命仅 35 岁。

唐山解放后，党和政府极其关注人民的疾苦。1950 年 4 月，为了解决全市人民缺医少药和伤病得不到及时治疗的问题，中共唐山市委、市政府决定由市总工会发起筹建唐山工人医院。

1951 年 4 月，由市总工会主席阎达开任主任，市长李一夫任第一副主任的“工人医院建设委员会”正式成立，由建设委员会负责向各界通过捐款集资、助工、助料等形式募集资金和材料。

建设委员会成立之后，立即着手进行了开工前的各项准备工作：根据工程建筑的需要，建立了现场工程管理机构；积极进行了主要建筑器材与建筑工具的筹购、动员和借用，并运到施工现场备用；按照施工计划及时作好人员准备；进行了地质攒采和土壤压力的试验，证明地质是适合工程建筑的。

在各项准备工作基本完成后，工程于1951年7月20日正式开工。据《1951年唐山工人医院工程建筑情况的报告》记载："参与施工的工程师、监工队长等现场负责人都是临时由各厂矿抽聘的，工人们是启新、华新、钢厂、德盛、启瓷、南厂等厂矿自动来到工地助工的，但是所有人都是拿出自己所有的力量毫不疲倦地支持工作，甚至一个顶两个。挖地槽的标准是每人每天1.5立方米，但实际工作中却是每天平均达到2.3立方米，最高纪录达到4立方米。打洋灰的工作，大家更是积极主动，3天的任务2天完成，冒雨工作抢工期，当天工作未完成的主动加班加点，绝不拖延至第二天，以免误工。"

修建规模如此大的医院，不仅需要投入大量的人力，更需雄厚的财力与物力支持。工程开工之际，我国正处于抗美援朝、恢复与发展经济的困难时期，国家满目疮痍、百废待兴，唐山市也是筚路蓝缕、艰难起步，尤其是我国的社会主义改造还没有开始，没有强大的公有制经济作支撑。在党和政府的领导下，工程仍得到了社会各界的无私支援与帮助，各项捐赠如下（截至1951年年底）：唐山市人民政府捐赠土地175.8亩，各厂矿助工工资总值8.4794亿元。现金捐助（旧币）：河北省人民政府14亿元，开滦煤矿10亿元，启新洋灰工厂25亿元，华新纱厂20亿元，唐山铁路工厂28亿元，电业局及发电厂13亿元，唐山制钢厂10亿元，启新瓷厂6亿元，德盛瓷厂3亿元，工商联合会7亿元。材料捐助：东北人民政府，圆钢90吨、钢板14吨、黑铁管1.324万米、榆木1046.38立方米；唐山市人民政府，料石9932.36立方米；开滦煤矿，缸砖225万块、末煤5000吨及其他原料；启新洋灰工厂，洋灰（水泥）3000吨、洋灰花砖16万块、芦席5000张及其他材料；华新纱厂，汽车 1 辆、布尺加工 1900 尺及其他物品；启新瓷厂，电瓷料 4707 个、喷壶 30 个、大筐 100 个；德盛瓷厂，稻草 2570 公斤、卫生器材 360 件；唐山铁路工厂，板劈 4600 公斤、木条 400 根；陶瓷业，缸管 1800 节；唐山市民，废铁 3.689 吨。

到 1952 年年底，医院基本建成并试诊，是唐山市规模最大且设备较好的医院。医院占地 142 亩，全部是近代化建筑。医院内部有 X 光、电疗、化验、手术等先进仪器设备，住院部可设床位 500 个，全院分为内科、外科、眼科、耳鼻喉科、妇产科、小儿科等 12 个科室。

1953 年建成开诊的唐山工人医院。

唐山工人医院护士学校 1954 年毕业证书。

1953 年元旦，唐山工人医院正式开诊。

由时任中央人民政府副主席、中国人民解放军总司令朱德亲笔题写了院名——唐山工人医院。

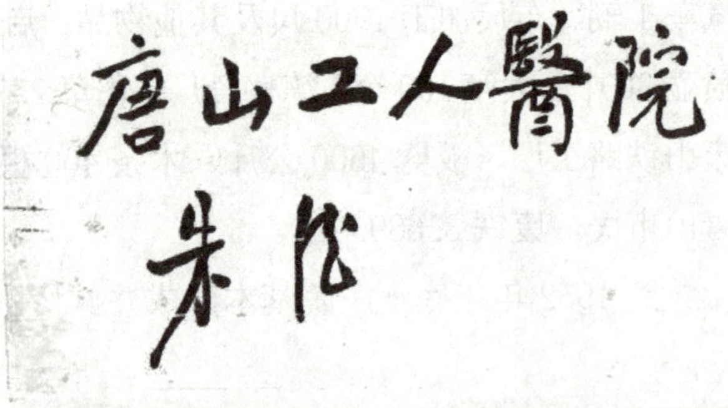

朱德总司令为唐山工人医院题写的院名。

唐山工人医院是全国首批三级甲等医院，如今，唐山工人医院有临床医技科室 90 个，其中副高及以上职称 596 人，教授 65 人，副教授 22 人，博士生导师 3 人，硕士生导师 107 人。省级重点学科 4 个，即心血管内科、神经外科、病理科、医学影像科；省级重点发展学科 4 个，即神经内科、重症医学科、麻醉科、临床药学；市级重点学科 10 个。唐山工人医院是一所集医疗、教学、科研、预防、保健、社区卫生服务与健康管理为一体的大型综合性医院。

唐山工人医院今貌。

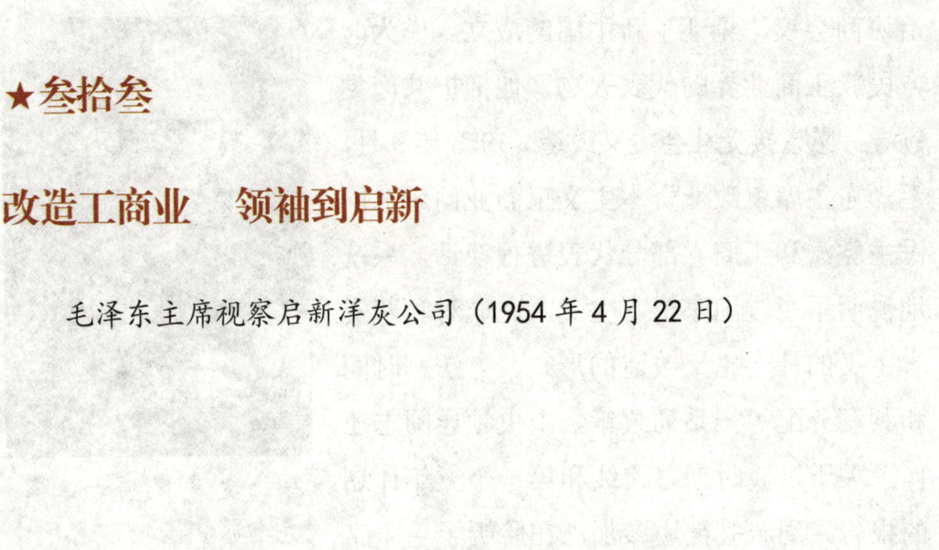

★叁拾叁

改造工商业　领袖到启新

毛泽东主席视察启新洋灰公司（1954年4月22日）

1953年，中共中央公布了过渡时期的总路线，我国开始了对农业、手工业和资本主义工商业的社会主义改造。对城市资本主义工商业的改造，主要实行公私合营的方法。由于新中国成立不久，许多民族资本家对中央的政策持观望态度，但唐山的启新洋灰公司表现得很积极。

启新洋灰股份有限公司的前身是清朝洋务派唐廷枢筹资建的唐山细绵土厂，我国第一家生产水泥的工厂。1906年，由民族资本家周学熙接手创办了启新洋灰股份有限公司，周学熙注意改进技术，不惜重金买进国外新设备，使启新洋灰公司的水泥在产量和质量上不断提高，多次在国际赛会、博览会及国内展览会上获得奖章和奖状，独霸中国水泥市场十几年。北京、上海、天津的许多著名建筑都使用了启新水泥。20世纪20年代末，其侄周叔弢接理启新，解放前夕，周叔弢倾向中共的和平民主建国方针，争取民族资产阶级的上层人士加入爱国统一战线，为迎接天津解放做了很多工作。他参加了1949年的中国人民政治协商会议，见证了新中国的成立。作为北方民族工商业界的代表人物，他拥护共产党领导，愿意接受社会主义改造。1953年9月，毛泽东主席就改造资本主义工商业问题，同民主党派和工商界部分代表进行谈话，系统地说明了经过国家资本主义，完成对私营资本主义的社会主义改造的形式、方法、时间和利润分配等一系列政策。中央领导同志还作了关于过渡时期总路线和第一个五年计划的报告。周叔弢被邀参加，在聆听了毛主席的谈话和中央领导的报告后明确表示“完全同意这个报告”，并认真考虑了公私合营问题。10月，周叔弢来到唐山，对工厂军代表提出启新已具备了公私合营条件：一是劳资关系比较正常；二是工资比较合理；三是启新的股票国家银行已占17%，加上其他资金，国家不会有很大负担；四是不缺干部。11月22日，启新召开第328次董事会会议，决定：“我公司响应号召，立即争取公私合营。”

爱国民族资本家周叔弢。

为了推动对资本主义工商业的改造，加快公私合营的步伐，中华人民共和国主席毛泽东在铁道部部长滕代远、天津工商联主任委员李烛尘和中共唐山市委副书记刘汉生的陪同下，于1954年4月22日到启新洋灰股份有限公司视察。

毛泽东主席一行首先来到烧成车间8号水泥窑，这是1941年安装的丹麦产回转窑，靠1600℃左右的高温，将原料车间生产的“生料”烧为“熟料”。毛主席和大家从8号窑尾扶着铁栏杆，从宽不足1米、高3米、斜度达50度的铁梯爬上去。毛主席还同现场的工人们进行了交谈，了解了工人们的生产生活情况。

毛泽东主席视察启新洋灰公司（油画）。

毛主席到厂时，提出要会见周叔弢，但由于当时周叔弢在天津，就由市委刘汉生书记去办公室请来副经理姒南笙。视察完车间后，毛泽东主席到专列上同姒南笙谈话，问他在哪个学校毕业，学什么专业，公司现在资产多少，搞合营舍得舍不得。姒南笙回答了前面的问题，对最后的问题比较谨慎，没有正面回答，因为他觉得这是只有董事会才能决定的事情。但他对毛主席虚心征求他的意见留下了难忘的印象，直到晚年还记忆犹新。毛泽东主席视察的情况很快报给了在天津的总经理周叔弢。他在 4 月 25 日的日记中说："姒南笙告我毛主席视察了乙、丙、丁窑，最新的窑未看。视察后召南笙

毛泽东主席视察过的启新回转窑。

到车站，毛主席详询启新生产过程和产量质量问题。”几天后，经过董事会讨论，启新水泥厂资方提出了公私合营的申请。

毛泽东主席把启新作为资本主义工商业的社会主义改造的突破口，并在改造的关键时刻亲临启新，极大地激发了唐山工人阶级进行社会主义改造的热情，教育了资方人员，推动了全国的社会主义改造。据中央文献出版社出版的《在毛主席身边二十年》一书记载，前一天在视察秦皇岛时，毛主席得了感冒，还没有痊愈，就又风尘仆仆地来到唐山。

毛主席视察后，启新正式进入公私合营的进程：1954 年 7 月确定了合营工作中的七条原则，公私双方就合营问题经过四次协商，顺利地达成了协议。1954 年 9 月 3 日，公私双方签订了合营协议，第二天，隆重举行了庆祝公私合营大会。

启新庆祝公私合营。

启新公私合营后，在党和政府的扶持下，生产继续发展，所生产的马牌水泥一直享誉国内外，在新中国社会主义建设的几十年中，启新一直是中国水泥企业的排头兵。以启新为龙头的水泥工业及其建材产业，一直是唐山市重要的支柱产业，为社会主义建设作出了杰出的贡献。

★叁拾肆

三条驴腿志　光辉耀神州

《书记动手　全党办社》一文发表（1955 年 4 月 30 日）

新中国成立后，经过土地改革，消灭了地主土地所有制。但是，中国农村的社会生产力还非常落后，面对落后的生产力与恶劣自然条件之间的矛盾，中国农民也正在自己的土地上，创造着一种新的生产方式，那就是组织起来，依靠集体的力量改变贫穷面貌。

农业合作化时期的王国藩。

在完成土地改革以后，遵循自愿互利、典型示范和国家帮助的原则，采取临时互助组和常年互助组、半社会主义性质的初级农业生产合作社和土地及主要生产资料归集体所有的完全社会主义性质的高级农业生产合作社三个互

只有三条驴腿的王国藩农业生产合作社。

王国藩带领合作社的社员，积极做好春耕播种的准备工作。

相衔接的步骤和形式对农业进行社会主义改造。这就是农业合作化运动。由于这种方式适合中国国情，对中国农村社会生产力的发展有着极大的推动作用，所以，全国各地迅速掀起了走社会主义道路的高潮。

1952年，在河北省遵化县，解放前就参加革命的党员王国藩把西铺村里最穷的23户农民联合起来，办起了一个初级社。办社之初，他们没有一头大牲畜，社里唯一的一头驴，还有四分之一的使用权属于没有入社的村民，所以他们被称为三条驴腿的“穷棒子社”；也没有像样的农具。合作社成立后，王国藩带领部分社员在村里整地、积肥，准备来年的农业生产；副主任杜奎带领18名精壮劳力到40里外的山上打柴，他们早出晚归，每人至少打三挑柴，他们吃稀粥、住草棚，十几天打了 4 万多斤柴，卖了 430 元钱，用这些钱为集体买回一头驴、一头牛、十几只羊、一辆破旧的大车以及种子和口粮等，壮大了集体经济，巩固了合作社。

他们勤俭办社，用王国藩的话说，就是“少花钱多办事，不花钱也办事，能不花的钱尽量不花，不花不行的尽量少花”。社里盖羊圈是 23 户社员从山上拉石头，从自家拿木棍和旧钉子盖起来的，没花一分钱；会计用的账簿不是从商店买的，而是仅花一两元钱由会计自己做的。社员们也是精打细算，不浪费一粒米一分钱。这种事事靠穷办法，艰苦奋斗，勤俭办社的精神，后来被概括为“穷棒子精神”。到 1953 年秋后，“穷棒子社”由 23 户扩大到 83 户，更名为“建明社”，粮食亩产从 120 多斤增长到了 300 多斤，王国藩合作社的名气越来越大。1954 年秋，建明社又扩大到 148 户，全村实现了合作化。

1955 年 4 月 30 日，《唐山农民报》发表《书记动手　全党办社》一文，介绍了遵化县王国藩农业合作社艰苦奋斗、勤俭办社的历程。5 月 4 日，《河北日报》又发表了《勤俭办社》一文。年底，中央、省、地区三级调查组又来西铺村进行了实地考察。

1956 年 1 月，由毛泽东主持编纂的《中国农村的社会主义高潮》一书，《书记动手　全党办社》作为首篇收录其中。毛泽东对这篇文章作了多处文字修改，并写了两篇按语。按语指出：“遵化县的合作化运动中，有一个王国藩合作社，二十三户贫农只有三条驴腿，被人称为‘穷棒子社’。他们用自己的努力，在三年时间内，‘从山上取来’了大批生产资料，使得有些参观的人感动得下泪。我看这就是我们整个国家的形象。难道六万万穷棒子不能在几十年内，由于自己的努力，变成一个社会主义的又富又强的国家吗？社会的财富是工人、农民和

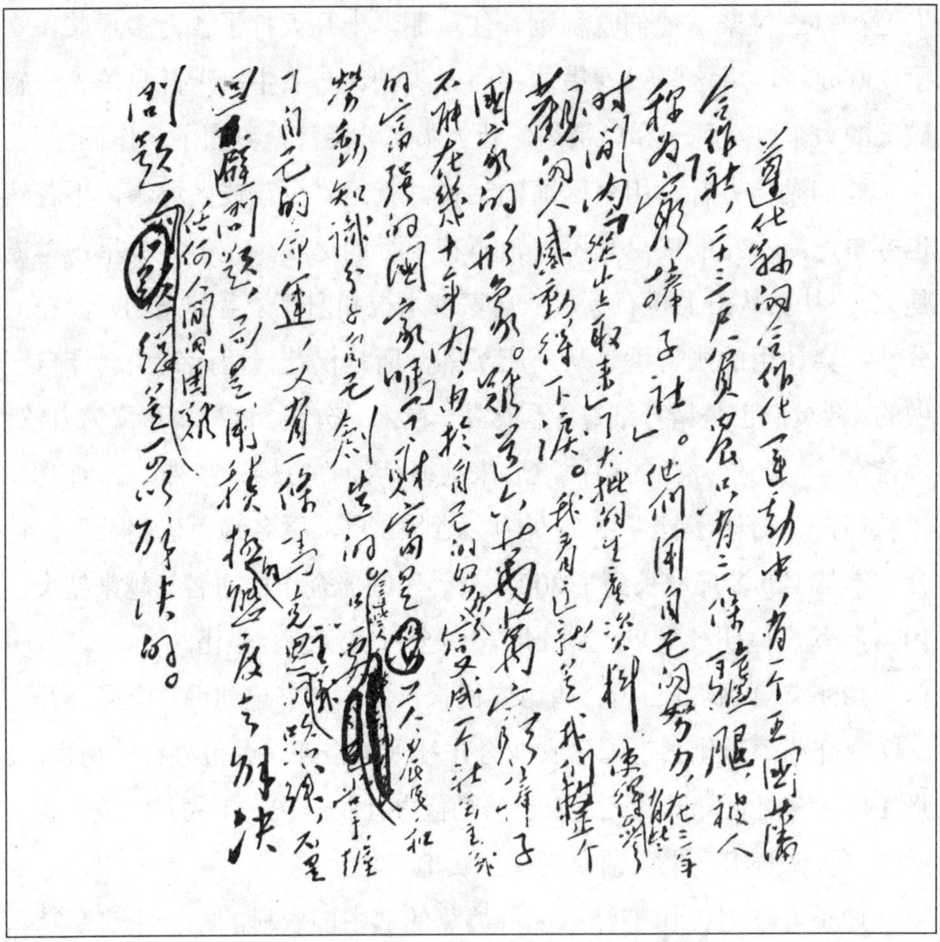

毛泽东主席为《书记动手　全党办社》一文写的按语。

劳动知识分子自己创造的。只要这些人掌握了自己的命运，又有一条马克思列宁主义的路线，不是回避问题，而是用积极的态度去解决问题，任何人间的困难总是可以解决的。”《勤俭办社》一篇也被收入，毛泽东也写了按语：“这里介绍的合作社，就是王国藩领导的穷棒子社。勤俭经营应当是全国一切农业生产合作社的方针，不，应当是一切经济事业的方针。勤俭办工厂，勤俭办商店，勤俭办一切国营事业和合作事业，勤俭办一切事业，什么事情都应当执行勤俭的原则。这就是节约的原则，节约是社会主义经济的基本原则之一。”从此，西铺村成为全国远近闻名的办社典型。毛泽东主席的按语，极大地鼓舞了全国广大农民走合作化道路，也使王国藩合作社全国闻名，成为农业战线上的一面红旗。在唐山地区，广大农民掀起了学习按语、向“穷棒子社”学习的热潮。1955 年，遵化全县基本上实现了初级合作化，紧接着，初级社迅速向高级社转化，到 1955 年 12 月，遵化全县入社农户占全县总农户的 99.8%；唐山地区高级农业合作社入社农户也达到了 94%。至此，唐山地区基本上完成了农业的社会主义改造。

1957 年 2 月，王国藩出席了全国农业劳动模范代表大会，被中央人民政府授予“全国首届农业劳动模范”金质奖章。大会闭幕式上，当毛泽东把一面鲜艳的奖旗送到王国藩手中时，他拿着奖旗，望着主席，激动得热泪盈眶。毛泽东满面笑容地指着奖旗上的字，亲切地说：“你是劳模，是建设共和国的功臣！这是表彰你们在全国起了率先作用。”后来，毛主席又多次接见王国藩。

唐山的一名普通党员，23 户农户，在中国农村生产关系的大变革中，在党旗指引下，为全国农民作出了表率。

★叁拾伍

海滩盐碱地 建成大农场

河北省国营柏各庄农场建场（1956年1月19日）

河北省国营柏各庄农场位于唐山东部，濒临渤海，属于冀东平原的一部分，北部表层为滦河下游冲积扇的末端，南段为海退地，是渤海与滦河共同作用形成的。行政归属上自商代以后，一直和今唐山一带属地相同。1913年，分属直隶丰润县和滦县。1928年，直隶省改称河北省，遂属河北省丰润县和滦县。

据1898年（清光绪二十四年）所修的《滦县志》记载：“滦境滨海之地，东西广九十余里，南北四十余里，皆斥卤不毛，如场之涤。远或十数里，近亦七八里，间有人烟，蛎墙草屋，村止数家，晒盐捕鱼，外无生业。布粟所需，器械所用，均购置于数十里之外。沿海之地数万顷固以五谷不生而弃之也。”

后来，沙进海退，形成可耕之地。抗日战争时期，侵华日军华北驻屯军为补给粮秣，从1941年开始，在今第一农场境域建立“华北垦业股份有限公司滦县农场”，并设立“稻田领事馆”，开渠引滦河水，役使中国和朝鲜劳工洗碱植稻。1945年日本投降后，中国共产党领导的抗日民主政府冀热辽区第十七专署，接收了华北垦业股份有限公司滦县农场，更名为冀热辽区第十七专署解放农场，同年年底改称冀东区第十七专署解放农场。后解放农场由滦南县人民政府接管，改称滦南县解放农场。

新中国成立后，为了合理开发滦河水，建设商品粮基地，准备在原农场的基础上建设大型谷物农场。1950—1953 年，国家农业部多次组织人力勘查滦河下游沿海地区，为建立国营农场作前期准备。1954 年 2 月，河北省农林厅向华北行政委员会报送了垦殖土地 38.5 万亩的建场计划书，华北行政委员会开始组织勘查，经过对这里进行地形测量和土壤、水文地质、农业、社会经济调查，于 1955 年 10 月编制了《国营柏各庄农场建场计划任务书（补报本）》，年底，得到国家水利部、农业部、计委、农村工作部陆续批准。同时，经国务院副总理陈云、李富春同意，准予施工建场，国务院把该项工程列入国家第一个五年计划。

1956 年 1 月 19 日，河北省人民委员会决定成立河北省国营柏各庄农场建场委员会，这一天后来被确定为建场日期。由省农林厅、水利厅、公安厅、交通厅、民政厅、唐山专署、滦县及丰润县人民委员会等负责干部和有关农业、水利技术人员组成，负责

规模巨大的柏各庄机械农场正在兴建

［新华社保定十三日电］河北省东部滦河以西靠近渤海湾的地带，正在兴建规模巨大的国营柏各庄机械农场。

现在，参加这个农场建设的几百名农场管理干部、技术人员等，陆续从北京、保定、唐山等地来到了农场。在沿海三百多平方公里的荒野上，能容纳三万四千多名水利建设工人的工棚，正在不同的施工地段搭盖起来。为加速供应农场建设器材而进行改建的公路，已经基本完工。在农场东部第一分场场址的周围，拖拉机正在不停的耕地、压地。它们在完成这里的机耕任务后，又将调到其它分场去进行开荒。

从今年春季开始兴建的国营柏各庄机械农场，是一个主要种植水稻，其次种植棉花、杂粮，并且适当经营畜牧、渔业等生产的大型谷物农场。这个农场除总场部外，下设八个分场。它建成后的耕地面积，将比渤海滩上现有的芦台等四个国营机械农场的耕地面积总和还大二倍以上。

1956 年 4 月 13 日新华社关于柏各庄农场建设的报道。

整个农场建场工作，并借用沿海较大村镇——柏各庄之名，定名“河北省国营柏各庄农场”，隶属河北省农业厅。同月正式动工兴建，农场性质为全民所有制农垦企业，兼有部分地方行政职能。农场设总场场部，初辖 4 个分场，不久扩大为 8 个分场。新华社的记者报道说：“它建成后的耕地面积，将比渤海滩上现有的芦台等四个国营机械农场的耕地面积总和还大二倍以上。”自此，来自全省 40 多个县的 18 万民工，先后聚集在这里，揭开了千军万马战荒滩、万众一心建农场的序幕。1956 年 7 月 16 日的《河北日报》报道说：“当迁安等县的民工来到这广袤无垠的荒地上的时候，他们都吃惊了：这样一片平坦的土地呀……土，黑黑的，

农垦史话

碱滩变成鱼米乡　农垦精神放光芒

□ 秦顺福

1956年开发渤海滩，兴建国营柏各庄农场，是新中国第一个五年计划项目之一。当年1月份开始，从全国各地汇集来了大批干部、技术人员和工人，其中还有不少老红军、老八路，更多的则是刚从学校毕业的青年学生。数万人的进驻，给这片长期沉睡的处女地带来了生机和活力。

渤海滩，传说曾是旧社会发配流放犯人的地方。一片白茫茫的碱滩长满片片芦苇和白蓿杂草，只有几座村庄零星地散落在几处高岗上，当地曾流传着一个顺口溜：“刮风脸沾面（碱土面），下雨泥沾脚，蛇蟹遍地爬，蚊子赛家雀。”解放后，这些状况虽然有所改善，但当地百姓并未彻底摆脱贫困。当年数万人进驻时，没有房子，只能搭建人字形大席窝棚供建设大军居住。夜间，经常有蛇和蟹爬到窝棚里，甚至就缠卧在餐具或被褥里，有时大白天也常有蛇蟹爬来爬去。

建场初期，缺乏农机具，生产条件很差。平整高低不平的滩涂、挖沟、开渠、筑埝，全靠人力用大铁锨、大筐抬，一尺二的大锹板，一筐八锹土，十五六筐一立方。就这样一锹锹、一筐筐，把高地铲平，筑埝清淤。垦荒战士们每天要抬着二百多斤的土筐，爬十多米高的坡。手磨出茧子，肩压出血泡，抹点红药水，垫个软垫，接着干。开始耕地了，人歇机不歇，昼夜不停三班倒。夜间开沟，人提着马灯当目标站在沟头，经受着风吹雨打。插秧更不容易，面向泥水背朝天，弯着腰站在水里一干就是一整天，用农垦人的话说就是：早上三点半，中午含着饭，晚上看不见。

创业初期，不但干活累，就连大自然也经常兴风作浪，妄图动摇人们的意志。光秃秃的海滩气象多变，风雨、冰雹、雷电往往是突如其来，毫不留情面。1961年7月，一场大雨下了216毫米，人们辛辛苦苦插的秧苗田，水淹面积达50%，死苗2542亩。1962年7月，一场大雨又下了426毫米，淹没水稻21120亩，死苗4035亩，减产372万多斤，倒塌房屋319间，损失化肥8.4万斤，食盐20万斤。1967年9月，人们正准备秋收，突然下了一场罕见的冰雹，最小的也有鸡蛋般大小，致使粮食减产15208万斤，伤129人，其中重伤28人，大牲口被砸伤，大部分瓦房被砸垮。1957年3月，一场七级大风把稻种囤顶掀掉，刮走稻种2000多斤。1956年的一场大风，防护林带中的树木有的被刮倒，有的被刮断，有的被连根拔起。这样的大风时常刮，使稻苗躺在水里直不起腰，尖顶房瓦被掀掉。更惨重的灾难当属1976年7月28日唐山大地震，仅一分场就死亡110人，重伤112人，倒塌房屋2305间，农场的三、六、九队成了一片废墟，全场没剩一间完整的房屋。

但是，不管老天爷如何肆虐，坚强乐观的农垦人始终毫不气馁。在国家、当地政府及全国人民的援助下，全场紧急动员，采取一切力量和有效措施，房倒了重建，树倒了重栽，水淹了排水，积极抗灾自救，尽快恢复生产，恢复正常生活。尤其是地震后，农场陆续建起了高地基、大跨度、砖木结构或上下钢筋水泥圈梁、预制板房顶、能抗御高等级地震灾害的新房。

创业初期的日日夜夜里，各级领导走出办公室，深入基层一线，与职工群

86 中国农垦 2008·2

《中国农垦》杂志刊登的柏各庄农场创业历程。

柏各庄农场建场初期在艰苦的条件下劳动。

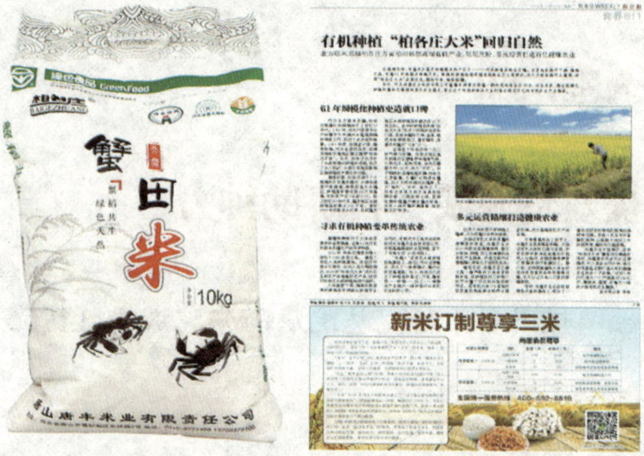

柏各庄生产的蟹田大米、有机大米等已成为名牌产品。

细软的，挖下二尺多深，碰不到一块石头。要是种上庄稼，能长出多少粮食呀！……他们摩拳擦掌，愿意把这块土地开发出来，用自己的双手，给祖国建设一座大谷仓。”建设者们弘扬艰苦奋斗、团结拼搏、甘于奉献、立业图强的农垦精神，披星戴月、栉风沐雨、风餐露宿、战天斗地，用勤劳和智慧、汗水和热血谱写了改天换地的壮丽篇章。到1958年，终于把被称为“斥卤不毛”的荒滩建成了稻谷飘香、鱼美虾肥的国营农场。后来，扩大到11个分场，面积725平方千米。

1963年5月，柏各庄农场党委改归唐山地委领导，行政业务归河北省农垦局领导。1968年6月18日，经河北省革命委员会批准，河北省国营柏各庄农场改为河北省柏各庄农垦区，行使县一级权力。1982年9月22日，国务院发出〔82〕国函字211号文件，正式批准柏各庄农垦区改建唐海县。1985年1月1日，撤销“河北省垦丰农工商联合公司”，唐海县实行县管农场体制，是在河北省国营柏各庄农场基础上建立的农垦体制县。直至21世纪初融入曹妃甸区，开始了新的一页。

把贫瘠荒凉的盐碱海滩变成稻谷飘香的国营农场，再从国营农场迈出面向世界的坚实步伐，渤海湾、滦河口这片神奇的土地，在党旗指引下奋然前行！

★叁拾陆

煤炭资源城 科研助神力

煤炭科学研究总院唐山分院成立（1956年3月20日）

1956年我国完成社会主义改造后，大规模的社会主义建设开始。为了适应社会主义建设的形势，中央煤炭部决定建立煤炭科学研究总院，在煤炭资源丰富的唐山等市建立煤炭科学研究分院。1956年3月20日，煤炭科学研究总院唐山分院成立。根据唐山煤炭资源的实际和专家科研方向，下设选煤研究所、水力采煤研究所、矿山测量研究所和管道运输研究所。成立以来一直是唐山市最大的科研机构和科技型企业，是我国煤炭行业唯一从事选煤技术、水力开采、管道运输和矿山测量专业的研究机构，也是我国煤炭行业最具影响力的主力科研机构和技术创新基地。在洁净煤与选煤、水利采煤与工业泵、矿山测量与“三下”（建筑物下、铁路下、水体下）采煤、煤浆管道运输等技术领域达到了国际国内先进水平。

选煤专业技术。建院伊始，就开始对重力、重介、浮选三大选煤工艺开展实验室研究，于1959年协助通化铁厂选煤厂建成了我国第一座重介质选煤车间。20世纪60年代，三大选煤技术进入工程化阶段。

1976年地震后重建的煤炭科学研究总院唐山分院（今中煤科工集团唐山研究分院有限公司）。

80年代参与制定了煤炭部和机械工业部组织的《“六五”选煤技术发展规划》，取得了一批科研成果。到20世纪末，在洗选高硫难选煤、煤中黄铁矿硫的脱除、选煤产品的脱水及煤泥水处理、煤炭深度筛分、合理分选及综合利用、省水型及干法选煤等方面又不断出新。40多年来承担并完成了大量有关选煤及洁净煤的国家攻关和部重点科研项目，取得了丰硕成果，多项成果填补了国家空白。

水力采煤专业技术。1958年协助开滦唐家庄矿建成中国第一座水力采煤矿井，20世纪六七十年代进行了水采回收率、设备耐磨、煤泥脱水等技术的研究；七八十年代进行了厚煤层网下水采技术、细射流技术、掘进机械化及高压大射流水力落煤等研究；八九十年代，在改革工艺流程、优化生产系统方面开发了多种模式，在泵类研制方面实现系列化，在液控水枪、煤泥水浓缩净化、硐室设计、煤水计量与监测等方面又有新突破。承担并完成了大量水力机械化采

水力采煤技术的应用。

煤的应用技术和有关基础理论研究。在许多方面形成独特的技术优势。

矿山测量专业技术。20 世纪六七十年代参与制定了《煤矿测量试行规程》，使煤矿测量工作走向科学化、规范化；仪器研究方面，成功研制了激光指向仪和陀螺经纬仪，填补了国内空白；在“三下”采煤方面，完成了许多煤矿的建筑物下采煤技术的研究，并不断拓宽“三下”采煤的研究领域。八九十年代，进一步开展铁路干线、大型河流及建筑群压煤和井筒煤柱开采研究，在国内首创新建抗变形建筑物下采煤技术和煤矿塌陷区造地复田技术的研究，更深入地试验研究了高低水位村庄下采煤。还承担完成了矿山测量方法、煤矿开采损失及其保护技术、矿区环境评价、土地复垦技术和综合物探等研究课题，取得了 100 多项科研成果，有 50 多项获国家或省部级科技进步奖，并广泛推广运用。

管道运输专业技术的研究起步于 20 世纪 80 年代。先是建立了管道输煤试验中心，后又承担了多项国家“七五”“八五”科技攻关项目，水煤浆管道储运技术的研究开辟了我国煤浆输送研究的新领域。

1999 年 7 月，按照国家产业政策，煤炭科学研究总院唐山分院转制为中央直属科技型企业，更名为中煤科工集团唐山研究院有限公司，2000 年组建了天地科技股份有限公司唐山分公司，并于 2003 年通过了 ISO9001 质量体系认证。研究院（分公司）汇集了所有与选煤、水力采煤与管道运输、矿山测量等专业相关的全国质检、科研、学术、信息组织，拥有国际、国内领先水平的亚洲最大的管道运输试验中心和国家实验室认可委认证的选煤机械及机理等一批专业实验室和选煤中试系统。

这座唐山市最大、科技力量最雄厚的科研机构，几十年来为我国煤炭科研和煤炭工业作出了巨大贡献，在党提出的“科教兴国”战略中占有重要地位。

★叁拾柒

沈阳审日酋　唐山雪遗恨

在冀东地区制造潘家戴庄等惨案的日军首领服法（1956年6月）

抗日战争时期，日本侵略军在冀东地区制造了多次大惨案：除1941年的“潘家峪惨案外”，1942年4月，日军在遵化县鲁家峪乡，以刀砍、火烧、施放毒气等残暴手段杀害我和平居民220人，制造了“鲁家峪惨案”；同月，在遵化县刘备寨村杀死我和平居民35人，并且烧毁民房330余间，掠走牲畜120余头，制造了“刘备寨惨案”；同年10月，日军到遵化县东新庄村进行“扫荡”，以火烧、刀刺、军犬咬、施放毒气等残暴手段杀害我抗日救国志士40余人，并且烧毁民房100余间，制造了“东新庄村惨案”；1942

潘家戴庄惨案遗址纪念馆。

年12月5日，日军到滦县潘家戴庄（今属滦南县）进行“扫荡”，进行了血腥的集体大屠杀，他们以刀刺、棒打、火烧、活埋等残暴手段杀害我和平居民1280人，制造了骇人听闻的“潘家戴庄惨案”。

这些惨案的策划和指挥者是时任步兵旅团长兼唐山地区防卫司令官的侵华日军首领铃木启久。1945年抗战胜利前夕，铃木启久被苏联红军俘虏。新中国成立后，中国政府依据《波茨坦公告》有关处理“二战”战犯和中苏有关协定的条款，把铃木启久和其他日本战犯引渡到中国，关押在辽宁省的抚顺战犯管理处。

1956年4月25日，第一届全国人民代表大会常务委员会第34次会议通过了《关于处理在押日本侵略中国战争中战争犯罪分子的决定》，决定由最高人民法院组织特别军事法庭进行对日本战争犯罪分子的审判。特别军事法庭开庭审判的地址选择在沈阳皇姑区的利群电影院（2016年，这里作为沈阳审判日本战犯特别军事法庭旧址陈列馆对外开放）。1956年6月3日，最高人民检察院对在押中国的45名日本战犯提起公诉。最高人民法院特别军事法庭在沈阳两次开庭分两批审判了铃木启久、武部六藏等36名日本战犯。

特别军事法庭的审判长和审判员、检察长和检察员都是中国人民解放军的军法官。从北京专程前来的全国政协委员代表，全国各民主党派、各人民团体、中国红十字会的代表，沈阳市工厂、机关、学校的代表1400余人到庭旁听。全国各大报社、电台的记者对全部审判过程进行了现场采访，并向全世界进行了报道。

法庭首先审问了铃木启久。证实铃木启久在1941年12月至1944年10月间，指挥所属部队在河北省冀东地区和河南省睿县等地制造了6起集体屠杀和平居民的罪行。在审问铃木启久的过程中，6月17日，

铃木启久（前排右一）在被告席上。

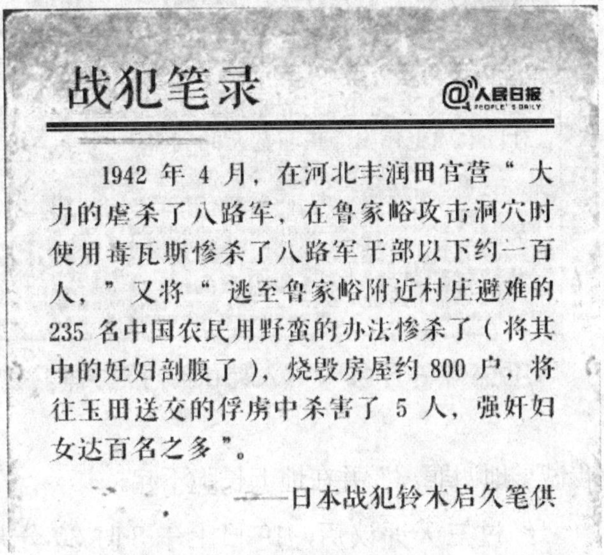

战犯笔录

1942 年 4 月，在河北丰润田官营“大力的虐杀了八路军，在鲁家峪攻击洞穴时使用毒瓦斯惨杀了八路军干部以下约一百人，”又将“逃至鲁家峪附近村庄避难的 235 名中国农民用野蛮的办法惨杀了（将其中的妊妇剖腹了），烧毁房屋约 800 户，将往玉田送交的俘虏中杀害了 5 人，强奸妇女达百名之多”。

——日本战犯铃木启久笔供

铃木启久在法庭上的供词。

唐山市滦南县潘家戴庄村民周树恩代表家乡的父老乡亲出庭作证，他以自己的亲身经历，向特别军事法庭提供了铃木启久指挥日军在潘家戴庄进行大屠杀的罪证，他说：“日本侵略者屠杀我潘家戴庄平民百姓的罪行，天作证、地作证、人作证，我是从 1000 多具尸体堆里爬出来的，我目睹了这场大屠杀……”周树恩在法庭上解开上衣，露出失去肉皮的两肋、胳膊以及遍体伤疤，以铁一样的事实揭露了日本战犯的罪行，为法庭提供了确凿的证据。周树恩最后说：“鬼子在我们潘家戴庄犯下了滔天罪行，我要求法庭对这些刽子手严加惩处！”被告人铃木启久在低头听完证词后说：“这完全是事实，我诚恳地谢罪。”他还说：“对于自己的残暴行为，起初曾企图隐瞒，但在中国人民对我人道主义待遇的感召下，启发我进行了反省，认识了自己犯下的罪行。……我感谢中国人民，

人民日報

6 月 22 日 内 容 提 要

第一版　中华人民共和国全国人民代表大会常务委員会关于处理在押日本侵略中国战爭中战爭犯罪分子的决定
社論：苏南会談的巨大成果
关于南斯拉夫共产主义者联盟和苏联共产党之間的关系的宣言

第二、五、六、七版　陈銘樞、馬閣夫、刘佩芝、鲜　英、孙曉村、楊秀峰、高仁海、安文欽、陈叔通、馬寅初、楊惟义、楊汉先等在第一届全国人民代表大会第三次会議上的發言

第三版　上海各界代表一万多人热烈欢迎苏联海軍友好訪华艦队

第四版　观察家評論：中芬友誼
和平談判还是繼續战爭？
越南民主共和国宣布裁軍八万人
开罗举行盛大閱兵庆祝埃及独立共和日

第七、八版　国务院关于發布"工厂安全衛生規程"、"建筑安裝工程安全技术規程"和"工人职員伤亡事故报告規程"的决議

1956年6月22日　星期五　昨日本报北京寄印时間3时47分　第2905号　今日共八版　每份五分　每月一元五角　訂閱处：全国各地邮局

中华人民共和国全国人民代表大会常务委員会
关于处理在押日本侵略中国战爭中战爭犯罪分子的决定

現在在我国关押的日本战爭犯罪分子，在日本帝国主义侵略我国的战爭期間，公然違背国际法准則和人道原則，对我国人民犯了各种罪行，使我国人民遭受了極其严重的損害。按照他們所犯的罪行本应該予以严懲，但是，鑒于日本投降后十年来情况的变化和現在的处境，鑒于近年来中日兩国人民友好关系的發展，鑒于这些战爭犯罪分子在关押期間絕大多數已有不同程度的悔罪表現，因此，决定对于这些战爭犯罪分子按照寬大政策分別予以处理。現在將处理在押日本战爭犯罪分子的原則和有关事項規定如下：

（一）对于次要的或者悔罪表現較好的日本战爭犯罪分子，可以从寬处理，免予起訴。

对于罪行严重的日本战爭犯罪分子，按照各犯罪分子所犯的罪行和在关押期間的表現分別从寬处刑。

在日本投降后又在中国領土內犯有其他罪行的日本战爭犯罪分子，对于他們所犯的罪行，合并論处。

（二）对于日本战爭犯罪分子的审判，由最高人民法院組織特別軍事法庭进行。

（三）特別軍事法庭使用的語言和文件，应該用被告人所了解的語言文字进行翻譯。

（四）被告人可以自行辯护，或者聘請中华人民共和国司法机关登記的律师为他辯护。特別軍事法庭認为有必要的时候，也可以指定辯护人为他辯护。

（五）特別軍事法庭的判决是終审判决。

（六）处刑的罪犯在服刑期間如果表現良好，可以提前釋放。

最高人民法院組織特別軍事法庭
对日本战犯作出严正而寬大的判决

新华社21日訊　中华人民共和国最高人民法院根据毛澤东主席命令公布的全国人民代表大会常务委員会关于处理在押日本侵略中国战爭中战爭犯罪分子的决定，組織特別軍事法庭，于六月九日到六月二十日分別在沈陽、太原兩地对鈴木啓久、富永順太郎、城野宏等三个案件共十七名战爭犯罪分子进行了审判。

审判的結果，分別对十七名战爭犯罪分子判处有期徒刑。

在沈陽审判的案件包括八名日本战爭犯罪分子，他們是鈴木啓久、藤田茂、上坂胜、佐佐眞之助、長島勤、船木健次郎、榊原秀夫和鵜野晋太郎。这八名前日本陆軍軍人都在日本侵略中国战爭期間分別犯有堅决执行侵略战爭，違反国际法准則和人道原則等罪行。

在太原审判了兩个案件：一个案件是富永順太郎在日本侵略中国战爭期間和战爭結束以后，战爭犯罪和特务間諜犯罪案；另一个案件是前日本軍政人員城野宏等八名战爭犯罪案。这八名案犯是城野宏、相乐圭二、菊地修一、永富博之、住岡义一、大野泰治、笠实、神野久吉，他們以日本軍政官吏各种不同身份，参加侵略中国的战爭，違背国际法准則和人道原則；日本投降后，又在中国領土內，犯有組織前日本軍人，参加閻錫山反革命軍队，反对中国人民的解放战爭，陰謀复活日本帝国主义的罪行。

在特別軍事法庭上，国家公訴人严正地控訴了并由許多証人和受害人証实了这些犯罪分子的严重罪行。在大量确鑿的証据面前，被告人都一一低头服罪。

法庭給予了各被告人以充分申訴意見的机会，并由辯护人为他們作了辯护。

根据辯护人提出的理由和被告人悔罪的表現，特別軍事法庭按照全国人民代表大会常务委員会决定的精神，对这十七名日本战爭犯罪分子作出了严正而寬大的判决。

特別軍事法庭判处鈴木啓久、富永順太郎徒刑各二十年，判处藤田茂、上坂胜、城野宏徒刑各十八年，判处神野久吉徒刑八年，其余各罪犯被分別判处十一年到十六年的徒刑。法庭判决，各被告人刑期都自判决之日起算，判决前关押的日數，以一日抵徒刑一日。

1956年6月22日《人民日报》关于审判侵华日军战犯的报道。

我诚恳地谢罪。”并在地上长跪不起。

经过三天评议后，19日上午8时30分开庭宣判：判处铃木启久有期徒刑20年，其他战犯也判处了不同的有期徒刑。

新中国对日本战犯的审判，彰显了正义的力量，由中国人担任审判官，被审判的日本战犯全部低头认罪，这些都是史无前例的，令世界瞩目。在中国共产党领导下的新中国，在审判战犯过程中唐山的受害者用自己的亲身经历揭露和控诉了日军的暴行，向法庭提供了确凿的证据，唐山人民20多年的沉冤终于昭雪。

★叁拾捌

南堡大盐场　亚洲居首位

亚洲最大的盐场——南堡盐场开始晒盐（1958 年 4 月 23 日）

盐，是国民经济和人民生活之必需。盐业中规模最大、质量最高的就是海盐。我国的海盐生产历史悠久，渤海湾是理想的海盐产地。早在唐朝时期这里就建过盐场，历经元、明、清三代，以产量大、质量优而闻名。

1956 年 3 月，河北省有关部门决定在原大清河、大窝棚新生盐场的基础上，在南堡一带建设现代化的大型盐场，称南堡盐场。这里气候温和、光照充足、拥有大片平坦的海边滩涂，是构建盐田的优选之地。经过两年的建设，1958 年 4 月 23 日正式灌池晒盐。

南堡盐场一角。

南堡盐场是新中国成立后我国自行设计、

南堡盐场生产的原盐。

自行施工兴建的大型盐化工企业，占地面积近300平方千米，有效生产面积240公顷，年设计生产能力188万吨。盐场位于唐山市南50多千米的渤海之滨，是全国乃至亚洲最大的海盐场。盐场滩池布局合理，生产工艺先进，经济效益逐年提高。“海湾”牌工业溴年设计生产能力7000吨，产品规模居全国前列。其他产品还有氯化钾、氯化镁等。南堡盐场是以盐为主，盐、化、养综合发展的国家大型一档企业。

20世纪60年代，盐场职工研制成功“漕船进滩”“牵引自动翻转收盐耙”“机械撩坨”“联合收盐机”等作业方法和先进生产工具，有效地减轻了盐工劳动强度，提高了生产效率。

1964年8月1日，连接京哈铁路汉沽站到南堡盐场的汉（沽）南（堡）铁路投入运营，盐场生产的原盐外运量大增，从而缓解了南方各省食盐供应紧张的状况。20世纪六七十年代，国家轻工部批准建立了化工厂，生产氯化钾、工业溴、元明粉、无水硝等化工产品。

改革开放以来，盐场牢固树立质量兴场、科技强场、诚信立场的经营理念，以市场为导向，以用户满意为宗旨，不断深化改革，不断调整优化产业产品结构，严格管理，开拓创新，与时俱进，在市场经济的大潮中，努力探索国有大型制盐企业的发展新路，产品产量、质量稳步提高，经济实力明显增强。其主导产品“海湾”牌工业盐多次被评为国家质量信得过产品和省优、部优产品，深受全国各地用户信赖。2002年经河北省用户委员会调查，南堡盐场工业盐的用户满意度为96.71%，被全国用户满意工程联合推进办公室授予“全国实施用户满意工程单位”。为了提高企业抵抗市场风险的能力，增强企业发展的后劲，盐场大力开发溴系列深加工产品，加快规模化生产速度，还兴建对虾养殖场及其配套设施，盐、化、养综合发展。

渤海湾的盐山。

南堡盐场的优质海盐装船外运。

世纪之交，南堡盐场在继续巩固主导产品生产规模和质量的同时，大力发展化工产品深加工和海水、卤水综合养殖，努力实现总量增长和存量调整的有机结合。一是依靠科技进步，不断加大科技投入和科技攻关力度，并十分注重加速科技成果向现实生产力的转化，使新技术新工艺迅速得到推广和应用。2002年与有关科研部门合作研制成功“盐池遮雨自动化系统”，投入应用并通过了河北省科技厅组织的技术鉴定，这一科技成果缩短了塑苫时间，提高了塑苫效率，延长了整

百里盐田晨曦。

个塑苫系统的使用寿命，综合技术水平达到国内先进水平，具有显著的经济效益和推广价值。对盐田和化工生产设施、设备进行了全面技术改造，使原盐单产提高了一倍，化工生产提取率稳步提高，盐、氯化钾、氯化镁、溴素等几种主要产品全部达到或超过了国家优级品标准，工业盐和溴素分别被轻工部和河北省评为优质产品。二是注重引进现代化设备，在国内首创“盐业气象预报现代化服务系统”，进一步增强了企业生产抵御自然灾害的能力，确保了盐业生产持续稳定发展。三是认真学习和推广设备管理先进经验，不断完善设备管理激励机制和自我约束机制，确立在市场经济条件下设备管理工作的任务和方法，并将计算机技术运用于设备管理工作，推动了设备管理工作的加强，这些都给企业带来了巨大的经济效益。

南堡盐场已经成为在国内外影响越来越大的盐化工综合生产基地。

★叁拾玖

愚公移山志　改造沙石田

遵化沙石峪人民开始移山造田（1957 年 12 月 18 日）

沙石峪村位于遵化市（原遵化县）东南 20 千米处，新中国成立前，这里是一个“土如珍珠水如油，满山遍野大石头”的穷山沟，全村一峪九坡十七沟，出门步步登山，连地都是悬在梁上，亩产才 100 多公斤，粮食不能自给。“野菜枣枣填肚皮，数九寒天无棉衣”是当时沙石峪村的真实写照。1952 年始，沙石峪村党支部书记张贵顺即决心通过移山造地，改变贫穷落后的面貌。1957 年 9 月，张贵顺等到北京参观农业展览，在这里，他看到了毛主席为山东莒南县厉家寨的题词：“愚公移山，改造中国，厉家寨是个好例。”更坚定了通过艰苦奋斗改变

发扬愚公移山精神改变落后面貌的带头人——沙石峪村党支部书记张贵顺。

落后面貌的决心，他发誓一定要像愚公移山那样，改变沙石峪旧模样。

1957 年 12 月 18 日晚，在党支部的组织下，全村 80 多名青年集中上山开荒造田，冒着凛冽的寒风，张贵顺带着乡亲们来到村北的两座山头脚下，大镐抡起，铁铲叮当，和石山展开了“白刃战”。虽正值隆冬，但大家却干得热火朝天，夜间的任务绝不挪到白天，夜深了还不肯收工。山头劈到一半的时候，已经有几十把狗头锤砸瘦了，打秃的钢钎不知有多少根。经过 90 多天的奋战，张贵顺带领大家削掉了两个山头，在山涧里垫起了 5000 多立方石头，从石缝、崖窝搜来的黄土有 1 尺 4 寸厚，造出了全村最大的 3 亩 2 分地。

1958 年，这 3 亩 2 分地开始播种，当年秋天，收了 800 多斤玉米。这块土地被沙石峪百姓命名为“青年地”，而收获的粮食也被乡亲们称为“愚公粮”。当时，张贵顺让大家算了一笔账，垫一尺厚的土，一亩地最少需要 1000 担，一担来回 10 里地就要走上万里路。后人称之为“万里千担一亩田，青石板上创高产”。

削平两个山头后，张贵顺又带领村民连年开山造田。到 1963 年，把原有的 2.3 万多块土地合并成 6300 块，面积由原来的 780 多亩增加到 1200 亩。他还带领

沙石峪村党支部书记张贵顺在“万里千担一亩田，青石板上创高产”碑前。

沙石峪村前的雕塑。

群众在移山造田的基础上开始了人造梯田改造工程。

1966 年春，张贵顺组织村里的女民兵选择北山坡上一块最难开发的青石板地，以义务劳动的方式向青石板要良田，首先要把满地青石板揭去一层，从山下几里或几十里外运来泥土。经过 20 多个昼夜奋战，大家垒起一道近千米长、一米高的石坝，随后又垫起近半米厚的土，终于造成了 1 亩高标准梯田，把“土层只有几寸厚，天旱锅上炒，雨大顺坡流”的“三跑田”变成了“三保田”。

沙石峪有一个谚语：“石盆顶上扣块天，唯有苍天是水源。”每到夏天，火辣的太阳照得青石板滚烫，沙石峪的乡亲一过三更就得背着葫芦，担着水桶，翻山越岭摸黑到大老峪取水。水，也是耕地之外沙石峪农业发展的一大制约。张贵顺带领乡亲们在沙石峪烟筒山附近凿山破岩，开凿蓄水池，历经五冬六春，用工 1 万多个，终于在石头山上开凿了一个2700立方米的蓄水池。后来，他又带领乡亲们在村北的山坡上打了一眼直径17米、深11米的大口井，然后铺上1300米的管道，用一个120米的高扬程水泵，把水引上山顶的蓄水池。1968年，他又请来地质队，先后打机井16眼，修环山渠道1.2万多米，修高扬程输水管道3400多米，建起滴灌站、喷灌站和扬水机站，使800多亩梯田、400多亩果园实现了水利化。而今，沙石峪北山上的蓄水池仍然发挥着作用。

张贵顺率领沙石峪村民们修梯田。

沙石峪有一个叫狼洼的地方，曾是人迹罕至的荒山，如今这里却是果树葱茏。当年，张贵顺提出改造狼洼种果树，他坚持不懈地走访乡亲，求教问计，改进方法。历经90天，沙石峪村民终于在巨崖悬陡、怪石嶙峋的狼洼打成了5700个1米见方的土埯。当时已经过了植树季节，乡亲们在土埯种上庄稼，获得了大丰收。后来土埯里全部种上了白龙果树，狼洼从此改名叫白龙洼。之后，张贵顺又带领乡亲们大力治山造林，山村周围相继披绿，大面积的青年林、民兵林、妇女林相继出现。

20多年里，张贵顺带领沙石峪村民在只有石头绝少耕地的荒山上创造出了一个个奇迹。他们在山石坡上建成600亩水浇地，并发展林、牧、副业生产，三次重新规划九岭山水，把原来贫瘠落后的穷山沟改造成了处处花果山、道道米粮川，使沙石峪成为全国农业战线上的先进典型。

沙石峪愚公移山、艰苦创业的事迹感动了全中国。1962年6月27日，《人民日报》在第一版发表文章—《看愚公怎样移山》，还拍成了纪录片在国内外放映。从此，沙石峪声名鹊起，先后有160多个国家和地区的代表团和1875个省、市、县参观团10余万人到此参观。

记录沙石峪人民艰苦创业的沙石峪陈列馆。

张贵顺逝世后，沙石峪党支部继续领导全村人前进，特别是党的十一届三中全会后，他们“万里继续走，千担接着挑”，在党的领导下走向共同富裕之路。

★肆拾

制瓷现代化 公司应运生

唐山陶瓷公司成立（1956年4月15日）

唐山陶瓷生产历史悠久，是我国主要陶瓷产区之一，也是唐山的传统特色产业。20世纪三四十年代，机器和电力在陶瓷生产制造中较为普遍地应用，提高了生产效率，唐山陶瓷渐渐兴旺起来，产品的产量和质量都有较大的提高，生产出了日用白瓷、电瓷器件、卫生陶瓷等，形成了唐山陶瓷工业的雏形，其中卫生陶瓷是国内首创。唐山陶瓷器装饰技术和风格对北方陶瓷影响很大。唐山还首创了氢氟酸腐蚀出花纹再填描金色的雕金装饰和用喷枪或喷笔作画的喷彩装饰等，逐渐发展成为地方经济的重要组成部分。但在新中国成立前，生产经营规模

20世纪六七十年代唐山日用瓷的生产。

小而分散，技术水平相对较低，不适应现代化大生产对集中经营的要求。

1956 年 1 月，唐山市完成对手工业和资本主义工商业的改造，实现了全行业的公私合营。为了使陶瓷工业进入大工业生产阶段，便于统一领导，1956 年 4 月 15 日，唐山市工业局正式成立了唐山市陶瓷工业公司，领导所属各厂的生产行政业务。这是唐山市陶瓷工业在计划经济体制下统一领导、专业分工、进行社会化大生产的开始。在计划经济时代，陶瓷公司不是企业性质，而是行政管理机构。陶瓷公司成立不久，裕丰瓷厂（第五瓷厂）、三合义瓷厂（后并入第二瓷厂）、德顺隆窑业厂（第六瓷厂）、明华窑业公司（后并入第十瓷厂）等厂生产的日用细瓷首次由广州进出口公司经销，出口东南亚等地，成为唐山日用瓷出口的开端。

1957 年，建成了唐山陶瓷研究所。研究所位于陶瓷企业集中的西缸窑，占地 50 亩，总建筑面积 1.5 万平方米，设有工艺室、艺术室、装饰材料研究室、检测站、情报站、试验厂、化工车间等。唐山陶瓷研究所是中国北方第一个陶瓷研究所，是河北省陶瓷行业的重点研究机构，是全国少数几个规模较大的陶瓷研究专业机构之一，河北省陶瓷科技情报站和全国轻工总会华北陶瓷产品质量检测中心也都设在这里，还编辑出版《河北陶瓷》等期刊。其研究成果雕金技术、铁红圈结晶釉、变色釉等享誉全国。

1958 年 10 月，陶瓷公司一度改为陶瓷工业局，1962 年又改名为陶瓷公司。到 1976 年 10 年间，唐山陶瓷发展很快，产品也由内销逐步实现了内外销并举，成为唐山的创汇大户，唐山陶瓷发展成为地方经济的重要组成部分。

1976 年唐山大地震，给唐山的陶瓷工业造成了毁灭性的打击，设

生产“抗震瓷”。

唐山陶瓷公司所属第六瓷厂1976年8月5日生产的“抗震瓷”。

备、人员（尤其是技术人员）损失惨重。唐山陶瓷公司打破厂际界限，集中安排各厂职工突击清理废墟、修复厂房和设备，作复产准备。陶瓷公司在这一过程中起了重要的领导作用，公司所属第六瓷厂震后10天就生产出了抗震瓷。1977年年初，陶瓷公司成立了重建复产会战指挥部，下属各厂成立了重建复产指挥小组。为减轻国家财政负担，节约资金，各厂自力更生，发动职工修旧利废，就地取材。他们把震毁建筑中的各种钢材、木材、砖石等建筑材料全部拆出来，做到物尽其用。到1979年年末，复建工作完成，生产能力达到了震前水平。

改革开放初期，一方面，党的工作重心转移，国家进入了大规模的经济建设时期，使卫生瓷、建筑瓷供不应求，唐山陶瓷厂、唐山建筑陶瓷厂蒸蒸日上，生产以20%～30%的速度增长。随着经济体制改革的不断深入，在国家各项改革政策相继出台的情况下，唐山陶瓷工业大胆探索，勇于实践，第一个在全市工业企业中争得了外贸经营权，彻底改变了多年来依赖外贸公司的状况，直接面向国际市场。第一个在唐山市属企业中创办了中外合资企业，首次将外资引入了传统的产业中，注入了新的活力。第一个在全市工业企业中推行了承包经营责任制。在日用瓷产品结构中，形成了被誉为“四朵金花”的红玫瑰牌骨质瓷、白玉牌白玉瓷、木兰花牌玉兰瓷和白兰牌白兰瓷。同时，唐山陶瓷工业又适时进行了较大规模的技术改造，使装备水平得到了一定的提升。

唐山陶瓷公司赠给支援唐山抗震救灾的解放军的纪念杯。

随着经济体制改革的深入，1995 年，整合公司的优质资产组成唐山陶瓷股份有限公司，公司股票上市，1998 年改为唐山陶瓷集团有限公司。至此，唐山陶瓷公司完成了历史使命。

唐山陶瓷企业生产的生肖年历系列瓷盘。

作为计划经济时代的陶瓷行政管理机构，唐山陶瓷公司在组织生产科研、扩大再生产、提高唐山陶瓷的产品质量、增加花色品种、把唐山陶瓷推向全国乃至全世界做了许多工作，为新中国成立后唐山陶瓷的发展发挥了不可替代的作用。

★肆拾壹

英烈垂千古　功昭日月明

冀东烈士陵园建成（1958 年 4 月 5 日）

烈士陵园是后人为纪念中国革命先贤们所建的纪念性建筑的统称，是为了纪念在革命战争中牺牲的及为革命事业献出生命的烈士们而修建的，一般的烈士陵园是以革命烈士陵墓为主体，配有碑、塔、亭、馆等纪念建筑物的园林。

在中国近代人民革命斗争中，无数革命先辈和爱国志士，为中国人民的革命和建设事业，前仆后继，英勇献身。中华人民共和国成立后，党和政府一向重视褒扬他们的光辉业绩，用他们的革命精神和崇高品德教育启迪后人。

按照中华人民共和国中央人民政府内务部 1950 年 12 月 11 日颁发的《革命军人牺牲、病故褒恤暂行条例》的规定，全国各地人民政府先后修建了革命烈士陵园 1100 多处，并对革命烈士斗争史料进行搜集整理、陈列展览。陵园由人民政府设专门管理机构和人员。

为了纪念和缅怀在冀东革命斗争中英勇牺牲的革命烈士，中共河北省委、河北省人民委员会于 1955 年决定在唐山市兴建冀东烈士陵园，

冀东烈士陵园正门。

1958 年清明节落成并举行落成典礼仪式，之后向社会开放，成为唐山市凭吊革命烈士、进行爱国主义教育的重要场所。

冀东烈士陵园坐落于河北省唐山市路南区陵园路 2 号。1976 年，唐山大地震中，所有建筑被夷为平地，复建工程于 1986 年竣工。

冀东烈士陵园主碑。

现在的冀东烈士陵园坐落在唐山市南新道北侧，陵园占地面积 75 万平方米，系中轴对称布局。在中轴线上矗立着大门、纪念塔、纪念堂三大主体烈士纪念建筑物。陵园最南端的大门，是仿古牌楼式建筑，高大而雄伟。门的四柱用汉白玉砌成，牌楼正中墨色花岗岩匾额上镌刻着聂荣臻元帅题写的园名。

沿主甬路往北，在洁白的三层玉

冀东烈士纪念馆。

石护栏内，是通体汉白玉砌成的烈士纪念塔（碑）。塔高34.5米，塔身顶部三重飞檐，飞檐上端是一颗硕大的钢化玻璃红星，它象征着烈士们崇高的献身精神。塔身四面镌刻着朱德、林伯渠、彭德怀、萧克的题词。

正面是时任中共中央副主席、中央军委副主席朱德元帅的题词："为人类解放事业而牺牲的烈士们永垂不朽"。

背面是时任中共中央政治局委员、中共中央军委副主席彭德怀的题词："烈士之血　革命之花"。

东侧面是时任中共中央政治局委员、全国人大常委会副委员长林伯渠的题词："气壮山河　功昭日月"。

西侧面是时任中国人民解放军军政大学校长、国防部副部长萧克上将的题词："烈士们的革命精神永垂不朽"。

冀东烈士纪念馆位于冀东烈士陵园中部，建筑面积2149平方米，由纪念堂、陈列馆、影视厅组成，共计8个展厅，规模为河北省同级纪念馆之最，馆名由萧克将军题写。烈士纪念馆内正中为烈士纪念堂，陈列着238名烈士的英名录和遗像，他们中有早期工人运动领袖邓培、早期革命家于方舟、华北抗日联军第一支队司令员王平陆、冀东军分区副司令员包森、国际主义战士周文彬、抗日民族英雄节振国和民族女英雄王册等烈士。馆内由国家级专家设计布展，其基本陈列为《冀东革命烈士斗争业绩陈列》，主展线长度为255米，辅助展线长60米。陈列内容的时间跨度为1919—1949年（即新民主主义革命时期），空间跨度为河北、辽宁、内蒙古及京、津二市部分地区。冀热辽军区司令员李运昌用过的望远镜、1938年冀东抗日大暴动中冀东抗日联军的红蓝袖标、抗日英雄节振国夺获的日军战刀等陈列品都是国家一级文物。

每年清明节或重大节日期间，党和政府机关、人民团体等都到冀东烈士陵园进行祭扫烈士墓和相关爱国主义教育活动。

烈士纪念馆北部为通体汉白玉装饰性拱桥，拱桥北部为烈士墓区，总面积为4749平方米，周围栽植了黄杨长廊以及冷季草坪、大型花坛和白玉兰，烘托点缀着圣洁肃穆的教育场景。

烈士墓区位于陵园北端，共166座。烈士墓用花岗岩砌成，统一规格的长方体。纪念堂左右雕塑了20位在冀东乃至全国有较高威望的知名烈士铜像，矗立在甬路两侧的松柏林中。

冀东烈士陵园体现了冀东先烈为人民牺牲的高尚品质，表达了党和人民对烈士的崇敬怀念之情，自1958年正式开放以来，一直是唐山及周边地区进行爱国主义教育的重要场所，是唐山、秦皇岛、北京、天津、乃至辽宁、内蒙古等周边地区进行爱国主义教育的重要基地。

★肆拾贰

唐山文教盛　两所院校兴

唐山矿冶学院和唐山煤矿医学院两所本科院校分别在唐山建成（1958 年 9 月、1964 年 3 月）

唐山矿冶学院的前身为创办于 1895 年的北洋西学学堂矿务学学门。1958 年 6 月，为适应社会主义建设的需要，发挥唐山重工业城市的优势，煤炭工业部、河北省煤矿管理局和开滦煤矿提出在唐山市筹建“唐山矿业学院”。此后，经河北省、唐山市与有关部门多次协商，将学院改名为“唐山矿冶学院”，从唐山铁道学院和开滦矿务局抽调大批教师干部组成教师队伍和管理队伍。经过两个月的紧张筹建，学校于 1958 年 9 月 15 日正式建成开学。学院设地质系、采矿系、冶金系、机械系、电力工程系、化工系 6 个系 9 个专业，校址在唐山市新市区国防医院北。

同年 12 月，唐山矿冶学院更名为“河北唐山矿冶学院”。1959 年，河北省人民委员会决定将天津大学矿冶系全体师生成建制调入唐山矿冶学院。1961 年 8 月，全省大专院校调整，中共河北省委决定将河北唐山矿冶学院改名为“唐山工学院”。1970 年秋，经上级批准，学校更名为“河北矿冶学院”。1985年1月16日，教育部批准河北矿冶学院更名为“唐山工程技术学院”并开始正式招收硕士研究生，是河北省开展研究生教育最早的高校之一。1995年4月5日，经国家教委批准，唐山工程技术学院更名为“河北理工学院”。1998年开始与中国科学院、东北大学、北京科技大学、中国军事医学科学院、中国医科大学等单位联合培养博士研究生，2009年跻身博士学位授权立项建设单位行列。2004年5月，经教育部批准，学校更名为“河北理工大学”，10月16日举行了揭牌庆典，从此，唐山市有了综合性的本科院校，对提升唐山市的高等教育水平、提高城市品位、促进区域经济发展和社会进步都起到极大的促进作用。河北理工大学拥有采矿工程、冶金工程、金属材料工程、机械设计制造及其自动化、化学工程与工艺、土木工程、预防医学等国家级特色专业，钢铁冶金、采矿工程、防灾减灾工程与防护工程、材料加工工程、材料学、产业经济学、外国语言学及应用语言学等河北省重点学科和重点发展学科；建有河北省现代冶金技术实验室、河北省无机非金属材料实验室、河北省地震工程研究中心、河北省矿业开发与安全技术实验室等河北省重点实验室（中心），河北省现代冶金技术实验室为河北省、教育部共建重点实验室。

原河北理工大学校园。

2010年与华北煤炭医学院正式合并，组建河北联合大学。

原河北理工大学逸夫图书馆。

华北煤炭医学院前身为1926年创办的开滦高级护士职业学校，为开滦培养高级护理人才。新中国成立后改名为“开滦煤矿卫生学校”，1958年改名为“开滦医学专科学校”。1963年8月经国务院批准，开滦煤矿卫生学校、阜新煤矿卫生学校和唐山卫生学校大专班合并，由北京医学院、北京第二医学院、中国协和医科大学、天津医学院等抽调了一批骨干教师，成立唐山煤矿医学院，学制为本科5年，面向全国招生，隶属于煤炭工业部，成为全国煤炭系统培养高级医学人才的高等学校。1964年3月1日在唐山举行了建院典礼。

1984年，唐山煤矿医学院更名为“华北煤炭医学院”，隶属原煤炭工业部，是原国家煤炭工业部所属唯一一所本科高等医学院校。学校设有临床医学系、预防医学系、药学系、口腔系、护理系、外语系、卫生管理系、医学影像专业等。1998年，华北煤炭医学院实行中央与地方共建，以河北省管理为主的管理模式。经过几十年的建设和发展，形成多层次、多科类、多种形式的办学体系，学院规模不断扩大，专业不断拓宽，学科建设不断加强，综合实力明显增加，为国际卫生组织（WHO）注册院校，其附属医院为省首批新标准评审三级甲等医院。

华北煤炭医学院先后与日本、美国、德国、匈牙利等国家和地区的医学院科研机构建立了友好校际关系，并开展学术交流活动，与日本山形大学医学部建立了姊妹学校关系，承办了中德、德中医学协会第五届年会以及匈中项目，聘请了多名国内外名誉教授，选派中青年教师出国进修，每年选送优秀学生去日本实习，现已接受外国留学生，较为广泛地开展了国际间的医学学术交流与合作。

原河北联合大学煤医校区大门。

2010 年 5 月，与河北理工大学正式合并，组建为河北联合大学。

2015 年，河北联合大学更名为“华北理工大学”，整体迁至曹妃甸。

20 世纪五六十年代，在全国许多省会城市都没有建立本科院校的背景下，唐山就有 3 所全日制本科高等院校，其中，唐山铁道学院还是国家部属重点院校，这体现了党领导下唐山高等教育事业的昌隆以及党和国家对唐山高等教育的肯定，也为唐山经济和城市的发展注入了强大的生机和活力，为唐山文脉的传承书写了光辉的一页。

★肆拾叁

进京办展览　瓷都美名传

唐山陶瓷首次进京展览（1961 年 10 月 2 日）

唐山的陶瓷生产历史悠久，过去唐山陶瓷生产技术落后，产品质量不高。新中国成立后，在人民政府的扶植下，唐山陶瓷工业迅速得到恢复和发展，而且逐渐进入工业化阶段，产品质量大大提高，品种不断增加。20 世纪 50 年代，逐渐承担了国家的出口任务，裕丰瓷厂、三合义瓷厂、德顺隆窑业厂、明华窑业公司等瓷厂生产的日用细瓷开始由广州进出口公司经销出口，主要销往东南亚国家和地区。1958 年以后，唐山陶瓷的产品品种已经发展到 3400 多种，产品包括日用瓷、卫生瓷、建筑瓷、美术瓷（艺术瓷）、工业瓷等众多品种。到 1960 年，卫生瓷出口量增加了 21 倍，建筑瓷增加了 14 倍，日用瓷增加了 23 倍，远销到亚、非、欧、美等洲的 40 多个国家和地区。唐山已经成为闻名全国的大型陶瓷生产基地。

为了向中央和首都各界人士汇报、展示唐山陶瓷发展成就，听取对唐山陶瓷工业发展的指示和征求各方面意见，唐山市决定在 1961 年新中国成立 12 周年之际，到北京举办“唐山市陶瓷展览会”。10 月 2

日，展览会在北京劳动人民文化宫开幕，共展出了上万件实用、美观、精致的粗、细陶瓷制成品。展品中有精美的薄胎细瓷花瓶、色泥捏花瓷盘等美术瓷；有五彩缤纷的茶具、餐具、酒具等日用细瓷；有各种高质量的墙地砖、卫生洁具、瓷质暖气片等建筑卫生瓷；有耐高温达1400℃的化学瓷和各种工业电瓷。

1961年唐山陶瓷进京展产品汇编。

唐山市陶瓷展览会的举办，受到中央和地方各级领导的重视。时任全国人民代表大会常委会委员长

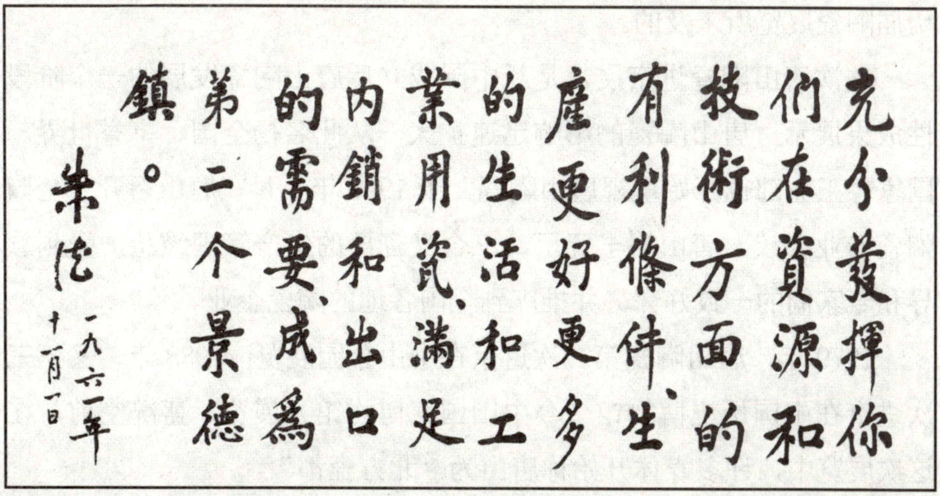

朱德委员长为唐山陶瓷题词。

朱德亲临展会参观，作了重要指示，并亲笔题词：“充分发挥你们在资源和技术方面的有利条件，生产更好更多的生活和工业用瓷，满足内销和出口的需要，成为第二个景德镇。”在冀东地区工作过的李运昌等老同志，以及原籍属唐山地区当时在首都工作的许多同志，都怀着兴奋的心情参观了展览会。首都文艺界、美术界和陶瓷界的许多著名人士等也参观了展览会，他们纷纷称赞新中国成立后的唐山陶瓷发展是一个奇迹。参观展览会最多的是工人、农民、市民，以及解放军官兵和学生。苏联、德国、越南、朝鲜、捷克斯洛伐克、荷兰、比利时等国家和地区的一百多位外宾也到场参观了展览会。展览会期间，新华社、中国新闻社、《人民日报》、《工人日报》、《北京日报》、北京人民广播电台等媒体刊发播出了大量的消息、特写和评论文章。

唐山市陶瓷展览会从 10 月 2 日开幕到月底闭幕，历时近一个月，共接待了 6.1 万多名观众。唐山陶瓷进京展的规模与影响之大、规格之高，以及展出时间之长，在唐山陶瓷历史上都是空前的，也是首都历届陶瓷展览所未及的。

这次唐山陶瓷进京展，是新中国成立后唐山陶瓷发展的一个阶段性成果展示，唐山陶瓷的影响迅速扩大，从此名扬全国、享誉世界。国家轻工业部也开始重视唐山陶瓷，于 1963 年 8 月在唐山召开了全国陶瓷专业会议。唐山裕丰瓷厂、三合义瓷厂的生产管理经验，受到领导和专家们的一致好评，并推广到全国各地的陶瓷企业。

1979 年，唐山陶瓷第二次进京在中山公园展览；1988 年，又第三次进京在中国历史博物馆（今中国国家博物馆）展览，盛况空前，在这次展览中，许多媒体开始称唐山为“北方瓷都”。

★肆拾肆

梨园添新丁　唐剧新花绽

唐剧诞生（1961 年 12 月）

在我国戏曲百花园里，现存着 300 多个剧种，它们犹如盛开的百花，色香各异、争奇斗艳。唐剧（曾名影调剧）就是其中艳丽的一支。

唐剧是在继承和发展冀东皮影的音乐和唱腔艺术的基础上，吸收京剧和其他剧种表演艺术形式孕育而成的新剧种。20 世纪 60 年代初诞生于唐山市，原定名为唐山戏，后改称唐剧，是我国戏曲艺坛独一无二的新剧种，也是我国戏曲革新的重要收获。它曲调优美、韵味独特、板式丰富完整、声腔多种多样，表演艺术继承了我国戏曲的优秀传统并吸收借鉴了唐山民间舞蹈和影人动作，具有浓郁的、鲜明的地方特色，在冀东和东北各地有浓厚的群众基础。

唐剧的发展过程，大体可分为酝酿、形成、发展三个时期。

从 20 世纪 40 年代晚期到 20 世纪 50 年代末，是唐剧的酝酿阶段。由于皮影唱腔非常富于表现力，而且在冀东农村具有深厚的群众基础，解放战争期间，有些革命文艺团体为了配合解放战争，便开始把部分皮影调搬上舞台，用它来反映现实斗争生活，表现现代人物。新中国成立后，在业余文艺舞台上，皮影调被用在小歌剧、小演唱的情形就更加普遍。虽然这还不是唐剧，只是作为歌剧和歌曲的音乐素材被运用，但是给唐剧的产生奠定了基础，为皮影唱腔全面舞台艺术化迈出了第一步。

1959 年至 1963 年，是唐剧的形成与完善时期。将皮影唱腔全面地搬上舞台，是在唐山市戏曲学校进行的。最初的试验剧目是《看家书》（《五锋会》的一折）和《金鱼记》。取得初步成果后，继而又通过《断桥》《敬德哭马》《香罗帕》三出戏，采用不同的艺术风格进行探讨性演出。《断桥》从剧本改编、音乐、唱腔、念白等方面既不同于传统皮影，又别于其他剧种，努力寻求唐山戏的特点；《敬德哭马》在唱腔上继承了皮影的传统，在念白上则基本运用了京剧的方法；《香罗帕》在唱念上完全依照皮影传统，在表演上也尽量学“皮人五分像”的动作特点。通过三种形式的试验，国家、省、市有关专家和广大观众都认为《断桥》创作路子正确，在创新、唱腔、念白和表演几方面都比较成功，在探索新剧的个性上取得了突破性的进展。随后对《断桥》剧本数易其稿，继续打磨。在排练中，全体演职员通力合作、精益求精，用了将近一年的时间将这出40多分钟的小戏演成了精品。后来为这个剧种命名时，大家认为“唐山戏”这个名称不够规范，后

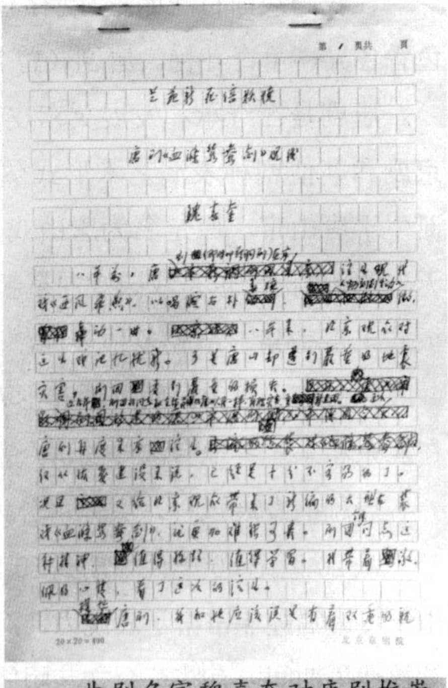

曲剧名家魏喜奎对唐剧推崇备至。

来综合各方面的意见定名为“唐剧”。

1961 年 12 月，唐山人民广播电台播出《断桥》时，用了“唐剧”这个名称。自此，唐剧的名称被固定下来，唐剧诞生。

《断桥》试验成功后，中央人民广播电台为它录了音，中国唱片社录了唱片向全国发行。1962 年 3 月 26 日，河北省文化局主办的唐剧研讨会在唐山举行，通过两天的研讨，与会人员一致认为《断桥》已经初步显示出唐剧的特色和魅力，称得上是“唐剧第一个里程碑”。会后，唐剧班带着试验剧目到皮影的发源地乐亭、滦县、昌黎等地巡回演出近两个月，演出盛况空前，群众赞不绝口。

剧作家韩溪为唐剧《红云崖》设计的唱腔。

唐剧发展的第三个阶段一波三折。

1962 年，唐山市戏曲学校被撤销。为保留和发展新剧种，将戏校唐剧班改为河北省戏曲学校唐剧科。到 1963 年，先后排演了《谭记儿》《赵盼儿》《杨门女将》等 20 多出传统戏。11 月，开始试拍现代戏《红云崖》，1964 年春节在唐山大戏院演出成功。到 1965 年年底，共排演了 18 出现代剧目。1966 年 2 月 12 日，唐剧科 50 名毕业生和部分教师组建成唐山市实验唐剧团。建团后，携带《红云崖》到锦州、沈阳、四平、长春等地演出，受到好评。5 月，实验唐剧团带着新排练的《艺徒血泪》和《绿水桥》参加了在天津举行的河北省中小型革命现代戏汇演，赢得广泛赞誉。“文化大革命”开始后，剧团解散。1970年恢复后改名“影调戏”，1973年排演了反映知识青年上山下乡的大型现代剧目《迎风飞燕》，先是在河北省内交流演出，后又代表河北省参加华北文艺会演，1974年在解放军总后勤部礼堂演出，这是唐剧第一次进京演出，受到首都观众的好评。但1976年的大地震又使唐剧损失惨重。

1973年唐山地方剧团演出的影调剧《迎风飞燕》剧本。

1978年12月16日，唐山市革命委员会批准恢复唐剧名称和唐山实验唐剧团的建制，唐剧的发展进入了一个新阶段。

唐剧自诞生以来，创作、改编和移植了几十个剧目，积累了丰富的表演经验，《血涤鸳鸯剑》《红云崖》《迎风飞燕》《乡里乡亲》《人影》等是其中的代表剧目，《乡里乡亲》和《人影》两部戏还获得过中宣部“五个一工程奖”和文化部“文华奖”。几十年来还造就了一批卓有成就的演员队伍。他们在唱念做打等艺术功力方面，都达到了相当的水准，成为我国艺坛上的一枝奇葩。

唐剧《人影》演出海报。

★肆拾伍

风雨十八载　研制骨质瓷

唐山第一瓷厂开始研制骨质瓷（1964年）

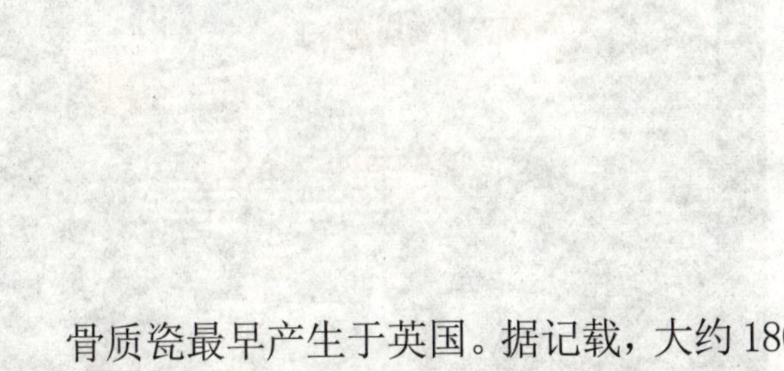

骨质瓷最早产生于英国。据记载，大约1800年，英国人托马斯·弗莱在瓷器制造过程中偶然掺入动物骨灰，发明了骨质瓷。200多年来，骨质瓷经过一代代名匠之手，逐渐发展成为世界陶瓷珍品，一直是各国贵族用品，特别是漂亮独特的手绘骨质瓷，将人文风情反映在瓷盘彩绘上，更表现出丰富多变的色彩和图案。英国的皇室和首相官邸用的就是本国产骨质瓷；美国中上层人士饮茶，多用骨质瓷杯；欧美国家的重大国际、国事活动，都是以使用骨质瓷为最高规格，骨质瓷也成为国际五星级酒店、国际机场的标配，为国际上流社会所尊崇。

骨质瓷英文名称“Fine Bone China”，原中文名称为“骨灰瓷”，出于对“骨灰”一词的忌讳而通称为“骨质瓷”（下文两个名称通用）。它是动物骨粉（灰）加上石英混合而成的瓷土，经过高温素烧和低温釉烧两次烧制，成为白度高、透明度好、瓷质细腻莹润、釉面光亮平整的瓷器，素有“薄如纸、白如玉、明如镜、声如磬”的美称。好的骨质瓷质地轻盈，呈乳白色，将其置放在灯光下，透光较佳且无杂质。

用手指轻弹骨质瓷杯壁，会发出清脆的声音。

国际公认骨粉含量低于40%不称其为骨灰瓷。骨粉用牛、羊、猪骨等，以牛骨为佳。这一成分可以增加瓷器的硬度与透光度，且强度高于一般瓷器，所以可以做到比一般瓷器薄。骨质含量越大，在制作过程中就越易烧裂，所以成品就越贵。

20世纪60年代，中国的国际交流还很少，研制骨质瓷没有国外的技术参考资料。唐山是中国瓷器之都，制瓷业的干部职工下定决心研制出中国的骨质瓷。

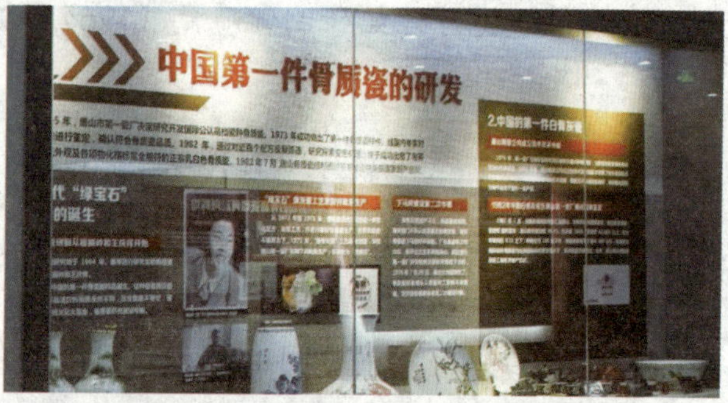

唐山陶瓷博物馆中展出的中国第一件骨质瓷研制历程和图片。

1964年，唐山第一瓷厂在没有任何参考资料的情况下，开始独自研制骨质瓷。

首先是原料问题。大家认为，既然叫骨质瓷，其中肯定有骨头的成分。经过试验，猪、羊、牛等大牲畜的骨头成为首选。技术人员把这些动物的骨头烧成骨灰，碾成骨粉，与传统配料配方，然后试烧瓷片。经过一次次试烧，不断调整，到1965年，中国第一件用动物骨粉和瓷土配方烧制成的瓷器样品诞生。这种瓷瓷质轻盈，半透明，泛着绿色荧光，和普通瓷器有着本质区别。

但是，这样的骨质瓷性能还不稳定，尤其是热稳定性很差，成瓷率很低，很难投入生产，尤其是还不是英国样品那样的白色。但大家并不灰心，因为已经取得了关键的进步。可是，1966年“文化大革命”的开始使骨质瓷的研制一度中断。1972年，国家轻工业部和外贸部对中国陶瓷业提出了“上高档、增配套，提高换汇率”的要求，第一瓷厂研制骨质瓷的工作又重新恢复。此时的主要技术攻关就是绿色变为白色。技术人员先后试验了上百个配方，到1975年，第一瓷厂的“绿骨灰瓷”工艺逐渐定型，定名为“绿宝石”。“绿宝石”虽然已经是骨质瓷，但还不是国际公认的高档骨质瓷。第一瓷厂决定继续攻关，研制真正的骨质瓷。

1976年的大地震对骨质瓷的研制是一个沉重的打击。1978年，第一瓷厂在震后的简易房里重新开始骨质瓷的研究。1979年，轻工业部和国家有关部门对全国陶瓷新产品开发项目进行筛选和审定，选定唐山骨质瓷研究为国家科委、轻工业部和河北省重点科研项目，名称为“高级日用瓷工艺技术及设备研究”，主要任务是变绿色骨质瓷为白色正宗骨质瓷，并实现生产工艺、设备定型。

在此背景下，唐山陶瓷公司从陶瓷研究所抽调技术力量与第一瓷厂配合，成立攻关组，集中进行了新配方、熔块釉、成型收缩系数与干燥速度、烧成方式、施釉方法、烧成温度适用曲线、产品标准、缺陷控制技术、辅助材料、工艺流程与工艺规范、设备选定等一系列研究。到1982年春天，终于研制成功。7月，由国家科委、轻工业部委托河北省轻工业厅邀请全国各地的陶瓷专家汇集唐山对骨质瓷进行国家级鉴定。经过对新骨质瓷各项理化指标的分析化验，对生产工艺规范流程及标准的审查，并与英国骨质瓷实样评判对比，最终宣布：唐山的骨质瓷各项理化指标和外观质量均达到国际高档骨灰瓷水平，获得国家验收通过。至此，中国宣告骨质瓷独立研发成功，结束了不能生产骨质瓷的历史，填补了中国高档瓷生产的空白，开创了中国骨质瓷发展的新纪元。

不久，第一瓷厂设计的“红玫瑰”牌骨质瓷商标正式注册。

琳琅满目的红玫瑰骨质瓷。

1992 年，唐山骨质瓷取得国家发明专利。

唐山骨质瓷具有重量轻、细腻坚硬、不易磨损与破裂、整体通透、颜色天然乳白色，并且含有天然的骨粉等特点。还具有白度高、透光度好、光泽柔和，而且装饰效果好、声音清脆动听等特点。

唐山骨质瓷被列为中华人民共和国地理标志保护产品。

2011 年 9 月，为助力唐山骨质瓷产品质量提升，唐山检验检疫局建成了国家陶瓷检测重点实验室，并成为国家陶瓷检测重点实验室联盟（中国华检陶瓷检测联盟）的理事单位和陶瓷配套产品组长单位。实验室日用陶瓷检测能力范围涵盖 42 个国内外标准，取得了 CNAS 和 CMA 资质。2012 年 11 月 23 日，原国家质量监督检验检疫总局（国家质检总局）批准唐山骨质瓷为中华人民共和国地理标志保护产品。

唐山研制成功了骨质瓷，让中国登上了国际高端陶瓷的舞台，挺起了腰板，跟上了世界的步伐。从香港回归、澳门回归，再到上海世博会、APEC 会议、G20 会议，中国都使用了唐山制造的骨质瓷。这是国家的骄傲，也是唐山的骄傲。

★肆拾陆

英雄节振国　舞台展英姿

京剧《节振国》在京演出成功（1964 年 7 月 2 日）

节振国是抗日战争时期一位传奇式的民族英雄。他原是开滦赵各庄矿的工人，在中共地下党的领导下，参与组织了赵各庄矿的工人罢工，有力地配合了开滦五矿同盟大罢工，随后参加了 1938 年的冀东抗日大暴动。他带领一支工人队伍参加八路军，打日寇、除汉奸，令日伪军闻风丧胆。面对穷凶极恶的日军宪兵和伪警察的抓捕，他临危不惧，勇夺鬼子的战刀，一连砍死砍伤 4 名日本宪兵和 2 名伪警。他名冠冀东，当时有一首民歌唱道：“节振国，真英雄，飞檐走壁武艺精。赵各庄，闹罢工，领导矿工大暴动。为抗日，打游击，奔走南北和西东。来无影，去无踪，杀敌除害不落空。”节振国率领的工人队伍被编为冀东抗联第二路司令部直属特务第一大队，即工人特务大队，节振国任大队长。节振国率领部队活跃在矿区和广大农村，发动矿工参加抗日武装，神出鬼没地打击日伪军，威震冀东。在工人特务大队的号召和鼓舞下，工人抗日声势日益浩大。由赵各庄矿扩展到开滦煤矿各矿区，成立了数支抗日游击队，3000 多名工人先后参加了抗日队伍。节振国率领工人特务大队和日伪军数次激战，有力地支援和配合了冀东地区的抗日斗争，成为中国产业工人参加抗日斗争的典范。

1939 年秋，节振国光荣地加入了中国共产党。1940 年夏，毛泽东主席在延安杨家岭听取冀热察区党委组织部部长兼冀东区分委书记吴德的工作汇报，当听到节振国作战非常勇敢、打仗屡建战功时，毛泽东说：“这个同志很好，我们要注意保护培养，不然他会牺牲的。”可惜吴德同志还未及回冀东传达毛泽东主席的指示，节振国就在 1940 年 8 月滦县下尤各庄战斗中牺牲，年仅 30 岁。节振国牺牲后，周恩来在重庆曾指示文艺工作者要创作关于节振国的作品，于是陆定一的夫人严慰冰撰写的节振国事迹在《中国工人》杂志上连载，解放区的军民因此都知道了节振国。

京剧《节振国》唱段唱片。

京剧《节振国》油印剧本。

新中国成立后，把抗日英雄节振国的事迹搬上舞台，成为唐山文艺工作者的追求。1958 年年底，为创作《节振国》一剧，唐山京剧团通过走访、与老工人座谈、翻阅《开滦矿史》资料等，并参考了王火的《赤胆忠心》一书和开滦赵各庄矿业余剧团同名话剧，得到了丰富的创作素材。同年冬天，由作家于英执笔，写出了京剧现代戏《节振国》的第一稿，付诸排练。历时 5 个多月，将京剧现代戏《节振国》展现在了舞台上。

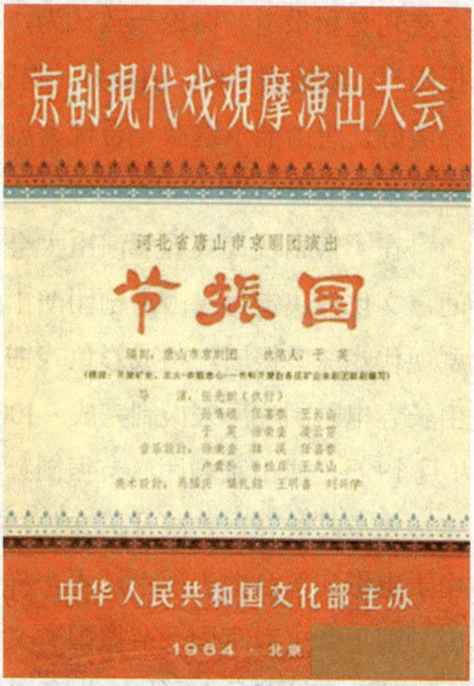

1964 年，《节振国》参加文化部主办的京剧现代戏观摩演出大会演出海报。

1959 年 9 月，剧团带着《节振国》一剧赴河北省省会天津参加“河北省庆祝建国 10 周年戏曲、曲艺汇报演出”。演出后马上就引起社会各界的关注。剧团回来后决定继续加工修改，到 1962 年，京剧《节振国》在唐山地区演出了上百场，积累了丰富的经验。同年，中国唱片社也来到唐山灌制了京剧名家徐荣奎所唱京剧《节振国》选段的唱片（1964 年出版）。后来由于徐荣奎的身体状况欠佳，剧团从唐山戏校调回了教师、文武老生演员张海涛饰演节振国。

1964 年 4 月，唐山市京剧团带着京剧现代戏《节振国》再次赴当时河北省省会天津参加“河北省京剧现代戏观摩演出大会”，演出后受到中央宣传部的充分肯定，被确定代表河北省参加 6 月在北京举办的“全国京剧现代戏观摩演出大会”。党和国家领导人以及曾在冀东和唐山工作过的老首长、文艺界的专家学者先后观看了演出，认为这个戏主题思想好，生活气息浓，艺术上有创新。首都文艺界和新闻界也好评如潮，《人民日报》《光明日报》《文艺报》《戏剧报》及大会会刊竞相报道。舆论一致认为，《节振国》一剧的剧本好、演员好、唱腔好、舞美好，唐山能出这么一台优秀剧目，实在难能可贵。

京剧艺术片《节振国》中，节振国的银幕形象被选为《大众电影》1965 年第八期封面。

在“京剧现代戏观摩演出大会”期间，文化部决定将唐山京剧团演出的京剧现代戏《节振国》拍成彩色戏曲片，由长春电影制片厂来摄制完成。1964 年 9 月 18 日，唐山京剧团《节振国》剧组全体人员赴长春电影制片厂参加拍摄。由于电影和舞台的表现手法不一样，电影导演于彦夫对京剧《节振国》又作了一些改动。尤其是电影中有一段“看红旗迎风展”的经典唱腔，画面中节振国在红旗下举起了右手，成为一名共产党员，这场戏电影导演于彦夫感觉到舞台版《节振国》整场戏的舞台画面都很暗，于是跟演员商量，编一段唱腔来抒发节振国的内心情怀，后来这段唱腔和红旗成了京剧《节振国》的经典，再后来的舞台版《节振国》中也把这场戏加了进去。经过反复打磨，这部作品更加完善、更加经典，给大家留下了一部传世之作——电影戏曲片《节振国》。

在中国京剧发展史上，以产业工人为题材的剧目本来就非常少见，以产业工人参加伟大的抗日战争为题材的剧目更是凤毛麟角，而现代京剧《节振国》始终以鲜活而顽强的生命力挺立在京剧舞台上，成为唐山文化界的一座高峰。

★肆拾柒

农业红旗展　总理赞誉加

国务院总理周恩来陪同外宾视察参观遵化沙石峪和西铺（1966 年 4 月 29 日）

遵化沙石峪从 20 世纪 50 年代就成为愚公移山、改造中国的典型，沙石峪人民在“土如珍珠水如油，满山遍野大石头”的恶劣的农业生产条件下，发扬愚公移山精神，自力更生，艰苦奋斗，创造了“万里千担一亩田，青石板上创高产”的人间奇迹，改变了贫穷落后的面貌，被誉为“当代活愚公”。西铺人在 20 世纪 50 年代白手起家艰苦创业，发展生产，被毛泽东主席誉为“我们整个国家的形象”。这两个村子都是中国农业战线上的红旗。

1966 年 4 月 29 日，周恩来总理、陈毅副总理陪同来华访问的阿尔巴尼亚代表团来沙石峪和西铺视察参观。

在西铺，周恩来听村党支部书记王国藩介绍“穷棒子社”的村史，西铺村用小米饭、玉米面饼子、豆腐脑儿等农家便饭招待总理和客人，同时还做了些白面花卷、烙饼端到桌上。吃饭前，周恩来叫随行人员把西铺村解放前靠要饭为生的王生、王荣请来一块儿就餐，他自己拿起玉米面饼子津津有味地吃起来，把细粮做的面食夹给王生、王荣兄弟俩，一再劝他们多吃点。在沙石峪，周恩来热情赞扬全村人不畏困难的奋斗精神，并到村党支部书记张贵顺家里做客，和村民们拉家常。1967 年 2 月，周恩来总理第二次到沙石峪和西铺考察。

沙石峪人民非常感念周恩来总理对他们的关怀，在沙石峪陈列馆前树立了周恩来像。

陪同周总理前来的陈毅元帅参观沙石峪后写下了题为《沙石峪》的诗：

遵化有个沙石峪，漫山遍野大石头。
外村有女不愿嫁，本峪男儿往外游。
十户百户均极穷，野枣充饥糠不留。
数九寒天落大雪，无衣无褐等罪囚。
自从来了共产党，号召革命得自由。
政治翻身不满足，经济生产再细筹。
何处来资金？
不靠上级接济与邻村，就靠自己千百穷人身。

每人均有两只手，还有一颗火红心。

自己劳动自己吃，土中生白玉，地内出黄金。

听毛主席的话，中国靠自力更生。

按毛主席的指示行，劳动创造世界，

无产阶级可以扭转乾坤。

……

为了更好地宣传沙石峪人民愚公移山的精神，1971年，根据周恩来总理的指示，中央新闻纪录电影制片厂拍摄了《沙石峪》，电影中唱道：“沙石峪，山连山，当代愚公换新天。万里千担一亩田，青石板上创高产。胸怀朝阳学大寨，九岭山水重安排。英雄战山山低头，双手引水上山来。清清泉水渡山峰，层层梯田绿葱葱。汗水育出丰收果，革命歌声震长空！”使沙石峪精神的影响扩大到全国以至全世界。

沙石峪的梯田和葡萄园。

由于周恩来总理的赞誉和陪同外国友人前来参观，沙石峪劈山造田的壮举声名远播，许多外国朋友慕名来参观，沙石峪人民的愚公精神也跨越国界，深深感染着很多外国友人，引起了许多国家人民的情感共鸣。1971 年，美国友人麦克斯·格兰尼奇和夫人来访，由衷地称赞说："沙石峪人民的精神，对全球为建设新世界而奋斗的人民是一个鼓舞。"有一天，当地收到了一个包裹，打开一看，竟是一盒泥土。原来，这是美国友人诺尔曼·钱思和他的夫人寄的。原来夫妇二人参观沙石峪时，听说这里"粒土赛珍珠"，沙石峪人民为改变落后面貌进行了长期的艰苦斗争，十分感动，便将家乡美国康涅狄格州的土装了一盒，寄给沙石峪人民，以示对沙石峪人民的敬重。从此，向沙石峪赠送本国泥土，成为外国友人对沙石峪人表达敬意的特殊方式，沙石峪也很珍视这些万里之外的泥土，将这些珍贵的泥土全部洒进"万里千担一亩田"里，所以，沙石峪人民又称这块地为"万国田"。一位芬兰的旅游业人士表示，希望能够与沙石峪开展合作，带更多旅行团来沙石峪。目前，已累计有 167 个国家和地区的上万名外国友人，不远万里来到沙石峪，感悟沙石峪人民移山填涧的奋斗精神。

今天的沙石峪，映入眼帘的是红的果、绿的山，平整的石板路旁，松柏郁郁，清澈的溪水泛着涟漪，处处展现出新农村的气息。昔日经济落后的穷山沟，现在已转变为"全国文明村""全国农业旅游示范点""乡村旅游模范村""全国生态文化村"……成为镶嵌在燕山深处的一颗璀璨明珠。

★肆拾捌

唐钢建公司　钢铁巨人矗

唐山钢铁公司成立（1972 年 8 月 14 日）

唐山钢铁公司的前身是 1943 年日本帝国主义侵华时建立的“唐山制钢所”，解放后改名唐山钢厂，直属中央重工业部领导，后改由河北省领导。

20 世纪 60 年代末唐山钢厂大门。

解放前的唐钢年最高产量仅 1904 吨。解放后，唐钢人满怀建设新中国热情，积极发展生产，加快技术改造。新中国成立到 20 世纪六七十年代，虽然受到“文革”的影响，但唐山钢厂依然进入快速发展阶段。随着生产规模的不断扩大，生产水平和生产能力也迅速提高，对原有炼铁、炼钢、轧钢、耐火材料生产及生产辅助系统进行了全面改造和提升。

20 世纪 50 年代主要是：

1958 年 9 月，在民主德国专家的协助下建成了氧气站。

生产规模迅速扩大。1958 年 6 月，为了适应国家钢铁大上的形势，中央决定唐钢由重工业部领导划归河北省领导。省要求唐钢在原有生产能力的基础上迅速扩大生产规模，成立钢铁指挥部，进行大会战，建设二炼钢车间和与之相配套的系列项目，唐钢职工和全市各行业群众都投入到大会战中来。9 月 2 日，全国人大常委会委员长刘少奇和国务院总理周恩来到唐钢视察，给参加会战的职工群众以巨大鼓舞。到 9 月底，二炼钢车间建成投产；1959 年，炼铁车间 3 座 100 立方米高炉投产；1960 年，中型轧钢车间建成投产。

设施设备得到改造。1958 年，从民主德国（今德国东部）引进了 600 立方米 / 小时制氧机，为一炼钢车间实现氧气吹炼提供了先进设备，还对一些关键设施设备进行了改造。

生产工艺进一步革新。1958 年，对转炉炉衬进行改造，使炉衬的平均使用寿命大大提高，青年工人王益元在当时没有炉前实验室的条件下，凭着一双肉眼观察，解决了土法炼钢硫残留过高的行业难题，他还发明了“不烘炉炼钢法”，为国家节省了大量焦炭。王益元也成为有名的“炼钢大王”，并被评为全国劳动模范。1959 年，唐钢以他的名字命名了“王益元小组”。“王益元小组”是当时中国钢铁业响当当的“王牌班组”。

20 世纪 60 年代到 70 年代初，在国民经济调整的大环境下，唐钢组织科技攻关，不断开发新品种、应用新技术，对关键设备进行技术改造：

唐钢王益元包炉队创全氧侧吹炉龄全国最高纪录。

改造和建设炼铁系统。1966年，开始对炼铁车间进行改造与建设，1、2、3号100立方米高炉陆续投产，炼铁水平和规模扩大；1970年6月，筹建石人沟铁矿，组建和筹建司家营和张庄铁矿，矿石来源有了保证。

改造与建设炼钢系统。1960年，作为国内首批企业建设了一套连铸机，为我国推广连铸技术摸索和积累了经验。1962—1965年，一炼钢车间立式连续铸锭机交付使用，还建成一座5吨全氧侧吹转炉；1966年，一炼钢车间氧气顶吹转炉喷石灰粉炼钢法（LDAC）试验成功；1969年，一炼钢车间进行了加高炼钢跨产房，将地坑式4吨侧吹转炉改为高架式6吨侧吹转炉。

改造与建设轧钢系统。1964年4月，对中型轧钢车间的加热、耐火材料都进行了升级改造；1966年7月，二轧钢车间安装了160吨剪断机；1967年8月—1969年7月，先后对中型、一轧、二轧三个轧钢车间进行改造，改进轧机，新增燃油加热炉，扩建厂房，建成5座1000立方米的储油罐；1970年5月，三轧钢车间建成投产，设计能力为年产线材9万吨。

改造与建设耐火材料车间。1971年，耐火材料车间建成一条169.4米隧道窑，并在炉顶安装了余热锅炉；1972年，试制蛇纹石镁橄榄石砖成功，为我国围岩蛇纹石的综合利用开辟了新途径。

建设改造生产辅助系统。1966年，矽铁车间7号矿热炉复产；

1972 年 8 月 14 日，唐山钢铁公司成立。

1970 年，连接钢厂和石人沟铁矿的标准轨距专用铁路开工修建，1972 年建成，铁路全长 73.8 千米，从此，由铁矿到钢厂矿石的输送实现了快速化和大规模化。后来又修筑了唐遵铁路潘家口水库的铁路支线，为唐山市的经济发展和后来的国家重点工程——引滦入津工程作出了重要贡献。

经过 20 世纪 60 年代到 70 年代初的改造与建设，唐钢的生产能力和技术装备水平大大提高，降低了各种消耗，增加了品种，提高了产品质量和经济效益，减轻了工人的劳动强度。唐山钢厂已经成为一座大型的钢铁联合企业，也逐渐形成了“三不倒”的企业文化特质，即有了困难吓不倒，有了钉子碰不倒，有了成绩夸不倒。

1972 年 8 月 14 日，经河北省革命委员会“冀革〔1972〕89 号”文件批准，唐山钢厂改名为唐山钢铁公司。随后，确定了公司建制：各科室改为处室，车间改为生产厂，成为河北省最大的钢铁联合企业。1975 年，唐钢的年生产能力已达到了 117 万吨，跻身全国十大钢企行列。从此，钢铁成为唐山市的支柱产业之一。

从 1972 年唐山钢铁公司成立到 20 世纪末叶的近 30 年，在党的旗帜的指引下，具有钢铁般意志的唐钢人，把唐钢打造成了一个名闻世界的钢铁巨人。

★肆拾玖

大庆旗帜飘　开滦标杆树

全国煤炭工业战线的学大庆、赶开滦运动（20 世纪 70 年代）

20 世纪 70 年代，在全国煤炭工业战线掀起了轰轰烈烈的学大庆、赶开滦运动。

1966 年“文化大革命”开始，全国煤矿大幅减产，开滦工人勇挑重担，排除干扰，为国家多出煤作出了贡献。当时，山东、安徽、河南、江苏的部分煤矿出现了大范围停产，造成华东地区供煤紧张。上海存煤一度只有 5 天的周转量。开滦职工努力增产，确保了每日增发上海一列车煤炭。为此，周恩来总理曾表彰开滦煤矿为国家“出了力、救了急、立了功”。

第二个五年计划（1958—1962 年）期间，开滦煤矿开展了产量翻番活动。图为开滦生产的煤外运。

要迅速增加生产，适应国民经济发展的需要，最有效的途径就是挖掘老矿的潜力。开滦煤矿在这方面起步早，带了头。1970 年，

人民日报

毛主席语录

抓革命，促生产，
促工作，促战备。

他们特别能战斗

——记开滦煤矿的革命矿风

1973年12月19日，《人民日报》在头版头条刊登了开滦的事迹。

开滦组织了由领导干部、技术人员和工人参加的三结合调查组，对全矿区的各个生产系统和环节进行了全面的大调查，在此基础上，对矿井进行了一系列革新、改造、挖潜工作，先后完成重点改造工程44项，使这座具有近百年历史的老矿焕发了青春和活力，产量不断提高。1973年12月19日，《人民日报》在头版头条刊发了长篇通讯《他们特别能战斗——记开滦煤矿的革命矿风》。文章高度评价了开滦矿工发扬“特别能战斗”的精神和改造矿井、挖掘生产潜力，促使煤炭产量连年大幅度增长的成就。

在此期间，开滦还涌现了一大批先进集体和劳动模范，他们带动和影响了开滦广大职工一起为国家多出煤炭。著名的全国劳动模范、唐家庄矿老工人吴旭芝，怀着强烈的主人翁责任感，年年月月出满勤，天天干满点。《人民日报》以《矿山老愚公》为题，报道了吴旭芝爱矿如家的事迹。著名的全国劳动模范、赵各庄矿老工人侯占友被矿工们誉为“地球转一圈，他转一圈半”的“矿山铁汉”。《人民日报》曾多次报道过侯占友的动人事迹，称他是“活着的王铁人”。

被誉为“矿山铁人”的侯占友（右）在井下加班工作。

开滦工人为国家多挖煤、作贡献的特别能战斗精神受到了党和政府的重视和肯定。《人民日报》、新华社等新闻媒体多次全面介绍开滦的经验，国务院的领导同志也在许多次会议上反复强调要学习开滦的经验。1974 年 8 月，国务院有关部门在开滦召开全国煤炭工业生产现场会议，学习开滦的经验，研究进一步把煤炭搞上去的措施。来自全国各省、市、自治区的 1000 多名代表出席了会议。国务院副总理余秋里在会议上就学大庆、赶开滦的群众运动作了讲话。这是首次在全国性的会议上正式提出“学大庆、赶开滦”的口号。1975 年 10 月，煤炭工业部在北京召开全国煤矿采掘队长会议，部领导作了《学大庆、赶开滦，为建设一支特别能战斗的队伍而奋斗》的报告。当时，开滦的经验经过新闻媒体的传播和国务院领导同志的肯定，其影响已不仅仅局限在煤炭行业了，在其他行业，在河北省和唐山市也都掀起了轰轰烈烈的学大庆、赶开滦的高潮。

学大庆、赶开滦的宣传画。

1976 年，即使遭受到大地震的严重破坏，为了早出煤，全矿区各个生产矿井都是边排水、边恢复生产。8 月 7 日，马家沟矿在震后 10 天，首先出了第一车抗震煤。随后，各矿也相继出煤，恢复生产。为了使开滦尽快达到正常生产水平，国务院成立了恢复开滦生产领导小组。1977 年 12 月，生产达到了震前水平。为此，国务院于 1978 年 1 月 3 日给开滦党委、全体职工和家属发来贺电，祝贺开滦工人阶级取得了抗震救灾、恢复生产的重大胜利，赞扬开滦工人阶级创造了复矿的奇迹。

为了更好地推广开滦的经验，1977 年 1 月，全国煤炭工业学大庆、

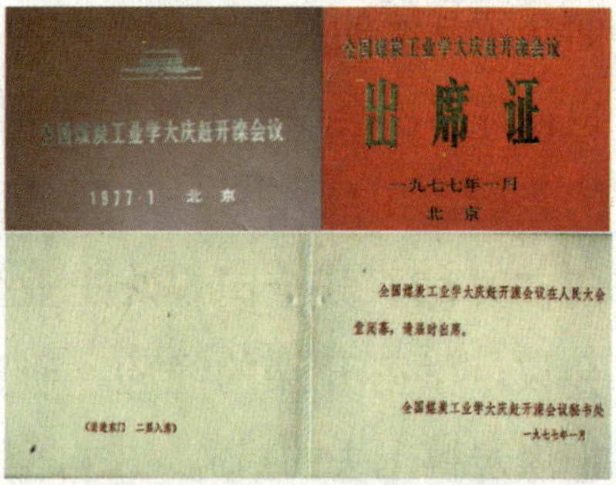

全国煤炭工业学大庆赶开滦会议出席证和请柬。

赶开滦会议在北京召开。党和国家主要领导人出席并接见与会的全体代表。在会议上，煤炭部作出《关于掀起向开滦煤矿工人学习新高潮的决定》。国务院领导同志在会议上指出，开滦是学大庆的一面红旗，学开滦是煤炭战线学大庆的具体化，开滦就是煤炭战线上的大庆，开滦的经验有普遍意义，大庆的经验要学，开滦的经验也要学，不仅煤炭战线要学，工交战线也要学。在这次会议上，开滦各个方面的经验介绍占了多一半时间。会议期间，《人民日报》头版头条发了三次大会消息，并配发了《向开滦煤矿工人学习，高速度发展煤炭工业》的社论。这次会议之后，全国工业战线，特别是煤炭工业战线和河北省工交系统掀起一个学大庆、赶开滦的高潮。开滦成为和大庆比肩的工业战线先进典型。

“文革”后，邓小平同志在听取煤炭部工作汇报时，了解到开滦煤矿在国家“四五”计划（1970—1975 年）累计多产煤炭 2000 多万吨，平均每年 400 万吨，相当于年增加两座年产 200 万吨的大型煤矿，全员效率高于全国平均效率一倍。邓小平总结说：“大庆经验要学，开滦经验也要学。开滦生产翻番，效率比全国高一倍，肯定是好经验。开滦经验要总结，包括按劳分配，包括岗位责任制。”

“学大庆、赶开滦”运动，是对开滦工人的赞誉和褒扬，使“特别能战斗”的开滦精神更加发扬光大。

★伍拾

灭顶大灾骤 壮志感山河

唐山大地震及气壮山河的抗震救灾（1976年7月28日）

1976年7月28日，北京时间3时42分53.8秒；东经118.1°、北纬39.6°；中国河北省唐山市丰南区一带突然发生里氏7.8级强烈地震，23秒钟后，唐山被夷为废墟，682267间民用建筑中有656136间倒塌和受到严重破坏，242769人震亡，164851人重伤，轻伤需治疗者达36万多人；7218个家庭断门绝烟，留下了4204名孤儿，造成截瘫残疾人3817人。当天18时45分又在滦县发生了7.1级余震。全唐山地区范围内可计算直接经济损失54.48亿元。地震造成的破坏世界罕见，被称为“20世纪人类十大灾难之一”。

唐山发电厂的电子时钟在地震发生时断电停摆，准确记录了大地震发生的时间。

唐山人民“虽遭此

幸存的中共唐山市委主要成员从废墟中站起来，领导抗震救灾。

灭顶之灾，终未渝回天之志。主震方止，余震频仍，幸存者即奋挣扎之力，移伤残之躯，匍匐互救，以沫相濡，谱成一章风雨同舟、生死与共、先人后己、公而忘私之共产主义壮曲悲歌。”地震之后，中共中央、国务院急电全国火速救援；十余万解放军排险救人，清墟建房；五万名医护人员及干部民工运送物资，救死扶伤；四面八方捐款赠物……唐山人民开始了气壮山河的抗震救灾。

大地震发生后，中共唐山地委和唐山地区革命委员会、中共唐山市委和市革命委员会自身人员伤亡惨重。然而，各级领导干部一旦脱险，马上奔赴各自的岗位，建立临时党组织，组织力量抗震救灾，在自救互救中发挥了核心作用。地震时，开滦矿务局近万名工人被困在井下，刚刚脱险的局领导、当班领导组织井下工人有秩序地返回地面；开滦唐山矿工会副主席李玉林开动一辆未被毁坏的救护车，与几位职工一起飞车直赴北京直接向党中央汇报灾情。唐山驻军的 2 万多名指战员有 1000 多人在地震中死亡，但他们却派出了主要力量投入抗震救灾的战斗中。由于唐山人民和驻军的顽强奋战，地震

地震后中共唐山地委和唐山地区革命委员会仅存大门。

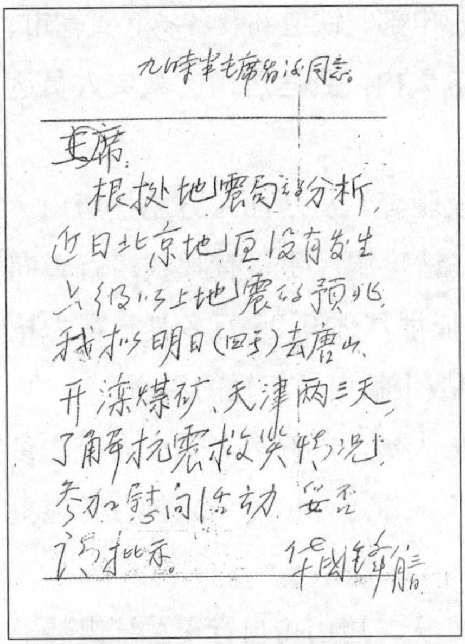
九时半毛主席看过同意。

主席：

根据地震局分析，近日北京地区没有发生六级以上地震的预兆。我拟明日（四日）去唐山、开滦煤矿、天津两三天，了解抗震救灾情况，参加慰问活动。妥否，请批示。

华国锋 三日

1976年8月3日，中共中央第一副主席、国务院总理华国锋拟到灾区慰问给毛泽东主席的请示。

当天就救出80%以上被埋压的人，大大降低了死亡率。

中共中央通过各种渠道得知唐山大地震的准确情况后，立即决定全力支援灾区人民抗震救灾。中午，党中央指挥北京军区、中共河北省委主要领导人飞赴唐山，指挥一线的抗震救灾。中共中央向灾区人民发出慰问电，号召灾区人民在党的领导下、在全国人民支援下“发扬艰苦奋斗的革命精神，以坚韧不拔的毅力，投入抗震救灾的斗争，奋发图强，自力更生，发展生产，重建家园”，并派飞机在灾区上空散发救灾物资。为了领导抗震救灾，国务院成立了抗震救灾办公室，河北省在唐山成立了唐山抗震救灾前线指挥部（简称“省前指”），幸免于难的唐山地、市委领导成立了唐山抗震救灾指挥部，衣冠不整的领导们在一辆大轿车上办公。随之，各单位抗震救灾指挥部门相继组成，形成了上下贯通、反应敏捷、坚强有力的指挥系统。中共中央、国务院还组织了中央慰问团到灾区慰问。在党中央的直接指

中国民航调配专机空运支援灾区的物资。

挥下，人民解放军、煤炭部、卫生部、邮电部、铁道部及各省（直辖市、自治区）都迅速派出救灾队伍。短短15天内，到达唐山的救灾人员达到了15万多人，汽车5000多辆。

党中央一声令下，10万解放军星夜驰奔，从四面八方驰援唐山。人民解放军冒着余震的威胁，攀危楼、钻险洞，哪里有呼救声就奔向哪里，共救出被埋压群众1.64万人，掩埋尸体9.95万多具，奋力抢救了国家和人民群众的大批财产。有的战士献出了年轻的生命。

全国280个医疗团队，2万多名医护人员，1300多名防疫人员，参加抗震救灾，创造了“大灾之后无大疫”的奇迹。16个省市的百万吨救灾物资也先后运抵灾区。

在全国军民的共同支援下，震后第7天，唐山市自行车总厂组装了震后第一批自行车；震后第8天，西缸窑百货商店开始营业；震后第10天，开滦马家沟矿产出第一车煤；震后第14天，唐山发电厂并网发电……到1977年5月底，全市96.8%的区属以上企业恢复生产。1978年1月20日，《人民日报》发表报道，唐山市工业产值已超过震前水平，唐山的抗震救灾取得了决定性的胜利。

古今中外，每一次巨大的自然灾难都是以更大的历史进步作为补偿的。唐山大地震使唐山人民付出了惨痛的代价，但却给全中国以至全人类带来宝贵的精神财富。

如今，矗立在市区中心的唐山抗震纪念碑碑文告诉世人：在中国共产党的旗帜下，中国人民没有克服不了的困难！在社会主义制度下，面对任何天灾，社会主义伟大的凝聚力都是战而胜之的法宝！人民解放军在任何时候、任何情况下，都是人民的子弟，都是护佑人民的长城！任何灾害、任何困难都不能让伟大的中国人民、英雄的唐山人民屈服！

下篇

跨越

跨越——勇往直前

“大道之行，天下为公。站立在九百六十多万平方千米的广袤土地上，吸吮着五千多年中华民族漫长奋斗积累的文化养分，拥有十三亿多中国人民聚合的磅礴之力，我们……为决胜全面建成小康社会、夺取新时代中国特色社会主义伟大胜利、实现中华民族伟大复兴的中国梦、实现人民对美好生活的向往继续奋斗！”习近平总书记在十九大政治报告中的号召、“三个努力建成”的勉励，言犹在耳，意已融心。中国，乘着新时代的列车风驰电掣；唐山，沿着全面小康的大道勇往直前！

★伍拾壹

复建鏖战酣　巨手亲擘画

邓小平同志视察唐山（1978 年 9 月 19 日）

1978 年，对中国是一个非同寻常的年份：这一年，中共十一届三中全会召开，中国共产党领导中国人民开始了伟大的改革开放。对唐山而言，震后重建还面临着艰巨的任务。由于震前唐山的城市建设就存在着许多不合理的状况：压煤严重，城市布局混乱，许多重工业厂矿坐落在市区等。震后，国务院副总理谷牧同志就指出，唐山的重建不能照老唐山原样恢复，要重建新唐山；新唐山的规划设计要结合冀东地区的建设来考虑，水、电、路要有一个通盘的规划；唐山的恢复建设

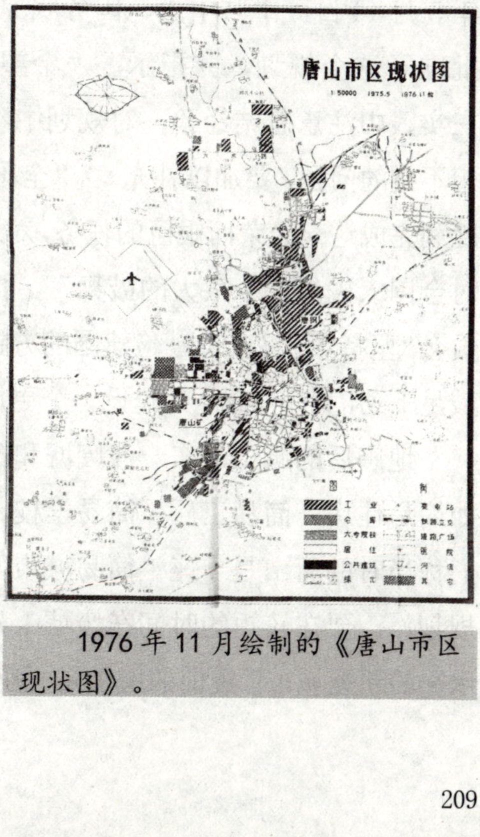

1976 年 11 月绘制的《唐山市区现状图》。

要全国支援。这些，都为唐山的恢复建设定下了基调。

唐山城市建设总体规划工作于1976年9月开始启动。国务院有关部委以及北京、上海、陕西、天津、湖北、河北、重庆等14个省市的有关单位，先后有近3000名专家和工程技术人员来到唐山参与设计与复建。全体规划人员通力合作，到11月份制订了《河北省唐山市城市总体规划》，由中共河北省委、河北省革命委员会呈交中共中央和国务院。1977年5月14日，中共中央、国务院原则上批准了这个规划，并指示："希望你们在实践中注意总结经验，对规划中不适当的地方，要及时修改；现在想不到的问题，要加以补充。""全国人民都非常关心唐山的恢复建设。胜利完成这一光荣而艰巨的任务，对迅速发展国民经济具有重要意义，对全国人民是一个很大的鼓舞"，指示中共河北省委和河北省革命委员会"坚持艰苦奋斗、勤俭建国的方针，充分发动和依靠广大人民群众，鼓足干劲，力争上游，为建设一个更加美好的社会主义新唐山而奋斗"。

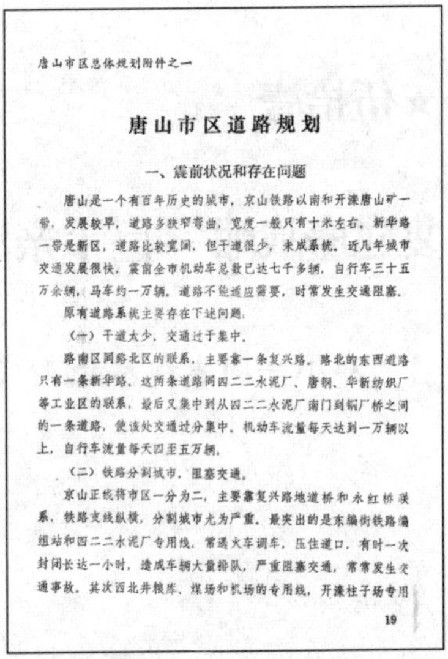

唐山市区总体规划附件之一

唐山市区道路规划

一、震前状况和存在问题

唐山是一个有百年历史的城市，京山铁路以南和开滦唐山矿一带，发展较早，道路多狭窄弯曲，宽度一般只有十米左右。新华路一带是新区，道路比较宽阔，但干道很少，未成系统。近几年城市交通发展很快，震前全市机动车总数已达七千多辆，自行车三十五万余辆，马车约一万辆。道路不能适应需要，时常发生交通阻塞。

原有道路系统主要存在下述问题：

（一）干道太少，交通过于集中。

路南区同路北区的联系，主要靠一条复兴路。路北的东西道路只有一条新华路。这两条道路同四二二水泥厂、唐钢、华新纺织厂等工业区的联系，最后又集中到从四二二水泥厂南门到铜厂桥之间的一条道路，使该处交通过分集中。机动车流量每天达到一万辆以上，自行车流量每天四至五万辆。

（二）铁路分割城市，阻塞交通。

京山正线将市区一分为二，主要靠复兴路地道桥和永红桥联系。铁路支线纵横，分割城市尤为严重。最突出的是东编街铁路编组站和四二二水泥厂专用线，常遇火车调车，压住道口，有时一次封闭长达一小时，造成车辆大量排队，严重阻塞交通，常常发生交通事故。其次西北井粮库、煤场和机场的专用线，开滦柱子场专用

19

1976年版《唐山市区总体规划》关于市区道路的部分叙述。

地震后的唐山，在一片废墟和瓦砾堆上建起了许多简易建筑，诸如简易住房、简易工厂、简易学校、简易商店、简易医院等，所以人们称当时的唐山是一座"简易城市"。根据《河北省唐山市城市总体规划》，要在较短的时间在废墟上建设一座体现我国20世纪70年代水平的新型城市。震前的唐山是一座重工业城市，煤炭、钢铁、水泥、

陶瓷的生产对全国的经济发展有很大的影响，这就决定了唐山的恢复建设必须保持原来的布局和特点，保持原来比较完整的工业格局。唐山复建不仅全国关注，世界各国也都在关注着，“毁坏了一个旧唐山，建成了一个简易唐山；再拉走一个简易唐山，建设一个现代化的新唐山”，这是对新唐山恢复建设的形象描述。

1978年9月19日，邓小平同志来唐山视察。

在各厂矿的生产现场，在居民住宅的建筑工地，他一处处走一处处看，高瞻远瞩地谋划新唐山的城市建设，特别关切地询问人民群众的生活状况，对唐山的恢复重建寄予厚望。

邓小平同志首先到开滦唐山矿听取了开滦党委关于抗震救灾、恢复生产的汇报，视察了开滦已经建成的部分职工住宅和正在建设中的凤凰楼居民区；接着又来到唐山钢铁公司第二炼钢厂，对唐钢震后20多天就恢复生产表示赞赏，勉励干部工人发扬成绩，为祖国的钢铁事业作出更大的贡献；随后，又听取了唐山市有关部门负责人关于城市规划和建设的汇报，观看了老市区、新市区建设规划模型。邓小平在唐山视察中关心最多的就是居民住宅建设，尤其重视是否提高了抗震系数、竣工是否可以提前的问题。在当时许多人满足“居者有其屋”的复建标准时，邓小平同志高瞻远瞩，提出“城市现代化”这一观点。他甚至要求连住宅建材选择、采光、空间利用率，包括居民洗澡、如厕等细节都考虑进去。

邓小平同志来唐山视察的许多重要指示，阐明了唐山恢复建设中的一系列重大问题，描绘了新唐山建设和发展的宏伟蓝图，为新唐山的城市建设指明了方向，在新唐山的恢复建设中发挥了重要作用。

邓小平同志对新唐山恢复建设提出的许多实事求是而又切合实际

的重要指示，对改革开放以来中国城市的规划和建设产生了重要的影响。主要包括：第一，城市建设要布局合理，整齐美观，“新唐山的建筑，要美化一点，要异样多彩”；第二，要重视并解决工业污染问题，煤炭和钢铁等企业的废气、余热要回收利用；第三，居民住宅使用面积要尽量大，要保证质量，要提高生活质量，“煤气管子要搞好，上下水道要搞好，还要有洗澡间和厕所；楼前楼后要种树种花，要修上柏油路”；第四，要研究采用新型建筑材料；第五，地下建设一定要搞好，要有总体设计，地下的管道要搞好，材料一定要合格，粗制滥造不行，一定要避免将来再重搞，浪费。邓小平同志对新唐山的城市建设归纳为“实用、美观、结实”六个字，这对未来唐山的城市建设产生了重要影响，甚至对于此后建筑学界的设计原则定下基调。而唐山供热专项规划利用工业余热也开创了国内先河，城市绿化规划后来演变为绿地系统规划也肇端于此。市政基础设施统一规划，分配管位，随道路建设统一敷设的技术取径也与此不无关系。时至今日，邓小平同志视察唐山时提出的相关城市建设思想，仍具有划时代的意义。

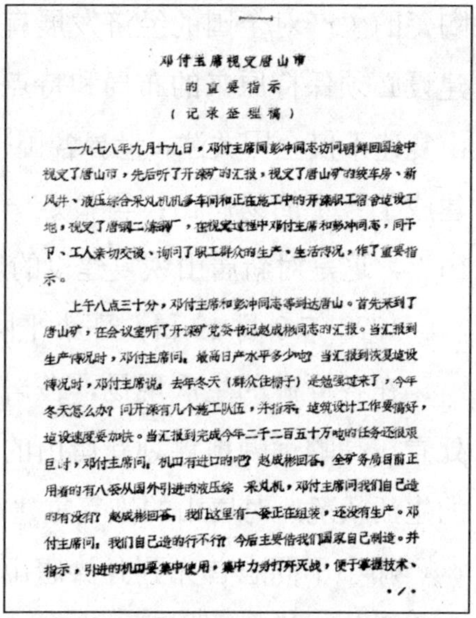

一

邓付主席视察唐山市
的重要指示
（记录整理稿）

一九七八年九月十九日，邓付主席同彭冲同志访问朝鲜回国途中视察了唐山市，先后听了开滦矿的汇报，视察了唐山矿的绞车房、新风井、液压综合采煤机机修车间和正在施工中的开滦职工宿舍建设工地，视察了唐钢二炼钢厂，在视察过程中邓付主席和彭冲同志，同干部、工人亲切交谈，询问了职工群众的生产、生活情况，作了重要指示。

上午八点三十分，邓付主席和彭冲同志等到达唐山。首先来到了唐山矿，在会议室听了开滦矿党委书记赵成彬同志的汇报。当汇报到生产情况时，邓付主席问：最高日产水平多少吨？当汇报到恢复建设情况时，邓付主席说：去年冬天（群众住棚子）是勉强过来了，今年冬天怎么办？问开滦有几个施工队伍，并指示：建筑设计工作要搞好，建设速度要加快。当汇报到完成今年二千二百五十万吨的任务还很艰巨时，邓付主席问：机器有进口的吧？赵成彬回答：全矿务局目前正用着的有八套从国外引进的液压综 采煤机，邓付主席问我们自己造的有没有？赵成彬回答：我们这里有一套正在组装，还没有生产。邓付主席问：我们自己造的行不行？今后主要靠我们国家自己制造。并指示，引进的机器要集中使用，集中力量打歼灭战，便于掌握技术、

·1·

中共唐山市委保存的《邓副主席视察唐山市的重要指示（记录整理稿）》局部。

邓小平同志推动中国改革开放的巨手，也为新唐山的建设绘制了蓝图。

★伍拾贰

唐山新城起　道路赋新名

唐山市市区道路统一命名（1979 年 7 月）

1949 年前，唐山市区的道路弯曲狭窄，命名也不规范。至唐山解放前，共有六个区，一些街道的命名比较随意且带有封建统治的色彩，如员司街、中正路、永安路、新成街、便宜街、和平街、新兴街、复兴路、富贵街、三含局街、民权街等。

唐山解放后，在原来六个区的基础上将滦县管辖的、属于开滦矿务局的林西、赵各庄、唐家庄、古冶一带的 39 个村划入唐山市管辖，建立第七区至第十区；将东西缸窑、马家沟、开平一带

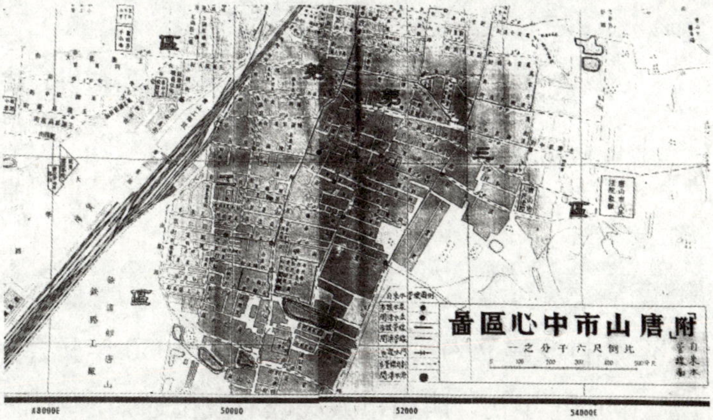

1950 年出版的《唐山市中心区图》（局部）。

解放初期唐山的七个区及所辖街道办事处

区	街道数目	街道办事处名称
一区	13	粮食大街、司事房、王谢庄前街、王谢庄后街、王谢庄大街、老工房六街、朝阳街、庆东街、增盛里街、西山口街、西山路街、新富庄
二区	8	西中新街、陆家街、槐树街、陈谢庄街、扶轮街、扶善里街、大前街、大上岗街
三区	3	达谢庄前街、达谢庄后街、达谢庄中街
四区	13	乔屯礼字街、乔屯东街、柴草市街、三舍局街、兴盛街、山东街、培仁里、华新里、启新街、城子庄义字街、电业街、制钢厂街、新立庄
五区	5	马路街、员司街、东工房、马家沟、开平
六区	7	便宜街、小山大街、五福沟、老公所、东兴街、文化街
七区	22	民主街、西兴街、民权街、建设街、建国路、新工房、大马路、北工房、东街、西街、南街、职工房、解放路、新立街、林西街、林东街、西工房、矿厂街、东工房、古冶东、古冶西、古冶东南
合计	71	

的 32 个村庄建立为第十一和十二区。1950 年又合并为七个区。

1951 年年初，唐山市人民政府发出通知，为加强飞机场的治安警卫，将机场周围丰润、滦县的 24 个行政村划归唐山市，建立唐山市第八区。1955 年 3 月，唐山市各区改为按地名排列，并做了调整，全市划为路北区、路南区、缸窑区、东矿区、磚子院区、洼里区共 6 个区。到 20 世纪 60 年代，唐山市共辖路南、路北、东矿、郊区 4 个区。1976 年地震前，各区行政区划虽然还有一些局部调整，但基本上如此。

1958 年 2 月，唐山市确定了市区一些主要街道的名称，如新华西路、新华中路、新华东路、车站路、唐师路、富庄路、陵园路、公园路、文化路、小窑马路、西北井路、唐丰路、建华路、缸窑路、滨河路、大学路、通盛街等。

1976 年大地震后，唐山市在恢复建设中，城区面积大规模扩大，除原有的主要街道外，新建了许多街道。这些街道的命名需要统一规划。经过唐山市建设指挥部与城建、邮电、公安等部门讨论会商，确定了唐山市道路命名方案，1979 年 7 月 27 日在《唐山劳动日报》上公布。主要规定是：市区街道凡是东西走向的都称“道”，凡是南北走向的都称“路”，旧有的街道和新建街道都以此为例。同时，以建华道和建设路为界，对城市主干道做了明确划分，凡南北向纵过建华道的，以南称“×× 南路”，以北称“×× 北路”；凡东西横跨建设路的，以东称“×× 东道”，以西称“×× 西道”。这一规定既照顾到全市人民对街道名称的习惯称呼，也考虑到外地人来唐时便于查找和辨认

震后复建中的唐山城市主干道——新华道和建设路。

方向，从此，唐山的城市建设更加规范化。之后的唐山城市建设和发展中，新的道路命名始终遵循这一原则。随着恢复建设的发展，新唐山出现了许多富有时代特色的道路，如裕华道、大庆道、华岩路、长宁道、翔云道等。

建华东道。

建华西道。

建设北路。

建设南路。

改革开放以来，唐山的城市建设飞速发展，随着市区的扩大，许多新的道路建成，所有道路的命名都遵循了上述原则，并赋予了新的文化内涵和时代特色，如龙泽路、龙华道、开越路、明湖路、丹凤路、南湖大道等。

★伍拾叁

燕山红旗展　滦水润津门

引滦入津工程在遵化举行开工典礼（1982 年 5 月 11 日）

20 世纪 70 年代末，海河流域持续干旱，素有“九河下梢”之称的天津城，遭遇严重的水荒。海河流域所有的水库均蓄水不足，河道干涸或半干涸，流到天津的水量大幅度减少，天津市的工业用水和生活用水屡屡告急。由于海河来水不足，自来水厂不得不取用滨海地区北大港的水源，水质差，水味咸，故有“自来水，腌咸菜”之说。即便如此，水源仍有很大缺口，甚至连喝咸水都难以为继。水源短缺制约天津城市的建设发展，影响了市民的正常生活。此时，改革开放使经济迅速发展，人口剧增，用水量急剧加大，水源不足和水的需求之间的矛盾日益凸显。在 1981 年国

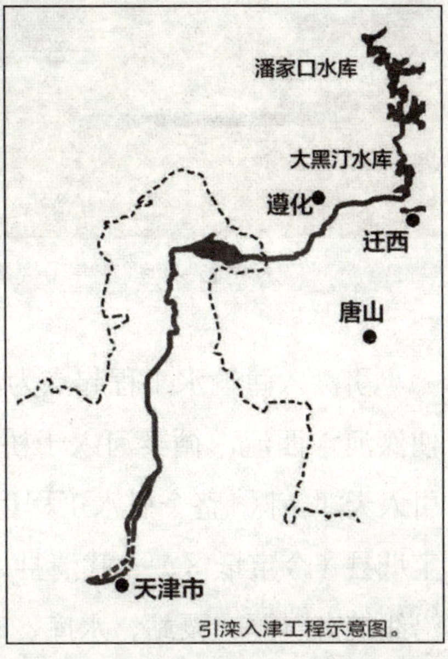

引滦入津工程示意图。

务院召开的天津城市用水问题的会议上，有关领导指出：天津城市用水问题，已经直接关系到几百万人民的生活和社会的安定团结，关系到能不能充分发挥天津这个老工业基地的作用，也关系到全国的财政大局。

为了解决天津和唐山城市用水问题，中共中央、国务院决定把河北省北部滦河的水跨流域引到天津，解决天津市的用水问题。就是在滦河上中游的承德市宽城县和唐山市迁西县境内修建潘家口和大黑汀两个水库蓄水，然后把水引进天津市。此工程称为引滦入津工程，是中国大型供水工程。

潘家口水库。

大黑汀水库大坝坝顶。

引滦入津输水工程起点为河北省迁西县大黑汀水库，穿燕山余脉，使滦河水西流，循黎河入于桥水库，经州河、蓟运河，转输水明渠，引入天津市区。整个引水工程途经河北省迁西县、遵化县及天津市蓟县、宝坻县（今宝坻区）、武清县（今武清区）、北辰区，全长234千米。沿线筑有隧洞、泵站、水库、暗渠、管道、桥闸等215项工程。

引滦入津工程被列入全国重点工程项目，1982年5月11日在遵

天津引滦入津工程开工典礼大会。

化县举行开工典礼。国务院、水利部、河北省和天津市的主要领导人参加了开工典礼。建设过程中有大专院校、科研机构、天津驻军等168个单位参加施工，市民10万多人参加义务劳动。

引水线路施工中最艰难的是要穿越中国地质年龄最古老的燕山山脉，在200多条断层中修建一个1.24千米长的引水隧洞，是中国当时最长的一条水利隧洞，也是引滦入津的“卡脖子”工程。铁道兵第八师和天津驻军一九八师担负其中7210米的施工任务。在当时的技术条件下，如果按正常挖掘速度，即便两头同时挖也需要15年时间才可以挖通，但官兵们用了1年零4个月就将隧洞打通，创造了当时全国日掘进6.8米的最高纪录。在整个引滦工程中共有22名战士献出了宝贵的生命，其中就有17名战士在打通引水隧洞时牺牲。

引滦入津工程由引水枢纽、引水隧洞、河道整治工程、于桥水库、

大黑汀水库的引滦枢纽闸。

尔王庄水库、泵站、输水明渠及其渠系建筑物等215项工程组成。引水枢纽含入津、入唐2个水闸，引水流量分别为60立方米/秒与80立方米/秒，分别向天津市和河北省唐山地区输水。引水隧洞及进出口工程总长12.39千米，其中洞长9.66千米，设计流量60立方米/秒，校核流量75立方米/秒；隧洞净宽5.7米，净高6.25米，圆拱直墙型，无压输水，隧洞围岩为片麻岩，节理裂隙发育，隧洞穿过罕见的特大断层长达212米。为保证工程质量，借鉴当代地下工程设计、施工的先进经验，采用新奥法并结合实际的新型设计与施工工艺。整治河道108千米，开挖输水明渠64千米，修建倒虹吸12座、涵洞5座、水闸7座。已建的于桥水库加高加固后作为引滦入津工程的控制性调蓄枢纽，总库容15.59亿立方米，均质土坝长2222米，坝体加高1.2米，坝基采用混凝土防渗墙及灌浆进行加固。尔王庄平原水库为引滦入津工程的调节水库，库容4500万立方米。双孔钢筋混凝土暗涵长26千米。直径2.5米的钢管10.8千米，直径1.8米的钢管3.7千米。变电站3座，架设通信线路360千米。主要工程量：土方3460万立方米，石方166.7万立方米，混凝土63.7万立方米，建筑面积12万平方米，安装设备2776台（件）。

引滦入津工程1983年9月11日建成。工程缓解了天津市的供水困难，改善了水质，减轻了地下水开采强度，使天津市区地面下沉趋于稳

矗立在大黑汀水库一侧的引滦入津工程纪念碑。

定；为新建企业提供了可靠水源，加速了工业发展，改善了投资环境，成为天津经济和社会发展赖以生存的“生命线”，成为海河两岸的一大盛事。通水之际，天津市政府特向每户居民发放一包茶叶。

引滦入津的兴建是党中央、国务院的英明决策，是造福子孙后代的千秋伟业。其产生了巨大的经济效益、社会效益、环境效益，形成的引滦精神：为民造福的伟大思想、顽强拼搏的革命斗志、严肃认真的科学态度、勇于创新的进取精神、团结协作的高尚风格、雷厉风行的工作作风，同引滦入津工程一道，是一座不朽的丰碑。

修建引滦入津工程的同时，还修建了引滦入唐工程。从大黑汀水库引水，跨流域输入陡河水库，再从陡河水库将水输入下游和唐山市市区，供城市生活和工农业生产用水。

★伍拾肆

实行市管县 体制助腾飞

唐山市实行市管县新体制（1983 年 5 月 16 日）

市管县体制，又称“市领导县体制”，是中国改革开放以来实行的由经济比较发达的中心城市作为一级政权来管辖周边的一部分县、县级市的体制。这种体制从 20 世纪 80 年代开始实施。如今，市管县体制已成为我国大多数地区的行政区划体制。这种体制的形成是中国城乡经济一体化和政府管理一体化两个过程同步进行的重要结果，是中国由一个典型的农业国逐步向一个工业国转变的重要标志。

唐山劳动日报

TANGSHAN LAODONG RIBAO

第11103号 1983年5月16日 星期一 农历癸亥年四月初四

圆满结束

胡耀邦

新华社普拉5月

共中央总书记胡耀邦

南斯拉夫的正式友好

午乘飞机离开普拉回

南共联盟中央主

契奇等到普拉机场送

别。

陪同胡耀邦前来

国务院批准省政府关于唐山地市体制改革方案

我市今起实行市管县新体制

丰润丰南玉田遵化迁安迁西滦县滦南乐亭唐海十县划归唐山市管辖

本报讯 经国务院批准，撤销唐山地区行政公署，实地市合并。从今日起，唐山市实行市管县的新体制。

新的行政区划是：将原唐山地区的丰润、丰南、田、遵化、迁安、迁西、滦县、滦南、乐亭、唐海县划归唐山市管辖。原唐山地区的抚宁、昌黎、卢县划归秦皇岛市管辖。

地市体制改革的方案以来，在省委、省政府的领导省工作组的帮助下，唐山地市根据省委关于唐山地合并会议纪要精神，经过一个多月的大量工作，已本准备就绪。地区已于本月14日、15日召开会议，结工作，宣布撤销唐山地区行政公署，结束工作，唐、秦二市移交；唐山市委、市政府于今日召开地

《唐山劳动日报》关于实行市管县体制的报道。

我国作为世界大国，省级行政区数量明显偏少，省级行政区的土地面积和人口数量都超过世界上中等规模国家全国的国土面积和人口

总量，大省的规模则超过英、法、德、意等大国。因省政府管辖的范围太大，在新中国成立后的30多年中，我国在省以下划分地区，每个地区包括若干个县级行政区，设置地区行政公署，作为省政府的派出机构，代表省政府管理该地区的社会公共事务。在实际的运作过程中，地区行政公署实质上发挥了一级政府机构的作用。但由于地区一级不是正式的行政区划，地区领导机构不是一级政权机构，没有地区人民代表大会建制，不利于地方公共事务管理和地方民主政治的发展。因此，在未能大幅度地增加省级行政区数量、缩小其规模的情况下，由地级市领导原来地区行政公署的辖县，就成为解决上述问题的一条较为可行的途径。

1982年，中共中央〔1982〕51号文件中向全国发出了改革地区体制、实行市管县体制的指示。这次改革有两个特点：第一，改革的目的是将大中城市周围的农村地区划归城市统一领导，以充分发挥中心城市的作用，加快城乡一体化建设，逐步形成以大、中城市为依托的经济区，并使经济区与行政区的范围基本一致。第二，改革的方式以“地市合并”或“撤地建市”为主。

“地市合并”是将原来的地区与原有的地级市合并，由新组建的地级市政府领导市区和原来地区行政公署的辖县。“撤地建市”指撤销地区行政公署，或将某一县级市升格为地级市，

唐山市人民政府大楼。

由新组建的地级市政府和原地区行政公署辖县。

1949年以后，唐山市和唐山地区经过多次分合，行政区划随之也有局部变化。在中共中央的指示和国务院的领导下，1983年3月，河北省人民政府向国务院提交了实行市管县新体制的方案，得到国务院的批准。1983年5月16日，中共唐山市委、市政府召开地市合并大会，宣布实行市管县的新体制。原来唐山地区所辖的丰润、丰南、滦县、滦南、玉田、遵化、迁安、迁西、乐亭、唐海10个县划归唐山市管辖（丰南、遵化、迁安、滦县后来设市，丰南市后又改为丰南区，丰润县后与新区合并为丰润区）。在此之前，芦台、汉沽两个农场已划归唐山市管辖。至此，唐山市共辖5个区：路南区、路北区、开平区、东矿区（后改为古冶区）、新区（后与丰润县合并为丰润区）、10个县、2个农场，面积1.3472万平方千米，当时人口598万多人，其中城市人口133万人。

1983年实行市管县新体制后唐山行政区划图。

市管县新体制的实施，发挥了巨大的积极作用：（1）促进了中心城市作用的发挥。城市是区域经济的中心，实质上就是以经济比较发达的城市为核心，带动周围农村经济的发展，逐步形成以大中城市为依托的城市经济区。面对改革开放初期城乡分割、商品供给严重不足的局面，中央通过实施市领导县体制，把中心城市变成商品交换中心，发挥中心城市优势，带动整个区域经济发展。（2）有助于城乡优势互补。实行市管县后，市级政府总揽城乡全局，统筹和规划“大市区”的经济建设，对辖区经济和社会的发展实行统筹兼顾，打破城乡分割的壁垒，逐步实现优化组合，促使城乡经济和社会事业协调发展，形成工业生产、商品流通、科技信息、交通邮电、金融信贷网络，推动区域经济发展，缩小城乡在经济上的差距。城市以其经济、科技、教育、人才、信息、设备等方面的优势扶持农村，城市工业带动农村农副业和乡镇企业的发展，促进农村产业结构的调整和科学技术水平的提高。农村作为城市发展的基础，为城市提供充足的劳动力、原材料、水资源、粮食、蔬菜、副食品、城市建设用地等，解决了城市发展的后顾之忧，也拓展了城市工业产品市场。（3）推动了城市化的进程。在计划经济体制下，城市化发展缓慢。1978 年年底，全国城市化水平为 17.9%。1983 年实行市管县体制后，国务院提出了新的设市标准和市领导县条件，大大加快了我国城市化的发展速度。到 21 世纪初，我国城市化率已达 45.7%。

唐山市实行市管县的新体制后，各级领导按照区域经济发展的客观要求和内在联系去组织城乡经济活动，使城乡经济文化事业迅速发展。市管县体制实施 5 年后的 1987 年，在减少了秦皇岛、抚宁、昌黎、卢龙等市县的情况下，全市国民生产总值比地、市合并前的 1982 年增长 99.1%，工农业总产值比 1982 年增长 77.1%，10 个县工农业总产值达到 50.4 亿元，比 1982 年增长 1.17 倍；财政收入完成 7.9 亿元，比 1982 年增长 71.7%。新的行政体制发挥了巨大作用。

★伍拾伍

冀东建大厂 水泥继辉煌

冀东水泥厂建成投产（1985 年 1 月 1 日）

唐山是中国水泥工业的摇篮，启新生产的马牌水泥是 20 世纪上半叶中国水泥工业的代名词，在世界上享有盛誉。唐山水泥工业在遭受 1976 年地震重创后又迅速崛起。

1979 年 12 月，河北省冀东水泥厂筹建处设在唐山启新水泥厂院内。

在唐山恢复重建开始时，正值中国实行改革开放的历史转折关头，党的工作重心的转移、大规模经济建设的开始使水泥的需求量大增，急需发展以水泥工业为中心的建材工业。国家有关部门经过审慎决策，鉴于唐山水泥工业基础雄厚、原料丰富、交通便利，在震后重建的规划中易于规划，决定在河北唐山建立国家重点水泥企业——冀东水泥厂，列为国家第六个五年计划（1981—1985 年）的重点建设项目和重点引进项目。

建设中的冀东水泥厂。

河北省冀东水泥厂（今冀东发展集团责任有限公司）于1979年在唐山市新区（今丰润区）建厂，1985年1月1日建成投产。冀东水泥厂占地面积400万平方米，建筑面积21.5万平方米，设计年生产能力125万吨高标号水泥。工厂的主要专业生产设备由日本引进，当时有5个主要生产车间和辅助生产车间，主要生产工艺过程由工业电视监控；物料的水平输送大部分由皮带和空气斜槽完成，矿山车间至厂区之间运输皮带廊总长8.4千米，有专用铁路与京秦线接轨，水泥产品商标为“盾石牌”。冀东水泥的创建，标志着唐山乃至中国水泥行业跨入了国际化、现代化的新阶段。

1993年，适应建立现代企业制度的需要，河北省冀东水泥集团公司和冀东水泥股份公司建立，盾石牌水泥开始出口；1996年“冀东水泥”A股正式上市。

1983年12月17日11时，河北省冀东水泥厂第一袋袋装水泥装车出厂。

在生产技术上，积极推动国内新型干法水泥的发展，致力于新型干法水泥生产线工艺和装备的研究与应用。成功引进了首个当时国际先进工艺技术的全套日产4000吨熟料新型干法水泥生产线，成功地消化和驾驭了其全套生产工艺技术；建成了中国首个日产4000吨熟料新型干法水泥国产化示范线，填补了国内自行设计、制造、安装日产4000吨熟料新型干法水泥生产线的空白。同时为中国水泥行业培养和造就了一大批顶尖人才，为中国新型干法水泥工业的发展起到了重要的示范和带动作用，被誉为“中国水泥工业排头兵”和“中国新型干法水泥工业的摇篮”。

1997年10月，冀东水泥基团兼并了启新建材（集团）有限责任公司，实力更加壮大。

2009年，冀东水泥集团有限责任公司更名为冀东发展集团有限责任公司。公司以水泥生产、装备制造为主业，集水泥工厂设计、机电设备与自动化控制系统设计与制造、工程建设、物流配送、商品混凝土、干粉砂浆等多种经营为一体，已经发展成为横跨中国“三北”（华北、东北、西北）大地、并向国际化发展的大型综合企业集团。

水泥产品。公司以著名的“盾石”牌硅酸盐水泥为主导产品，其中包括：中标、英标、美标等通用硅酸盐水泥，道路、油井、博格板超早强等专用水泥，中热/低热、抗硫酸盐等特种水泥。产品享誉中国“三北”地区以及亚洲、北美、中东、非洲等地的国家和地区。2005年，“盾石”商标被中国工商总局认定为“中国驰名商标”。1990年北京第11届亚运会工程、首都国际机场、秦沈客运专线、京沪高速铁路、京津铁路客运专线、曹妃甸港口、北京奥林匹克中心、中央电视台总部大楼等国家重点工程均使用了盾石牌水泥。

技术装备工程产品。唐山盾石机械制造公司是冀东水泥集团全资子公司、中国最大的水泥机械制造企业之一，其前身——唐山水泥机械厂始建于1910年，是中国创建早、规模大的水泥机械生产企业之一，曾研制了中国第一台水泥工业用回转窑、大功率减速机、颚式破碎机、烘干机等产品，1985年制造出中国第一条日产2000吨水泥生产线主机设备，使中国水泥生产设备国产化得以实现，被誉为“中国水泥机械的摇篮”。

第29届奥运会主会场——中国国家体育场（鸟巢）使用了冀东水泥。

使用了冀东水泥的中央电视台大楼。

作为中国最大的现代化水泥集团，冀东发展集团有限责任公司抓住历史机遇，实施“巩固华北、挺进东北、开拓西北”的发展战略，2001年，公司对吉林松江水泥厂的有效资产实施租赁经营，并实现当年盈利。随后又组建吉林冀东水泥磐石有限责任公司、辽宁沈阳和辽阳的冀东水泥有限公司、鞍山冀东水泥有限公司、天津冀东水泥有限公司，在西北，组建冀东海德堡水泥有限公司、内蒙古组建内蒙古冀东水泥有限公司和亿利冀东水泥有限公司。到2005年，冀东水泥股份公司发展成为由21家子（分）公司组成的跨地区、跨所有制和跨行业的集团化企业，基本完成以京津唐、吉林、辽宁、陕西、内蒙古五大区域为主的战略布局。

近年来，冀东发展集团有限责任公司全面推广纯低温余热发电技术，大力发展循环经济，推进节能减排，走可持续发展和绿色发展之路。

★伍拾陆

抗震丰碑树　精神励后人

唐山抗震纪念碑开工修建（1985 年 6 月 16 日）

为纪念唐山地震中的不幸遇难者和牺牲的烈士，纪念抗震救灾、重建新唐山取得的辉煌业绩和感谢全国四面八方对唐山人民的巨大

唐山抗震纪念碑。

唐山抗震纪念碑的浮雕之一（局部）。

支援，在唐山震后重建即将完成时，唐山市人民政府决定动工兴建唐山抗震纪念碑。

纪念碑位于新华道与文化路交汇西南处的市中心广场东部，西部为唐山抗震纪念馆。市中心广场东西长320米、南北宽170米，占地5.4公顷。纪念碑于1985年6月16日开始动工，1986年7月建成。

纪念碑底座呈方形，四周有石围栏。自地面至碑基，四周台阶踏步为4段，每段7阶，共计28阶，寓意为唐山大地震发生于7月28日。纪念碑由主碑和副碑组成，主碑突出表现抗震救灾英雄事迹，碑座高3米、碑身30米，由4个独立梯形柱组成。它既象征着地震造成房屋等建筑开裂，又象征着新建筑纷纷拔地而起，表现了新唐山的兴旺发达；上部犹如伸向天际的四只巨手，象征着唐山人民不屈不挠的精神，又象征着祖国四面八方对唐山灾区的支援；碑身下部四周由4组共8块浮雕组成方形，即正面一块，左侧折成90度角各一块，浮雕自正面（北面）按顺时针方向分地震灾害、抗震救灾、恢复生产、建设新唐山4个部分：正面一组两幅的主题是“震灾发生的时刻”，第一幅，地震发生后，人们从睡梦中惊醒，幸存者奋挣扎之躯，立即挺身而出，抢救同胞、抢救国家财产，浮雕正中是一裸体男子，他岔开双腿，伸开有力的双臂，扭曲的腰身和强壮的肌腱似乎要扶大厦于将倾，第二幅反映了震灾发生后人们的悲痛；东部侧面一组两幅的主题是“协力抗震救灾”，表现了通往唐山的道路上，以人民解放军为主的各路救灾队伍昼夜兼程，赶往唐山的情景；背面（南部）一组是“恢复生产，重建家园”，表现了煤矿、钢铁、陶瓷、纺织等企业恢复生产的情景；西侧一组两幅主题是“再生的新城”，表现了高楼林立、通衢纵横、行人如织，老人们怡然自得，儿童们翩翩起舞的景象。四组浮雕全部用紫色花岗岩雕凿而成，线条粗犷豪放、构图严谨匀称、主题深沉凝重，浓缩了唐山10年的历史，是一部生动形象、深沉厚重的教科书。碑体为现浇钢筋混凝土结构，外贴花岗岩，正面中间悬挂着“唐山抗震纪念碑”字样的不锈钢匾额，由时任中共中央总书记胡耀邦同志题写。

时任中共中央总书记胡耀邦题写的唐山抗震纪念碑匾额。

副碑位于主碑北侧33.5米处，碑宽9.5米，高2.96米，用花岗岩石块以废墟形式砌成外围，表现唐山地震的历史事件；磨光青花岗石为底，碑文镶嵌在中间，记载地震时间、灾害以及抢险救灾、新唐山建设等的丰功伟绩，由中国书协常务理事夏湘平先生书写。碑文的整体构思到结构布局、史料选材到遣词造句都有鲜明特色。从

唐山抗震纪念碑副碑及碑文。

文体上看，它从实际需要出发采取了半文半白、碑诔相兼的体式，既照顾到有相当文化水平的知识阶层，又照顾到广大工人、农民和中小学生，真正做到了雅俗共赏。全文共分5个段落，分别是地震灾情、唐山人的自救互救、中国人民解放军和全国人民的救援、新唐山建设、历史的结论和建碑的目的。从史料选材上看做到了取舍有度、详略适当；从遣词造句上看，基本做到了史料性和文学性的有机结合，使整个文章显得既庄重、严肃，又生动、活泼，真正起到了“告慰震亡亲人，旌表献身英烈，鼓舞当代人民，教育后世子孙”的历史作用。整个碑身长4.3米，高1.6米。副碑背面镌刻着唐山地震烈度分布图，形象地展示了震中、震级及地震烈度分布的情况。

碑前建有广场，与纪念碑融为一体。

唐山抗震纪念碑建成后，唐山人民经常来这里追念亲人，寄托哀思；碑前的广场成为唐山市人民举行重大集会和庆典活动的场所。平时，这里也是唐山市民游览休憩的场所，国内外的游人来唐山，也到这里感受伟大的抗震精神和社会主义制度的优越性，并摄影留念。

附：唐山抗震纪念碑碑文

唐山乃冀东一工业重镇，不幸于一九七六年七月二十八日凌晨三点四十二分发生地震。震中东经一百一十八度十一分，北纬三十九度三十八分，震级七点八级，震中烈度十一度，震源深十一公里。是时，人正酣睡，万籁俱寂。突然，地光闪射，地声轰鸣，房倒屋塌，地裂山崩。数秒之内，百年城市建设夷为墟土，二十四万城乡居民殁于瓦砾，十六万多人顿成伤残。七千多家庭断门绝烟。此难使京津披创，全国震惊，盖有史以来为害最烈者。

然唐山不失为华夏之灵土，民众无愧于幽燕之英杰，虽遭此灭顶之灾，终未渝回天之志。主震方止，余震频仍，幸存者即奋挣扎之力，移伤残之躯，匍匐互救，以沫相濡，谱成一章风雨同舟、生死与共、先人后己、公而忘私之共产主义壮曲悲歌。

地震之后，党中央、国务院急电全国火速救援。十余万解放军星夜驰奔，首抵市区，舍生忘死，排险救人，清墟建房，功高盖世。五万名医护人员及干部民工运送物资，解民倒悬，救死扶伤，恩重如山。四面八方捐物捐款，数十万吨物资运达灾区，唐山人民安然度过缺粮缺水之绝境。与此同时，中央慰问团亲临视察，省市党政领导现场指挥，诸如外转伤员、消尸防疫、通水供电、发放救济等迅速展开，步步奏效。震后十天，铁路通车；未及一月，学校相继开学，工厂先后复产，商店次第开业；冬前，百余万简易住房起于废墟，所有灾民无一冻馁；灾后，疾病减少，瘟疫未萌，堪称救灾史上之奇迹。

自一九七九年，唐山建设全面展开。国家拨款五十多亿元，集设计施工队伍达十余万人，中央领导同志也多次亲临指导。经七年奋战，市区建成一千二百万平方米居民住宅，六百万平方米厂房及公用设施。震后新城，高楼林立，通衢如织，翠荫夹道，春光融融。广大农村也瓦舍清新，五谷丰登，山海辟利，百业俱兴。今日唐山，如劫后再生之凤凰，奋翅于冀东之沃野。

抚今追昔，倏忽十年。此间一砖一石一草一木都宣示着如斯真理：中国共产党英明伟大，社会主义制度无比优越，人民解放军忠贞可靠，自主命运之人民不可折服。爰立此碑，以告慰震亡之亲人，旌表献身之英烈，鼓舞当代人民，教育后世子孙。特制此文，镌以永志。

唐山市人民政府

一九八六年七月

★伍拾柒

亮丽新唐山　华夏起宏图

唐山纪念抗震十周年，震后重建完成（1986 年 7 月 28 日）

唐山市的震后重建，是世界城市发展史上的一个奇迹。

地震后，抗震救灾还在进行中，在党中央、国务院的领导下，新唐山的规划就开始了。1978 年 2 月 11 日，国务院以国发〔1978〕19 号文下达《关于加快重建唐山市报告的批复》，要求在建设新唐山过

建设中的唐山饭店和百货大楼。

程中，坚持自力更生、艰苦奋斗、勤俭办一切事业的原则，精心设计，精心施工，全面实现多快好省。要积极采用新技术、新材料，建筑标准要经济适用，布局要有利生产、方便生活，力求科学、合理，体现我国（20 世纪）70 年代水平。从此，新唐山揭开了恢复建设的序幕。来自全国各地的 10 多万建设大军、100 多个援建单位开进唐山，加紧施工，不舍昼夜。据不完全统计，当时施工现场投入的大塔吊 200 多台，载重车辆 2500 多辆。

到 1986 年，唐山共建造了各类建筑 2090 万平方米，其中居民住宅为 1218 万平方米，共设计了 168 个居民住宅小区。其中路北区 59 个小区，路南区 32 个小区，东矿区（今古冶区）58 个小区，丰润新区（今丰润区）10 个小区，开平区 9 个小区。1981 年，河北全省各地的机械化建筑队伍陆续开进唐山，城市建设全面开花。所有的居民住宅小区都以数字排列，如 1 号小区，因在陡河北面，也叫河北 1 号小区。2 号小区、3 号小区，按此向后排列。如红旗楼、大城山楼、开滦水厂楼是 7 号小区，培仁里是 13 号小区，凤凰山南面的金星楼是 23 号小区，西面的山西北里是 24 号小区，市政府前面的山西南里是 25 号小区等。一座功能分布明确、布局比较合理、市政建设比较配套、抗震性能良好、环境比较优美、生产生活方便的新型城市已基本建成。

商业设施、公用建筑、供水供电供热、园林绿化、公用事业等都同步进行。

到 1986 年，唐山市中心区呈曲尺形（或称反“L”形）布局。空间布局和城市功能更趋于合理，区域政治经济中心的位置更加凸显，城市建筑、交通通信、基础设施、人文景观等城市元素更加丰富，新唐山比之于地震前的老唐山，发生了实质性的变化，城市面貌焕然一新。

新唐山城市结构的突出特点是“两硬一软”三条轴线，即以东西方向与南北方向垂直贯通的新华道和建设路为两条“硬轴线”，由自北向南贯穿市区的陡河为一条“软轴线”。沿两条硬轴线分布着两个市级商业中心（百货大楼和建国路市场）、两个大型城市广场（抗震纪念碑广场和站前广场）、五个文化中心（工人文化宫、青少年宫、新华电影院、渤海影剧院、燕山影剧院）、两个体育中心（工人体育馆、唐山体育中心），还有唐山宾馆、唐山饭店、唐钢设计院、开滦矿务局大楼等公用建筑；沿“软轴线”走势、结合自然地形条件设计了四处大型公共绿地和公园（弯道山公园、大城山公园、凤凰山公园、陡河带状公园）。这样一座有着明显城市规划色彩的城市在当时的中国非常少见，而且使唐山这座城市有了其他城市所不能比拟的气度。以当时的城建标准来看，唐山在全国的城市中也处于先进行列。此时的新唐山，整齐的楼房、宽阔的街道，使唐山在全国的城市中颇不一般。新建的住宅小区铺设了煤气和暖气管道，集中供气供暖，一座以煤为主要支柱的城市，煤作为生活燃料正在从市民的日常生活中逐渐消失。1985 年，中共中央理论刊物《红旗》

左：震后新唐山的摄影被中共中央理论刊物《红旗》杂志设为 1985 年第 20 期封面；右：1986 年 2 月 4 日，《人民日报（海外版）》在第一版刊登新唐山建设的照片。

杂志第20期的封面照片是航拍的《震后新唐山》；1986年，中国美术出版社以新唐山的建筑景观为题材编印了一套挂历，深受全国各界欢迎，印数达10万册。

建设中的唐山市主城区。

震后新唐山是完全按照城市规划标准指导建设起来的，中国规划界最优秀的专家参与了规划过程，具有城市规划的范本意义。她是改革开放新时期城市规划的第一声春雷，对我国城市规划建设事业的发展发挥了巨大的历史推动作用。

1986年7月28日，中共河北省委、省政府在刚刚落成的纪念碑广场举行唐山抗震10周年纪念大会。中共中央政治局委员、书记处书记、国务院副总理万里，中共河北省委、省政府和中共唐山市委、市政府主要领导人，各省市自治区的代表，为唐山抗震救灾和恢复建设作出突出贡献的单位领导和个人，唐山驻军的代表，来唐参加全国第八次抗震防灾工作会议的代表，参加“我爱新唐山”全国少先队好队长夏令营的小朋友和各界人士1万多人参加，万里等为唐山抗震纪念碑揭幕并宣告唐山的重建胜利完成。

在党的领导下，新唐山的建设又进入了一个新时期。

★伍拾捌

开放新举措　缔结友好市

唐山开始与外国城市缔结友好城市关系（1987 年 9 月 18 日）

友好城市在世界上又被称为姐妹城市(Twin Cities)，主要兴起于“二战”之后的欧洲，即一国的城市（或省州、郡县）与另一国相对应的城市（或省州、郡县），以维护世界和平、增进相互友谊、促进共同发展为目的，在签署正式友好城市协议书后，双方城市积极开展在政治、经济、科技、教育、文化、卫生、体育、环境保护和青少年交流等各个领域的交流合作。这种正式、综合、长期的友好关系或制度安排即为友好城市关系。中国的国际友好城市活动起步于 1973 年，当年天津市与日本神户市建立了中国第一对国际友好城市。1978 年，我国进入改革开放新时期，对外交往日益频繁，国际友好城市活动也开始步入正常发展轨道。

第一个与唐山市结为友好城市的是瑞典的马尔默市。

马尔默市位于瑞典南部，是全国第三大城市，它据守波罗的海海口厄勒海峡东岸，海峡对面便是丹麦首都哥本哈根，两城之间有火车轮渡相通，马尔默以南的特雷勒堡与德国的扎斯尼欧之间也有火车轮

瑞典马尔默市的现代风格建筑。

渡相通，19 世纪后半叶开始发展工业。马尔默地区有各种类型的企业，大多数规模不大，但朝气蓬勃，效率很高。这里有一系列的大公司，它们向许多国家出口，其中包括中国。它的造船业闻名于世，有很多企业在世界上居领先地位，如水下技术（潜水艇等）、工程自动化、工业电子、机电、包装、食品、医药和医疗器材、建筑技术（房屋、道路、水库、港口以及建筑材料等）。马尔默市也是一个重要的贸易中心，它有许多有名的贸易和运输公司，从世界各地进口，然后销往整个北欧。

1987 年 4 月，马尔默市派出以市政委员会主席为团长的代表团来唐山访问，参观了地震资料馆、唐山抗震纪念碑、唐山工程技术学院（今华北理工大学）、市体育中心、市截瘫疗养院、陶瓷公司等处，对唐山留下了美好的印象，双方签署了两市结为友好城市的备忘录。9 月，唐山市代表团回访马尔默市，18 日，双方市长在《中华人民共和国唐山市和瑞典王国马尔默市建立友好关系协议书》上签字，正式结为友好城市。协议规定，双方将根据平等互利的原则，在经济、贸易、科技、文化、教育和城市建设等方面开展多种形式的交流与合作。

后来，唐山市还与日本酒田市（1990 年 7 月 26 日）、英国林肯市（1992 年 10 月 20 日）、美国锡达拉皮兹市（1997 年 6 月 18 日）、新西兰陶朗加市等结成友好城市（2018 年 4 月 4 日）。

日本酒田市火车站。

日本酒田市位于本州岛东北部的山形县，距东京约 470 千米。酒田市西邻日本海，工业和交通发达，有日本最大的现代化水泥制品厂，有对外贸易港口；因处于平原地带，农业发达，大米产量居全国之首；境内历史文化遗迹很多，有“小京都”之称，20 世纪 80 年代风行中国的电视连续剧《阿信》，其故事原型即取材于酒田市。

英国林肯市位于英格兰东部，是英国最美丽、最安逸的城市之一。林肯市拥有 2000 多年的悠久历史和丰厚的文化底蕴，雄伟壮观的林肯大教堂（有 900 多年历史，是林肯市的象征）和古城堡闻名于世，每年数百万从世界各地来到林肯市的游客，更为这座千年古城增添了勃勃生机。

英国林肯堡的古天文台。

美国锡达拉皮兹市位于艾奥瓦州东部，是艾奥瓦州第二大城市，美国重要的出口城市之一，1856 年建市，是周围地区农畜产品集散地和加工中心，工业有公路建筑机械、矿山机械、奶制品加工机械、无线电发射和接收机等。锡达拉皮兹市又称“五季之城（City of Five Seasons）”，由于该市四季变换分明，市民认为，享受四季的美好生活，就几乎像每年增添了一个季节。

美国锡达拉皮兹市市徽。

新西兰陶朗加市位于新西兰北岛东海岸，普伦蒂湾（又译富饶湾）西岸，是新西兰重要的商业、国际贸易、文化、时尚、园艺科学中心和旅游休闲胜地，拥有新西兰最大的集装箱出口港，制造业也很发达。

缔结国际友好城市关系、开展国际友城交往，在政治上有利于推动双方增强互信，通过友好城市之间各个层次、各个方面的互相访问，举行纪念会、座谈会、报告会，参加双边会议，交换资料等，能够增进相互了解。在经济上，国际友好城市之间通过相互学习，取长补短，通过互利互惠的合作，可为实现双方共同发展创造良好条件。并且能够为企业走出去服务。通过国际友好城市能够为企业走出去搭建平台，开辟渠道，提供咨询服务，协助企业积极开拓国际市场，提高国际竞争力，保护企业在国外的合法利益。文化上，以国际友好城市为载体开展文化交流，是增进人民之间的相互了解和友谊，开展交流与合作，促进世界和平的最有效方式。

新西兰陶朗加市海滨一角。

唐山与多个国家的城市缔结友好城市关系，拓宽了放眼世界的路径，提高了唐山在国际上的知名度，促进了对外交往。

★伍拾玖

面向蔚蓝色　沿海开放城

国务院确定唐山为沿海开放城市（1988 年 3 月 8 日）

沿海开放城市（coastal open city），是在改革开放中中国沿海地区对外开放的，并在对外经济活动中实行经济特区的某些特殊政策的一系列沿海港口城市，也是经济特区的延伸，是根据邓小平同志的创议而采取的对外开放战略决策。这些城市最突出的特点是，可以在对外经济合作和技术交流中给予外商若干优惠待遇，以促进开放，发展经济。

1979 年 7 月，中共中央、国务院同意在广东省的深圳、珠海、汕头三市和福建省的厦门市试办出口特区。1980 年 5 月，中共中央和国务院决定将深圳、珠海、汕头和厦门这四个出口特区改称为经济特区。沿海开放城市是经济特区的延伸。

1984 年，首批沿海开放城市诞生：大连、秦皇岛、天津、烟台、青岛、连云港、南通、上海、宁波、温州、福州、广州、湛江、北海，被国务院批准为全国第一批对外开放城市。1985 年，国务院批准辽宁营口市享受沿海开放城市的政策，1987 年，威海市从烟台市分出建立设区市，国务院随即批准威海市为沿海开放城市。这样，中国的沿海开放城市达到了 16 个。

据 1985 年的统计，沿海开放城市的工业总产值达 2015.85 亿元，占全国工业总产值的 21.8%。工业企业拥有职工 809 万人，全民所有制工业拥有固定资产（原值）745 亿元，创利税 333 亿元。沿海港口货物吞吐量 3.192 亿吨，铁路货运量 1.1795 亿吨，公路货运量 5.4392 亿吨。各个沿海开放城市都有广大的腹地作为支撑。它们所联系的地区，有的是某一江河流域或经济区，有的深入到全国各地，历史上就是著名的中心城市。它们发展经济，原料有来源，产品有市场，劳动力有保证，又有专门的出口产品基础。只要扩大这些城市的自主权，并给予外商以优惠条件，就可以使这些城市成为中国对外经济关系的窗口与内外经济技术交流的枢纽，通过外引内联为社会主义现代化建设作出更大贡献。

1985 年 1 月，中共中央、国务院在北京召开长江三角洲、珠江三角洲和闽南厦门、漳州、泉州三角地区座谈会，提出把上述三个“三角区”开辟为沿海经济开放区的建议。同年 2 月，中共中央、国务院批转了座谈会纪要，表明我国实施对内搞活经济、对外实行开放的又一重要步骤。批示指出，这三个经济开放区应逐步形成贸 - 工 - 农型的生产结构，即按出口贸易的需要发展加工工业，按加工的需要发展农业和其他原材料的生产。

1988 年 3 月，国务院进一步扩大了长江、珠江三角洲和闽南三角洲地区经济开放区的范围，并把辽东半岛、山东半岛、环渤海地区的一些市、县和沿海开放城市的所辖县列为沿海经济开放区。开放的区域共 288 个市县，约 32 万平方千米，1.6 亿人口。把这些地区开辟为

1988 年国务院划定的唐山沿海开放区域。

经济开放区，既可以加快其自身的发展，也可带动内地的发展，并使沿海与内地形成优势互补、相得益彰的局面，进而在我国初步形成“经济特区—沿海开放城市—沿海经济开放区—内地”这样一个逐步推进式的格局。由此，多层次、全方位、宽领域的对外开放的新局面初步形成。

1987 年 10 月，中共河北省委、河北省人民政府提出建立“秦—唐—沧沿海开放带”的设想，其总体构思是：按照统筹规划，突出重点、分步实施、逐步推进的原则，坚持以国际市场为导向，以国内市场为依托，依靠科技进步、科学管理，加快这一地区的开发步伐。并将这一总体构思多次向中共中央、国务院汇报。

为了贯彻实施 1987 年中共“十三大”提出的沿海地区经济发展战略，国务院于 1988 年 3 月在北京召开沿海地区对外开放工作会议。会议认为，对外开放 9 年来，一个多层次、有重点的对外开放新布局，为沿海地区转向外向型经济、参加国际大循环积累了经验，创造了条件。会议于 1988 年 3 月 8 日闭幕，发出了《关于进一步扩大沿海经济开发区范围的通知》。《通知》说，国务院决定适当扩大沿海经济开发区。河北省的秦皇岛、唐山（包括丰南、滦南、唐海、乐亭、滦县5个县）和沧州新划入沿海经济开发区，享受长江、珠江两个三角洲和闽南厦漳泉三角洲地区的优惠政策。从此，唐山成为我国沿海开放区俱乐部的一员，奠定了唐山对外开放的新格局，有力地促进了唐山外向型经济的发展。

1988 年，国务院划定的唐山沿海开放区域在河北省的位置。

唐山成为沿海开放区，增加与扩大了对外开放的窗口，引进外资与先进技术的力度更大了。同时，大力发展外向型经济，兴办产品出口企业，发展旅游业，提高了唐山在国际上的知名度。

★陆拾

沃土蕴乌金　冀东建油田

冀东油田宣布成立（1988年4月15日）

冀东油田第一口油井旧址。

20世纪50年代末，我国石油勘探战略东移，从而拉开渤海湾地区石油勘探的序幕。1955—1962年，原国家地质部和石油部联合完成了重力、磁力的区域普查；1962—1963年，利用51型磁带地震仪进行勘探，完成地震测线499.5千米，勾画出唐山南堡地区凹陷局部轮廓。1964年起，石油工业部641厂（大港石油管理局前身）在南堡凹陷及毗邻地区开展地震勘探，发现下第三系东营组暗色泥岩地层，见到直接油气显示，证实南堡凹陷具备生油能力。

1971—1978年，南堡凹陷勘探工作再度启动，先后完成模拟地震单次覆盖2062.5千米、6次覆盖1493.5千米，完钻探井16口，基本明确了冀东地区六凹六凸的构造格局和南堡凹陷的构造概貌，发现一些出油点，明确了南堡凹陷的主要生烃层系。

1979 年 2 月 17 日，位于唐山唐海县三农场高尚堡构造的一口重点探井南 27 井开钻。1979 年 7 月 17 日，钻至 3341.64 米提前完钻。8 月 19 日试油，日产油 28.5 吨，成为南堡凹陷获得工业油流的第一口井，被誉为“冀东油田发现井”。这是冀东油田勘探的一个历史性转折。

冀东油田早期勘探范围为唐山、秦皇岛两市七县，东边与辽宁省分界，西边与天津市分界，北到燕山南麓，南到渤海 5 米水深线，总面积 6300 平方千米。到 1987 年年底，继发现高尚堡油田后，陆续在南堡陆地发现柳赞、老爷庙、唐海等主力油田和多套含油层系。

油田建设初期，创业者们风餐露宿。

渤海滩涂上的冀东油田。

南堡凹陷因其地质条件及地面环境复杂，开发试采不理想，引发各路专家争议。1988 年 1 月，原石油工业部决定，将大港石油管理局北部公司从大港油田分离，按照“油公司”和“科研生产联合体”新型管理体制，组建冀东石油勘探开发公司（简称冀东油田）。“冀”系河北简称，含“希望”之意；“东”表方位，含“东升”之意。“冀东”寓意希望升起之地。

1988 年 4 月 15 日，冀东油田作为原石油工业部批准成立的最后一个油气田企业，在唐山市唐海县郊区一个简易礼堂宣布成立。从此，渤海岸边又建起了一座新兴的石油基地；唐山，作为一座著名的工业城市又有了新兴的石油产业。

生态绿色冀东油田。

冀东油田南 27 发现井，被命名为企业精神教育基地。

南堡凹陷历经 30 多亿年漫长的地质演化，受多期构造运动影响，断层十分发育，油藏断块小、埋藏深、构成杂、品质差、类型多，被形象地称为“一只摔在地上又被踩了两脚的碎盘子”，勘探开发极其艰难。冀东油田地处盐碱荒滩，地形地貌多变，农田湿地密布，地面工程建设困难重重。

历经十七载冀东石油人接续奋斗。2004 年，冀东油田原油年产量突破 100 万吨，成功实现成立之初“建设百万吨油田”的梦想和夙愿。2007 年，冀东油田原油年产量突破 200 万吨，实现新的跨越。

近十几年来，面对风云变幻的国际经济形势和中国经济发展进入新常态，尤其是2014年国际油价“断崖式”下跌并持续保持低价位震荡运行，油气田企业生产经营普遍陷入“寒冬”。面对严峻困难和挑战，冀东油田高举改革创新大旗，科学谋划，锐意进取，号召全员“见红旗就扛，遇排头就站，有第一就争”，大力弘扬大庆精神和铁人精神，坚守“硬增储、稳上产、低成本、强党建”战略定位，以磐石般的信心和钢铁般的意志矢志不渝逐梦。通过固本强基，着眼效益质量，深入推进科学勘探、规模勘探、精细勘探、效益勘探，全力实施科学开发、稳健开发、精细开发、效益开发，进入深耕稳健发展时期。

“十四五”开局，冀东油田立足新发展阶段，贯彻新发展理念，构建新发展格局，坚守油气主营业务不放松，以保障民生福祉为出发点和落脚点，准确识变、科学应变、主动求变，创新确立建设“一体两翼两支撑、多区域协同发展”新型清洁能源公司的战略布局和奋斗目标，即以油气勘探开发为主体，以储气库建设、新能源开发为两翼，以技术服务保障、多元经济发展为支撑，多区域协同发展，着力建成华北储气中心，着力打造中国石油新能源标杆企业，着力建设“净零排放”先行示范基地。

冀东油田开发建设30多年来，始终牢记油气资源型企业的初心使命，始终坚持油气为首、科技为先、效益为基、人才为本，累计贡献油气当量3600多万吨，收入超千亿元，成为渤海湾畔“海陆并进”“海油陆采”的石油先锋，为保障国家能源安全和推动地方经济作出了积极贡献。

喜迎中国共产党成立100周年之际，冀东油田正大力开展党史学习教育，“转观念、勇担当、高质量、创一流”主题教育和“共命运·同心干·促发展”形势目标任务责任主题教育实践活动，坚持干字当头、实字托底，事不避难，力戒浮华，凝心聚力转型升级，千方百计提质增效，全力以赴建设新型清洁能源公司，一个“新冀东”正在渤海湾畔迎风启航。

★陆拾壹

北方大港兴　中山宏愿偿

唐山港开工兴建（1989 年 8 月 10 日）

20 世纪初叶，民主革命的先行者孙中山先生率先擘画了中国走向世界的宏伟蓝图，而在中国东部沿海建设大港，是这个宏伟蓝图的重要组成部分。他在《建国方略》中提出拟建造三个一级大港，即北方大港、东方大港和南方大港。关于北方大港，他提出：“兹拟建筑不封冻之深水大港于直隶湾中……于有限时期中发达此港，使之与纽约等大。”他还在地图上标出了“北方大港”的具体位置。“兹所计划之港，为大沽口、秦皇岛两地之中途，清河、滦河两口之间，沿大沽口、秦皇岛间海岸岬角

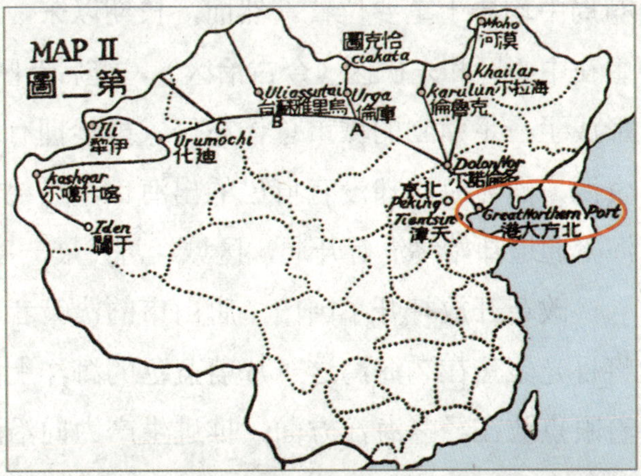

孙中山先生在《建国方略》标出的北方大港位置。

上……此港筑成，立可获利，以地居中国最大产盐区域之中央故也。……此外直接附近地域，尚有中国现时已开最大之煤矿（开滦矿务公司），计其产额，年约四百万吨。……不特此也，兹港将来必畅销开滦产煤，则该公司必仰资此港，为其运输出口之所。”并提出“将欲于有限时期发达此港，使与纽约等大”。但由于旧中国的战乱和反动政府的无能，北方大港的建设一直未付诸实施。但是，唐山人面向海洋的努力从来没有放弃过。

矗立在唐山港的孙中山塑像。

新中国成立后，在中国共产党的领导下，唐山作为一座重工业城市，煤炭、钢铁、水泥、陶瓷、化工等行业在京津唐城市群和全国的工业布局中均居于重要位置。然而，长期以来，唐山市的城市布局一直集中在中心区和东矿区（今古冶区），震后新区（今丰润区）逐步发展，形成了三足鼎立的城市总体布局。虽然拥有广阔的岸线及良好的港址资源，面对海洋却没有自己的出海口，对经济发展有“天大好处”的海上通道却始终没有开通，区域经济发展一度受限。

改革开放打开了国门，唐山市的决策者们开始跳出唐山看世界，将目光聚焦在渤海湾这一片蔚蓝色的海洋上，继孙中山之后再一次把着眼点放在经略海洋方面，推进生产力向沿海地带发展，构建唐山市区（含中心区、东矿区、新区）、王滩、南堡“新三角”城市布局。对港口的认识也由最初的“由钢到港”，逐步升华为改变城市内涵和发展路径的战略选择。

从 1982 年开始，国家计委组织了京津唐地区国土规划研究，提出本地区国土开发和生产力布局要向沿海地区推进，重点开发冀东地区。分析研究表明：第一，华北地区腹大口小，渤海湾岸长港少，河北省面海而无自己支配的港口，港口的建立，可以肩负河北乃至华北地区在南北运输和对外运输的任务；第二，建设港口及开发区，将成为唐山市一个重要的经济增长点；第三，世纪之交，是唐山市经济由资源型和劳动密集型产业逐渐向资金和技术密集型产业、由内向型经济向外向型经济转变的关键时期，建设高起点、外向型和贸易式的大港和经济开发区，形成高新技术产业和新兴海洋产业的增长点，可以使唐山和河北省的城市经济更快地走向现代化、国际化。据此，中共唐山市委、市政府站在历史的高度，作出了建设港口的重大决策，港址选在孙中山“北方大港”设想的原址，由此奠定新唐山的百年基业。当年，唐山市设立建港筹备小组。1986 年，经河北省“冀经工〔1986〕122 号文件”批准，港口工程正式列入河北省“七五计划”。1987 年 8 月，港口起步工程可行性研究通过评估，接着进入了施工图设计和施工准备工作。1988 年 3 月，国务院批准唐山为对外开放城市。紧随其后，11 月成立了港口建设指挥部，唐山港（初名王滩港）的建设被定为唐山的 1 号工程。

1989 年 8 月 10 日，唐山港正式开工兴建。经过两年的建设，实现了首航。1991 年 2 月，中共唐山市委在制定国民经济和社会发展规划，即“八五”计划的建议中，明确提出了加快“新三角”开发建设，港口建设被列为“一号工程”“龙头项目”。从此，唐山以港兴市、对外开放战略开始实施。1991 年 8 月 28 日实现首航，1992 年，国务院批准唐山港口岸对外籍船舶开放。到1993年，唐山港作为国家一类口岸，完成了对国际国内的正式通航。在通航典礼上，国家交通部、中国人民解放军军事科学院、上海航运管理局、广州港务局、山东龙口港、广西防城港等发来了贺电。

同年，唐山和北京签订联合建港协议，唐山港改称京唐港。

到21世纪初，与港口配套的基础设施——铁路和高速公路都已建好，京唐港形成了散杂、件杂、钢铁、煤炭、水泥、散装矿石、集装箱等多用途的综合码头。2005年，遵循一城一港、以城命名的国际通行做法，中共河北省委、省政府，中共唐山市委、市政府决定恢复使用“唐山港”港名。

唐山港的建设与发展，对唐山这座城市而言，有着极其深远的影

唐山港集装箱码头鸟瞰。

响：实现了临海港口零的突破，圆了国人“北方大港”梦，结束了唐山有海无港的历史，具有决定性标志作用；改变了城市性质，资源型工业城市向现代化沿海城市转变，具有里程碑作用；开辟国际国内两个市场，利用国际国内两种资源，调整唐山经济结构，增强唐山经济发展活力，具有示范带动作用；开拓唐山城市发展空间，推进生产力布局向沿海地带发展，奠基新时代唐山“一港双城”战略，具有创新引领作用。

2017 年 3 月 23 日，京唐港至日本关东集装箱航线正式开通。

坐落在海港开发区的唐山港大厦。

中国的改革开放催生了唐山港的建设，而唐山港的建设和高速发展，又诠释了改革开放事业的伟大。有人把渤海湾的一系列港口称作祖国颈项上的一串珍宝项链，显然，唐山港就是这一串项链上一颗璀璨的明珠。

唐山，在党的领导下，站在历史巨人的肩膀上，乘着改革开放的东风，坚定地走向了蔚蓝色的大海、走向了世界！

★陆拾贰

重建成就丰 喜获人居奖

唐山获“联合国人居荣誉奖”（1990 年 11 月 13 日）

为了使国际社会和各国政府对人类住区的发展和解决人居领域的各种问题给予充分的重视，并对世界各国为人类住区发展和解决人居矛盾作出杰出贡献的政府、组织、个人和项目进行鼓励和表彰，联合国人居署（UN-HABITAT）从 1989 年开始创立“联合国人居奖”（UN Habitat Scroll of Honor Award），这是全球人居领域最高规格也是威望最高的奖励。联合国人居委员会于 1988 年 12 月 31 日正式接纳我国为理事国。

1990 年 11 月 13 日，联合国官员为唐山颁发“人居荣誉奖”。

联合国授奖的目的主要是承认政府、组织或者个人为改善人居环境作出的贡献，是“为了使国际社会和各国政

唐山荣获联合国人居署颁发的人居荣誉奖奖状。

府对人类住区的发展和解决人居领域的各种问题给予充分的重视，并鼓励和表彰世界各国为人类住区发展作出了杰出贡献的政府、组织、个人和项目”。也就是说，此奖项是为推动城市保障和居民服务作出贡献的奖励，奖励政府、组织、个人和项目对问题的解决方式或致力解决的成果。

每年，联合国人居署都要收到各国政府推荐的参加人居奖评选的参评项目材料，内容涉及人类住区的各个方面，如住房、基础设施、卫生、保健、教育、交通、通信、能源、供水、环境卫生、旧城改造、可持续人类住区发展、灾后重建、城市管理和公众参与等方面。

为了确保人居奖的权威性，人居署聘请一批资深的官员和专家组成评委会，对所有候选者的申报材料进行严格的评审和筛选，最后选出获奖者。每年的获奖数量由人居署视情况而定，一般在 10 个以下，基本上每大洲一个。历年的获奖者均为在国际、地区或国家一级的人居领域内成就突出并有广泛影响的机构 / 组织、个人或项目。在每年的世界人居日（World Habitat Day）期间，人居署将在一个事先选定的城市举行该项奖的颁奖仪式。

随着人居事业的不断发展，中国在人居领域已取得了举世瞩目的成就，并赢得了国际社会的广泛赞誉和肯定。1990 年，中国第一次向联合国人居署推荐了包括唐山市的 9 个单位和个人参评，唐山市的申报材料题为《唐山市人民政府成功解决震后灾民住房问题》，介绍了唐山市在解决震后灾民住房问题方面成功的做法和经验，展示了震后重建的巨大成就：

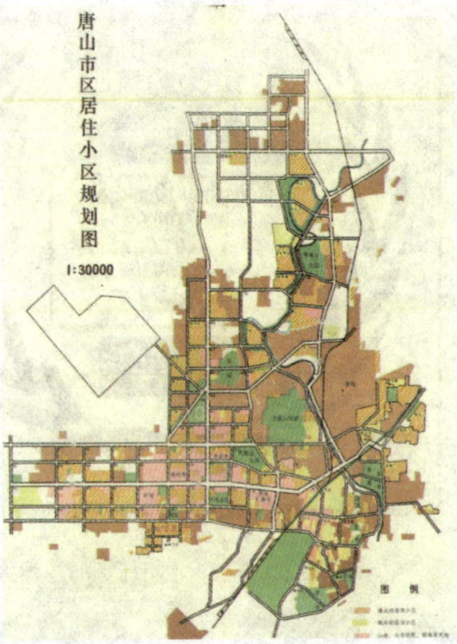

震后唐山市居住小区规划平面图。

（1）抢建简易住宅，解决灾民的临时入住问题。大地震后，市区的居民暂时住在临时搭成的窝棚里。为了使生活和生产有最基本的保证，1976 年入冬前，市区建成简易房 35.1 万间，居民们从窝棚迁入能够防震、防雨、防风、防寒、防火的房子里。一座城市举全城之力修建简易住宅是唐山人民的一个创造。（2）科学规划，节约用地，合理布局。坚持以科学的城市总体规划为“龙头”，按规划进行包括住宅在内的各项工程建设，使新唐山改变了震前功能分区混乱、工厂和住宅混杂交错等不合理状况。(3) 科学组织施工。先准备，后施工；先外围，后中心；先地下，后地上；先试点，后推广；先住宅，后其他的整体科学施工方案保证了居民住宅的优先建设。（4）集中、统一指挥。成立了唐山市建设指挥部，下辖 7 个专业指挥部，统一规划、统一设计、统一投资、统一施工、统一分配、统一管理。（5）搞好各项市政公用设施配套建设。尤其是集中供气和供热，方便了居民。（6）采取抗震防灾措施。各种建筑尤其是居民住宅严格按照国家规定的 8 度基本烈度区标准进行抗震设防。

唐山市人民政府的这些人居建设成就，得到了联合国人居署官员和评委的肯定和赞誉，认为唐山震后重建“是如何科学而热忱地解决住房、基础设施和服务设施的杰出典范”，决定授予中国唐山市“人居荣誉奖”，为此，唐山市成为第一个获此殊荣的中国城市。

人民日报
RENMIN RIBAO
全国检察长工作会议强调
为经济发展创造良好环境
反贪污反贿赂斗争已追缴赃款等5.2亿元
以坚持社会主义道路教育为核心
昌平精神文明建设重点突出
在地震废墟上写出大规模建设创业史
唐山获联合国“人居荣誉奖”
李鹏会见美国会议员
李鹏会见土耳其国务部长
抓重点 讲实效
徐帅骨灰撒在战斗过的土地上

1990 年 11 月 14 日，《人民日报》在头版刊登唐山获人居荣誉奖的消息。

1990 年 11 月 13 日，由联合国开发署驻京代表毛瑞先生在北京向唐山市政府颁奖。在颁奖仪式上，毛瑞先生提到，20 世纪 1/3 的地震发生在中国，地震中死亡的 265 万人中的 89% 是中国人。向唐山市颁奖，就是为了嘉奖其在 1976 年地震后重建中取得的成就，这是以科学和热情解决住房、基础设施和服务问题的杰出的例子。“唐山的经验表明，人民的积极参加可以对地震后改变人类居住条件方面起到重要作用。”

新华社、中国新闻社、中央人民广播电台、中央电视台、《人民日报》、《中国日报》等 20 多家新闻单位的记者参加了颁奖仪式。《人民日报》在头版发表文章，题目为《在地震废墟上写出大规模建设创业史 唐山获联合国“人居荣誉奖”》。《唐山劳动日报》第一版头条以红字标题《我市获联合国人居荣誉奖》，用整版的篇幅报道了唐山获奖的情况。

唐山，在党的领导下又一次名扬世界。

★陆拾叁

亮丽凤凰城　全力办城运

中华人民共和国第二届城市运动会在唐山举办（1991 年 9 月）

中华人民共和国城市运动会(The People's Republic of China City Games)，简称全国城市运动会、城运会，每4年举办一次，是仅次于全国运动会的综合性体育赛事，其主要目的是发挥城市经济、文化和体育优势，发现和培养体育后备人才。第一届全国城市运动会于1988年10月23日至11月2日在山东省济南市举行，第二届全国城市运动会于1991年9月在河北省唐山市举行，这是唐山第一次举办全国性的大型综合运动会。全国大型综合性运动会由非省会城市举办，在我国还是首次。

1991 年第二届全国城市运动会开幕式。

唐山是一座有着优秀体育传统的城市。20

世纪五六十年代曾为国家培养了一大批优秀运动员，70 年代曾是全国五项球类运动会的分会场。改革开放以来，唐山的体育事业突飞猛进，每年向上级输送体育后备人才 300 名以上。在竞技体育方面，唐山籍的运动员在国际国内各项赛事中不断摘金夺银，唐山市在各项体育赛事中，一直处于河北省的前列。唐山的体育裁判员队伍也不断壮大，水平也不断提高。群众性体育活动不断向深度和广度发展，全民健身作为群众体育的主旋律，展示着唐山人民昂扬向上的精神风貌，每年的迎新年万人长跑、全程和半程马拉松长跑、千人登山赛、全市性的晨练晚练等都在全市有着雄厚的群众基础。

第二届全国城市运动会秩序册。

设施先进的体育场馆是体育强市的基础。随着恢复建设的完成和国民经济的发展，一大批建筑美观、各具特色、设备一流的体育场馆拔地而起，为各种体育赛事提供了理想的场所。1983 年以来，唐山一直是国家体委命名的“全国田径之乡”。

第二届全国城市运动会纪念册。

唐山，完全具备承办大规模的全国以至国际赛事的条件。

1991 年 9 月 20 日下午，中华人民共和国第二届城市运动会在唐山体育中心主体育场隆重开幕，会场响起雄壮、激越的《运动员进行曲》，以国旗、会徽和鲜花、旗林方队为先导，裁判员和各代表团队伍相继入场。运动会火炬在震后崛起的新唐山点燃，熊熊的火焰，映照着唐山新姿容，象征着唐山人奋发进取的新风貌。升国旗仪式后，河北省优秀运动员代表登上火炬台，点燃了城运圣火。

中共中央、国务院、国家体委、河北省、北京军区、武警部队的领导人出席开幕式，全国的省会城市、计划单列市、沿海开放城市、经济特区城市等 2000 多名运动员汇聚唐山体育场，参加了隆重的城运会开幕式。时任中共中央政治局委员、国务委员李铁映致开幕词。他说，“15 年前大地震，15 年后办城运”，在震后重新崛起的唐山市召开全国城市运动会，更有其特殊的意义。全国城市运动会的召开，是城市精神文明生活中的一件大事，是我国体育发展和改革的一项战略措施。推动城市体育事业的发展，培养运动后备人才，是运动会的宗旨，他希望全体运动员、教练员、裁判员恪守“公正竞赛，团结拼搏”的体育道德，赛出风格，

印有第二届全国城市运动会吉祥物的瓷盘。

赛出水平，互相学习，切磋技艺，共同提高。希望通过全国城市运动会涌现出一批优秀人才，在将来的国际大赛上为国争光。

乒乓球教练蔡振华签名的第二届全国城市运动会纪念封。

夜幕降临，华灯齐放，唐山市近万名大中学生做了题为《城市之光》的大型团体操表演，中华人民共和国主席杨尚昆为运动会题了词。运动会共进行 8 天，共设 16 个比赛项目，12 人 12 次 4 项超亚洲纪录，2 人 2 次 2 项平亚洲纪录，5 人 5 次 4 项创全国纪录，14 人 25 次 15 项创全国青年纪录。

在举办第二届全国城市运动会之前，唐山已经承办过河北省第七届运动会、第二届全国伤残人运动会、第二届全国煤矿工人运动会、第四届全国中学生运动会。继第二届全国城市运动会之后，1995 年又代表中国承办了第三届中日韩三国青少年体育交流大会，有 10 个国家和地区参加了交流和比赛，规模空前，为世人瞩目。大会在“友谊、进步、未来”的旗帜下，办得热烈、精彩、圆满，受到了中央和河北省领导人的高度评价和国内外各界朋友的一致赞誉。在全国的体育官员、运动员以及国内外媒体记者眼中，唐山是一座街道宽阔整齐、交通井然有序、环境清洁优美、人民热情好客的城市。

通过承办各种国内外大型体育赛事，大大促进了唐山体育事业的发展和群众性体育活动的开展和普及，向世人展示了在党旗指引下新唐山建设的成就和唐山人民昂扬向上的精神风貌。

★陆拾肆

建设高新区　唐山再添翼

唐山市高新技术开发区开工建设（1992 年 4 月 1 日）

1988 年 8 月，中国国家高新技术产业化发展计划——火炬计划开始实施，第一个国家高新技术开发区——北京中关村科技园由此成立。

唐山市高新技术开发区是唐山市为加快改革开放步伐，更好地调整产业结构，实施“科技兴市、开发兴市、开放兴市”的发展战略而建立的。1992 年 4 月 1 日，唐山市高新技术开发区举行了奠基典礼，中共河北省委、河北省人民政府、中共唐山市委、唐山市人民政府主要领导人，市直有关部门、科技单位、大专院校、进区企业及施工单位的代表参加了典礼，各级领导为开发区基石挥锹填土。

国家火炬计划标志。

开发区成立后，首先做好城市基础设施建设，道路、供电、供水、供热、供气、

今日唐山高新区。

通信等基础设施快速建成，并开展了绿化、亮化、美化为主要内容的形象工程建设。同时，加紧进行“软环境”建设，实现了政策明朗化、职能公开化、办事程序化、言行规范化、配合主动化、人员流动化、环境园林化、办公自动化。

1992 年 5 月，唐山高新技术开发区被河北省人民政府批准为省级高新技术开发区，7 月被批准为省级经济技术开发区；1998 年 4 月又被省政府列为河北省 8 个重点开发区之一；2006 年 4 月经国家发改委批准更名为河北唐山高新技术产业园区；2010 年 11 月 29 日，经国务院批准升级为国家高新技术产业开发区，定名为唐山国家高新技术产业开发区。

高新区位于市中心区北部，属于城市总体规划的一部分，最初规划面积 31 平方千米。到 2020 年，管辖面积 101.3 平方千米，辖 1 个管委会、1 个镇、3 个办事处、13 个社区、52 个行政村、22 所小学、2 所中学，总人口21.8万人。2003年，全区整体通过ISO14001环境管理体系认证，2005年通过ISO9001质量管理体系认证，2007年在北京跨国公司CEO圆桌会议上，被评为中国最佳投资开发区。

位于高新区的唐山松下机器产业公司。

开发区自建立以来，聚焦新兴产业，强化创新驱动，推进开发开放。建设投资和利用外资快速发展，成为唐山市经济发展速度快、质量好、自主创新能力强的区域。

开发区是全市外资企业最集中、效益最好的区域。进驻高新区的外资企业涉及日本、美国、英国、加拿大、西班牙、韩国和我国香港等14个国家和地区。共计有松下电器、伊藤忠商事、神户制钢和爱信精机4家世界500强企业在高新区投资兴业（分别为唐山松下产业机器有限公司、NGK唐山电瓷有限公司、唐山神钢焊接材料有限公司和爱信汽车零部件有限公司）。

“一园两基地”是高新区最亮丽的品牌。“一园”即日资工业园，已有日资企业21家，占全省日资企业总数的1/3，是河北省日资企业最集中的区域，被确定为河北省十大特色工业园区之一。“两基地”：（1）焊接产业基地，被国家科技部认定为国家火炬计划项目，形成了以松下电焊机、小池酸素数控切割机、开元自动焊接设备、

中信重工开诚智能装备有限公司内的特种机器人。

神户制钢特种焊丝、鸿鹏焊业切割及焊接设备制造的焊接产业基地，产品涵盖了焊接设备、机器人及其系统、切割设备、焊接材料及辅助机具等各个领域，是国内规模最大、产业链条最为完备的焊接产业集群，规模为中国第一、亚洲第三、世界前十。（2）机器人产业基地是国家火炬计划机器人产业基地。此外，高新区还集中了唐山市 50% 以上的高新技术企业和 90% 以上的软件企业，成为全市乃至全省重要的自主创新基地。

高新区建立后，高新技术产业的聚集和辐射作用日益明显。1998 年，高新区管委会与市科技局共同创办了唐山高新技术创业中心。2002 年 4 月，创业中心被国家科技部认定为国家级创业中心。生产的高新技术产品占全市的 1/3，高新技术产业的集聚效应已显现，已日益成为唐山市对外开放的窗口，成为集中吸纳外商投资、发展外向型经济的重要基地。

★陆拾伍

抗震廿周年　中央赞精神

中共中央总书记江泽民为唐山题词并视察唐山（1996年4月16日、7月26日）

1996年7月28日，是唐山抗震救灾20周年。

4月16日，中共中央总书记、国家主席江泽民为唐山抗震救灾题词：“弘扬公而忘私、患难与共、百折不挠、勇往直前的抗震精神，把新唐山建设得更繁荣更美好。”对唐山抗震精神作了精辟的概括和大力赞扬，这也是对唐山的发展提出的更高要求，更是对唐山美好明天的殷切希望，使唐山人民深受鼓舞。“公而忘私，患难与共，百折不挠，勇往直前”的抗震精神，已经成为

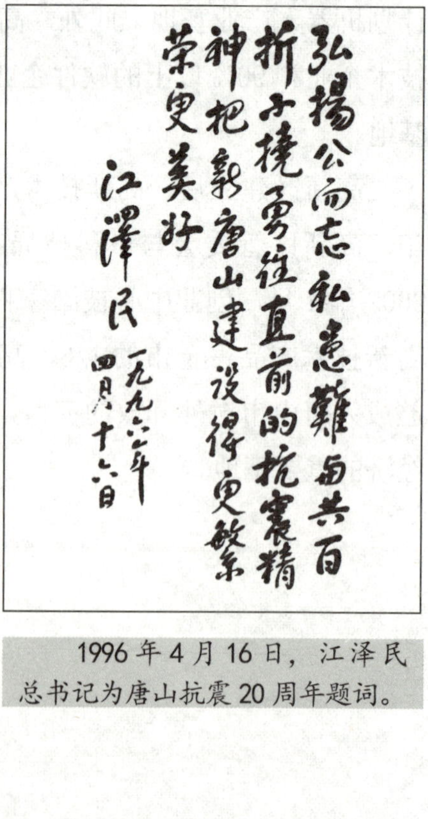

1996年4月16日，江泽民总书记为唐山抗震20周年题词。

中华民族伟大精神的一个重要组成部分。

从7月份开始，纪念唐山抗震20周年的活动也相继展开。最感人的是上海第二医科大学派医疗专家在唐山抗震纪念碑广场开展义诊活动。1976年大地震发生后，上海第二医科大学派医疗队来唐山，给予唐山人民无私的救助，他们重返唐山，有17名医护人员当年曾来唐山，奋战在抗震救灾第一线。他们来唐山的消息传开，许多受过救助的唐山人和普通市民纷纷来到纪念碑广场看望亲人，表达感激之情。受过医疗组专家救助的人们争相把鲜花、锦旗献给恩人们。与此同时，唐山恢复重建成就暨抗震防灾国际会议在唐山召开；电视纪录片《唐山地震20周年祭》在唐山举行了首映式；记录唐山地震孤儿在党和政府的关怀下成长的《唐山地震孤儿今日》一书出版座谈会和首发式在北京人民大会堂举行；《中国人民解放军唐山抗震救灾英雄事迹选》《唐山大地震百人亲历记》《共和国的骄傲》等专著相继出版发行；《唐山劳动日报》连续登载“纪念抗震救灾20周年系列报道”；曾经参加过唐山抗震救灾的军队和地方的领导同志纷纷发表纪念抗震救灾20周年的文章。7月28日，国家邮电

为纪念唐山抗震救灾20周年，中国邮票公司发行了“震后新唐山”特种邮票共四枚。

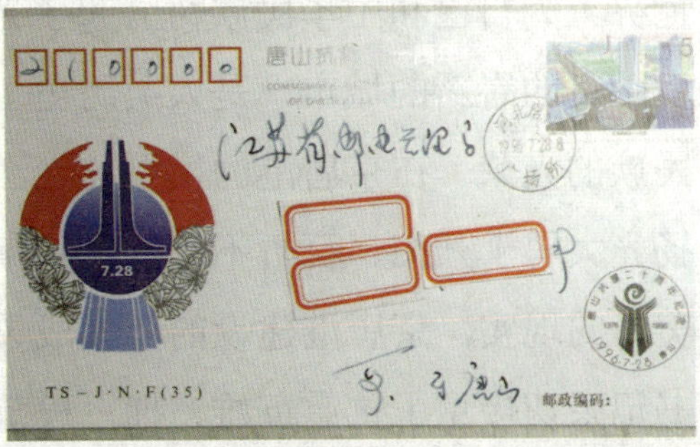

唐山抗震救灾20周年实寄封。

唐山抗震20周年纪念章。左：正面；右：背面。

部（今邮电总局）还发行了一套题为《震后新唐山》的特种邮票。

7月26日，中共中央总书记、国家主席江泽民来到唐山视察。上午，江泽民总书记一行来到唐山抗震纪念碑前，代表中共中央、国务院、中央军委向地震中遇难的同胞和在抗震救灾中献身的英烈们敬献了花篮，参观了纪念碑和唐山抗震纪念馆。江泽民总书记指出，在党的正确领导和全国人民的大力支持下，唐山人民同地震灾害进行了艰苦卓绝、气壮山河的斗争，历经十年重建、十年振兴，新唐山重新崛起，创造了人类同自然灾害斗争史上的伟大奇迹。他赞誉唐山人民在世界上为自己和中华民族树立起了光辉形象，在废墟上建设起一座举世瞩目的崭新的城市，是人类历史上空前的伟大壮举，是我们国家和民族的光荣。在京唐港的模型前，江泽民总书记说，只要中国人民发扬光大勇于开拓、百折不挠的民族精神，任何愿望和理想都可以成为美好的现实，京唐港建设的伟大成果就是一个有力的证明。江泽民总书记亲切接见了抗震英雄、拥军模范和地震孤儿代表。随后，到康复村看望了地震中致残的居民，勉励大家要团结互助、战胜伤残，做生活的强者，并向每户居民赠送了一台健身康复器。江泽民总书记还参观了河北理工学院地震遗址，到人民解放军某部驻地观看了军事表演，接见了驻军官兵。

下午，江泽民总书记听取了河北省和唐山市领导的工作汇报，接见了河北省、唐山市五套班子成员；又到山西南里居民小区入户看望慰问居民，视察了第四幼儿园，观看了小朋友们的文艺演出和手工技能表演，赠送给小朋友们多种幼儿学习用品；参观了唐山陶瓷（集团）公司的产品陈列厅，考察了冀东水泥厂，并为新建的第二条生产线点火。江泽民总书记热情赞扬了震后20年唐山在社会主义革命和建设中取得的巨大成就，给了唐山人民巨大的鼓舞和力量。

7月27日，国务院总理李鹏来唐山视察，考察了唐山的企业，特别到了他曾经工作过的发电厂：1976年地震时，当时任北京电业管理局领导的李鹏同志亲自领导了唐山电力系统的抗震救灾，尤其是为陡河电厂的复建殚精竭虑。

7月28日上午，中共河北省委、省政府和中共唐山市委、市政府召开纪念唐山抗震救灾20周年大会。李鹏出席并讲话，他首先代表党中央、国务院向在当年地震中遇难的同胞表示深切哀悼，向英雄的唐山人民致以崇高的敬意。他对震后20年来唐山取得的巨大成就给予高度赞誉，对抗震救灾伟大胜利的重要意义给予了高度的概括。他告诫在新形势下要进一步密切党群、干群关系，并对加强理论联系实际、求实务实的工作作风提出了明确要求。尤其是为唐山未来的发展指明了方向。

江泽民总书记为唐山题词并视察唐山，李鹏总理视察唐山、出席纪念唐山抗震救灾20周年大会并讲话，体现了党中央、国务院对唐山的关怀，对唐山抗震精神的高度赞誉，是指引唐山人民不断前进的动力。

★陆拾陆

精神垂后世　大钊新馆成

李大钊纪念馆新馆落成举行开馆仪式（1997 年 8 月 16 日）

新中国成立后，为缅怀中国共产主义运动的先驱，伟大的马克思主义者，中国共产党的主要创始人之一李大钊先烈，党和人民政府对乐亭县大黑坨村的李大钊故居进行了保护，1958 年，在李大钊故居前建了纪念馆。为弘扬大钊精神，中共中央批准在乐亭县新城区大钊路西侧建设李大钊纪念馆新馆，1996 年 8 月开始动工兴建。

李大钊纪念馆大门。

1997 年 8 月 16 日，李大钊纪念馆新馆建成，并举行了有各界代表 600 多人参加的开馆仪式。中共中央总书记胡锦涛出席了落

李大钊纪念馆主展馆。

成开馆仪式，他首先代表党中央向李大钊纪念馆的落成表示热烈祝贺，向前来参加仪式的李大钊同志的亲属和冀东老同志表示亲切问候，并亲切接见了前来参加开馆仪式的李大钊长子李葆华和冀东老同志的代表。原中顾委委员李运昌代表老同志发言，他满怀深情回顾了李大钊同志的光辉业绩，表达了对李大钊同志的景仰和怀念之情。

仪式结束后，胡锦涛总书记与各界代表来到瞻仰大厅，向李大钊塑像鞠躬，而后步入展览大厅参观。

李大钊纪念馆占地100亩，建筑面积4680平方米，建筑风格融民族特色与现代建筑格调为一体，整个建筑物由灰、白、黑三大色系组成，并与园林绿化相结合，在四周苍松翠柏、鲜花绿草的衬托下，纪念馆主楼更显得宏伟壮观，朴实、大方、简明、庄重。

纪念馆大门设计成牌楼式，以表彰李大钊同志为中国共产主义运动的献身，大门上方镶嵌着江泽民同志题写的馆名。沿中轴线进入馆区，是8根功绩柱。功绩柱高3.8米，呈六棱柱形，用淡红色毛面花岗岩镶砌而成，刚劲有力的柱体上端，雕刻着党旗党徽的图案。38级台阶象征了大钊同志38年的人生岁月。8根功绩柱，占位八方，围成一个圆形，象征李大钊在中国革命史上立下的丰功伟绩。李大钊的八大功绩是：“首传马列播真理，照亮神州启明星；学十月革命经验，选社会主义道路；领导五四导航向，开创历史新纪元；关怀青年倾心向，培养干部建业勋；创建中国共产党，开天辟地奠核心；受托会见孙中山，促成国共首合作；领导北方党组织，发动工农闹革命；重视军事抓武装，争取将领冯玉祥。”

功绩柱向前是纪念广场，用以举行各种纪念活动。

李大钊纪念馆展陈内容之一。

登上38级台阶，就到了展馆。正中间是瞻仰大厅，大厅内正面是大钊同志汉白玉立式雕像，雕像后衬中共中央撰写的李大钊烈士碑文，瞻仰大厅也是全国各地党组织和个人向大钊同志敬献花篮、重温入党誓词等仪式的举办场所；大厅两侧是大型锻铜浮雕，概括而形象地介绍李大钊同志的光辉思想和丰功伟绩；东西展厅陈列有文物、资料、图片等，充分展示了这位共产主义运动先驱的风采，给人以巨大的鼓舞和力量；二楼建有办公室、会议室、研究室、接待室、贵宾室、珍藏室、书画厅、影视报告厅等。整个建筑物呈灰、白色调，多用自然采光，朴实、大方、简明、庄重。

纪念馆主楼西侧还建有人工湖。

2004年，经中共河北省委批准，作为纪念馆的二期工程，在人工湖北岸修建了李大钊纪念碑林，成为纪念馆的一个组成部分，纪念碑林于2004年3月动工，10月29日建成。碑林占地面积6000平方米，建筑面积1250平方米，建筑形式与纪念馆风格一致，碑林依湖伴园，主要运用现代建筑和传统符号（石碑）相结合的表现手法，碑楼、碑亭、碑廊与绿化点面组合，错落有致，成为一个独立的群体，形成李大钊纪念馆又一个展区。碑林前面是像亭，安放着李大钊汉白玉坐像，坐像背后白色大理石贴面的屏风上镌刻着邓小平同志的题词："共产主义运动的先驱，伟大的马克思主义者李大钊烈士永垂不朽。"碑林展出碑刻和复制碑 60 余块，内容大体分四类：主要有党和国家领导人题词，李大钊同志部分手书，国内著名艺术家缅怀和颂扬李大钊同志的有关书法作品和对历史存留的部分有关李大钊碑刻的复制内容等。碑林从不同侧面展现弘扬了大钊精神，弥补了室内展览的不足，同时增加了纪念馆的园区景观，进一步丰富了纪念馆的教育内容，是对广大干部群众，特别是对广大青少年进行爱国主义和思想道德教育的一个重要场所和生动课堂，是唐山市爱国主义教育基地建设中的又一个新亮点。

李大钊纪念馆碑廊。

李大钊纪念馆既是李大钊同志生平业绩的陈展，又是爱国主义教育基地，既是研究李大钊的中心，又是独特的旅游景点，为全国首批百个爱国主义教育示范基地之一和全国百个红色旅游经典景区。每年，都有全国各地的党组织、社会团体、企事业单位等集体来这里参观，进行爱国主义教育、革命传统教育、党史教育和理想教育。

★陆拾柒

筑起高速路　关山度若飞

唐山境内第一条高速公路唐津高速一期工程全线开通，唐山进入高速公路时代（1997 年 11 月 28 日）

进入改革开放新时期，中国的高速公路建设开始起步，20 世纪 80 年代开始建设沈大（沈阳—大连）高速公路，现为国家高速 G15（沈海高速公路）沈阳至大连段。

第八个五年计划（1991—1995 年）期间，唐山在国家高速公路修建计划的框架内，结合我市的情况，开始谋划高速公路建设，计划在不久的将来，建设津唐（天津—唐山）、京沈（北京—沈阳）唐山段、唐港（唐山—海港）、西外环（G25 长深高速唐山段）等高速公路。

唐津高速公路鸟瞰。

唐津高速唐山段是唐山市规划建设的第一

条高速公路，是沟通天津、唐山和秦皇岛三市及东北地区的重要通道，是被国家交通部列为“八五”开工“九五”通车的重点国道建设项目。1995年8月，唐津高速唐山段开工建设，1997年11月28日，一期工程建成通车。唐津高速唐山段一期工程的建成通车，结束了唐山没有高速公路的历史，使唐山进入高速公路时代，具有重大的经济意义和政治意义，对实施环渤海开放战略、推动唐山乃至全省经济的发展和对外开放发挥了重要作用，构筑了唐山新的交通框架。

在唐津高速开工后不久，唐山又开始修筑京沈高速唐山段。

京沈高速公路是国家投巨资修建的由北京到沈阳的高速公路，也是国家高速公路网中的主要干线之一，是中国东北地区与首都北京连接的重要高速公路，全长658.7千米，其河北段全长199.3千米，唐山段114千米，穿越玉田、丰润、迁安、滦县四县（市）及新区（今

京沈高速公路唐山段。

属丰润区）、开平两个区，是唐山境内最重要的一条高速公路，对改善渤海湾地区的投资环境具有重要意义，对促进唐山经济发展和对外开放将产生深远的影响。

1996年10月8日，京沈高速公路河北段在丰润县立交桥施工现场举行开工典礼，全国人大、河北省及唐山市的领导为工程奠基。京沈高速公路1999年9月全线通车。京沈高速公路唐山段共有玉田、鸦鸿桥、唐山北、榛子镇、迁安5个出入口，设玉田和滦县两个服务区。2000年9月沈阳到哈尔滨的高速公路修通，与京沈高速公路连接为京哈高速公路。2013年6月，交通运输部公布中国高速公路编号，由首都北京出发的为G＋1位数，京哈高速编号为G1。

京哈高速公路标号。

2009年12月开工建设京哈高速迁西支线，工程南起京哈高速公路162千米处，北与省道三抚公路相接，跨滦县、丰润、迁西三个县区，全长38.5千米，路基宽26米，双向四车道，设计时速100千米；全线新建大桥7座、中桥12座、涵洞23道、隧道2座；设椅子山、张庄子、新庄子、喜峰路4处互通式立交，分离式立交9处。2011年12月30日，迁西支线建成通车，这是我省第

京哈高速迁西支线。

唐津高速公路唐山段地图。

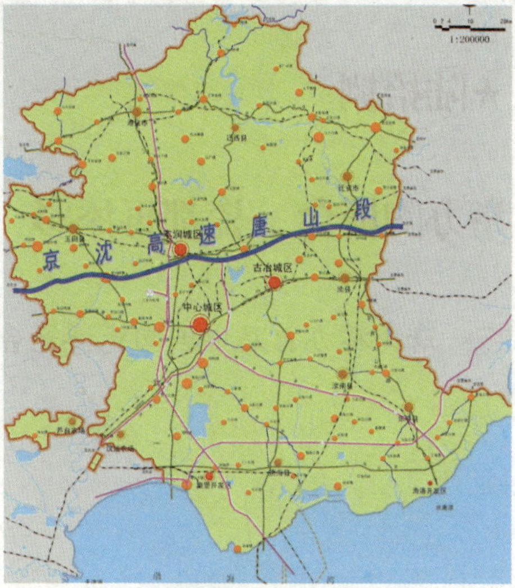

京沈高速唐山段地图。

一条由县级地方政府筹资建设的高速公路，标志着唐山市重点交通道路建设翻开崭新的一页。有关部门认为，迁西支线的建成通车，开创了河北省高速公路建设的又一先河，体现了当代愚公精神和不等不靠、自立创新的勇气和气魄。它的建成通车，打开了迁西对外交流的大门，破解了困扰迁西人民多年的“出行不畅”问题，打开了迁西等县区与外界沟通的大动脉，标志着唐山市所有县（市）区实现了高速公路全覆盖，对于进一步健全全市大交通路网格局，加快县域经济发展具有重要意义，也为迁西融入京津冀区域经济一体化和实施沿海经济发展战略提供了坚实保障。

★陆拾捌

举办陶博会 瓷都再添彩

唐山举办首届中国陶瓷博览会（1998 年 10 月 18 日）

唐山的陶瓷制造历史悠久，在全国也占有重要地位。新中国成立，特别是改革开放以来，唐山陶瓷业迅猛发展，主要产品有日用瓷、建筑瓷、卫生瓷、工业理化瓷、高新技术瓷、美术陈列瓷等，品种多达 500 多种。陶瓷产品在全国的影响也越来越大，骨质瓷瓷质润泽、光灿莹洁、胎质细致，白玉瓷瓷质细腻、釉面光润、白中泛青，是唐山陶瓷的代表。唐山作为“北方瓷都”的地位也被越来越多的人认可。

1998 年首届中国陶瓷博览会开幕式。

1998 年，中共唐山市委、市政府提出了以陶瓷为切入点，通过举办陶瓷博览会，弘扬我国优秀的陶瓷文化，促进陶瓷产业的繁荣与发展，展示中国陶瓷行业成就，交流现代陶瓷生产技艺，共谋我国陶瓷行业发展大计，并以陶瓷为媒，树立良好的城市形象，加快对外开放，促进科学发展。“首届唐山中国陶瓷博览会”由中国国际贸易促进会、河北省人民政府、中国陶瓷工业协会、中国建筑卫生陶瓷协会、中国经济联络中心等单位共同主办，唐山市人民政府、中国国际贸易促进委员会河北分会承办。

琳琅满目的陶瓷展品。

1998 年 10 月 8 日，首届中国陶瓷博览会在唐山体育中心多功能体育馆隆重开幕。全国人大常委会、全国政协、河北省和唐山市的领导以及中外来宾、客商 3000 多人参加了开幕式。

这届博览会共有来自国内外的 118 家厂商参展，陶瓷展品涉及 10 多个系列上千个品种。江西景德镇、广东佛山、山东淄博等各大陶瓷产区的著名厂家都来参展，充分展示了中国陶瓷的发展水平。美国标准、日本东陶、意大利萨克米等一批世界著名陶瓷厂商参展，带来了世界高水平的陶瓷技术。这届博览会共签订国内陶瓷贸易合同665 项，签订出口贸易合同 191 项。

博览会期间，共有来自美、英、法、德、日等 30 多个国家和地区的 600 多名外宾或外商，有来自全国 23 个省市的 2800 多名内宾和商家代表到会参观展览、洽谈贸易。博览会期间，到厂参观和购买陶瓷的唐山市民超过了4万人次。

陶艺制作吸引了许多人参与。

博览会期间，唐山市举行了多领域的大型经贸活动，在唐山对外经贸洽谈会上，共签订利用外资项目101项，签订利用外资意向60项，签订外贸成交合同47项，签订内联协议192项。在高新技术发布展示洽谈会上，唐山市与省内外16所大专院校和科研院所共签订技术合作项目160项。在人才交流大会上，唐山市共引进各种高级专业人才58人；同时，中国科学院人才智力唐山服务工作站正式挂牌。

首届中国陶瓷博览会共历时5天，是中国陶瓷史上的一次盛会，是以陶瓷及相关产品展示为核心，面向国内外的一次综合性经贸合作与交流活动，取得了巨大成效和圆满成功。

1998年中国陶瓷博览会，受到海内外各界朋友，特别是陶瓷界朋友的欢迎，此后，唐山中国陶瓷博览会每年举行一届，展会规模逐年扩大，展会内容不断丰富。10年以后的2007年第十届中国唐山陶瓷博览会，参会的销售商和用户客商共签订贸易合同总金额21.56亿元，其中陶瓷国内贸易合同金额12.61亿元，陶瓷出口贸易合同金额1.19亿美元，这几项都创造了博览会的新纪录。这次博览会期间，还举办了河北唐山（曹妃甸）经贸洽谈会，共签订外商直接投资项目合同38个，总投资39亿美元，合同利用外资17亿美元；签订国内协作项目61个，总投资1158亿元，合同引进省外资金1039亿元。

2016 年，从第十九届开始，唐山中国陶瓷博览会在新建成的中国陶瓷博览中心举办。

2016 年，第十九届唐山中国陶瓷博览会在新建成的唐山中国陶瓷博览中心举办，参展陶瓷种类涵盖国内外日用瓷、建筑瓷、卫生瓷、艺术瓷等全部陶瓷品种，业态齐全，品种多样，全面展示了当今世界陶瓷工业发展的最新水平和最新成果。

2020 年，第二十三届唐山中国陶瓷博览会，在新型冠状病毒肺炎疫情防控常态化背景下采取了“云端互动 + 线下消费”新模式，分为线下活动和线上活动两部分。丰富多彩的线下活动，在原有唐山中国陶瓷博览会开幕式、陶瓷贸易展、瓷茶对话系列活动的基础上，还举办了 2020 唐山陶瓷新品设计大赛暨陶瓷新品展、第六届河北省陶瓷艺术技艺大赛、第八届中国陶瓷名家名作展及评比颁奖典礼、宜兴名家回顾展、“陶瓷 + 文化旅游”宣传推广、第二十三届唐山中国陶瓷博览会人才技术交流大会暨第十届河北省沿海经济带高级人才洽谈会6项线下活动，进一步提升了国内知名大师和作者的参与度，同时搭建招商引资、引技、引智平台，促进经贸交流以及招商引资、人才引进、科技成果转化。

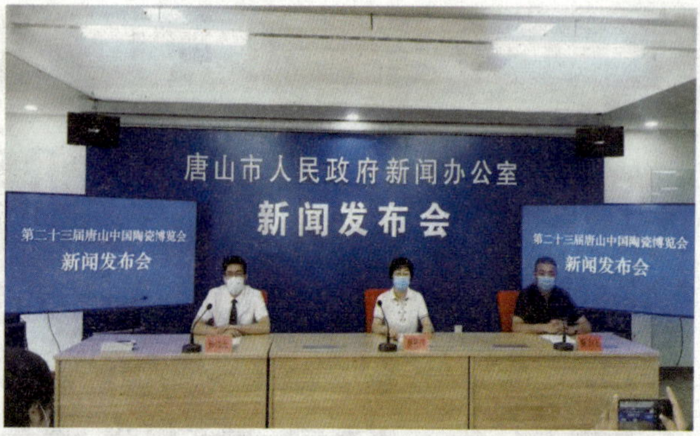

第二十三届唐山中国陶瓷博览会新闻发布会。

线上则采取网络办展新模式。举办VR云展览、云端贸易洽谈、陶瓷+跨境电商展示交易、网络招商推介、线上直播活动等，突出云端贸易，依托“互联网+陶瓷”市场化运作模式，利用跨境电商平台、网络直播、网络达人的流量效应，采用720度VR全景技术呈现虚拟展示厅，搭建起“突破时空界限”的在线展览、交流、交易平台。

唐山中国陶瓷博览会，已经成为集陶瓷精品展示、陶瓷文化技术交流、艺术鉴赏、陶瓷产品贸易为一体的在海内外有较大影响的国际陶瓷专业展会。通过陶瓷博览会，推广交流各种新材料、新技术、新工艺，展示各具特色的陶瓷文化，推动陶瓷行业走出一条创新驱动、绿色发展的新路子，对中国陶瓷产业的发展起到了巨大的推动作用。

同时，博览会为唐山市带来了源源不断的商流、物流、人流、资金流和信息流，拉动了社会经济的发展，创造了更多的就业机会；对唐山市陶瓷产业提升、陶瓷商贸交流、会展产业的快速发展以及丰富群众文化和消费生活起到了积极的促进作用，在国内外产生了广泛而深远的影响；对唐山城市的基础设施建设、城市形象的提升、环境的

第八届中国评剧艺术节宣传网站。

优化美化、酒店服务等方面提供了良好的发展机遇。

经过多年的精心培育，唐山中国陶瓷博览会已发展为国内外具有较高知名度和影响力的专业化陶瓷品牌展会，获得国际展览业协会（UFI）和国际展览与项目协会（IAEE）两项国际认证。

从 2000 年开始，在举办陶博会的同时，以继承、发展、弘扬评剧艺术，不断扩大评剧艺术在国内外的影响力为宗旨，举办中国评剧艺术节。艺术节的内容包括优秀剧目的评选和演出，召开评剧艺术研讨会，组织评剧爱好者演艺比赛和评剧电影展映周等活动。来自北京、天津、辽宁、吉林、黑龙江、河北等省市的评剧院团推出了多台优秀剧目，国内众多著名评剧表演艺术家在艺术节上登台演出。期间还举办了评剧艺术研讨会、河北省评剧票友大赛、评剧电影展映周等活动，已成为一年一度的国家级大型戏剧艺术节，为弘扬民族文化，促进艺术交流，推动评剧艺术的发展作出了贡献。

★陆拾玖

杰作清东陵　世界遗产录

清东陵被列入《世界文化遗产名录》（2000 年 11 月 30 日）

世界文化遗产是一项由联合国发起、联合国教育科学文化组织负责执行的国际公约建制，以保存对全世界人类都具有杰出普遍性价值的自然或文化处所为目的。世界文化遗产是文化的保护与传承的最高等级，属于世界遗产范畴。世界各国都把自己国家所拥有的文化遗产

清东陵石牌坊。

被列入世界文化遗产视为最大的荣耀。

1961年，清东陵被国务院列为全国重点文物保护单位。

位于唐山遵化市的清东陵，是中国现存规模最宏大、体系最完整、布局最得体的帝王陵墓建筑群，陵墓的营造历时247年，几乎与清王朝相始终，陆续建成217座宫殿牌楼，组成大小15座陵园，埋葬160余人，每座陵寝均由宫墙、隆恩殿、配殿、方城明楼及宝顶等建筑构成。其中方城明楼为各陵园最高的建筑物，内立石碑，碑上以汉、满、蒙三种文字刻写墓主的谥号。明楼之后是“宝顶”（大坟头），其下方是停放灵柩的“地宫”。对清代历史有着重要影响的、声名显赫的人物均葬于此。所以，清东陵蕴含着丰富的历史信息，被称作“中国皇陵的绝唱”。它不仅是研究清代陵寝规制、丧葬制度、祭祀礼仪、建筑技术与工艺的不可多得的实物资料，而且也是研究清代政治、经济、军事、文化、科学、艺术的典型例证。清东陵1961年被国务院列入第一批全国重点文物保护单位，2015年10月被国家旅游局评为国家5A级旅游景区。

清东陵以金星山为陵寝正前方的朝山，以影壁山为墓穴与朝山之间的案山，以昌瑞山为陵墓后靠之山（靠山），三山的连线即为陵区建筑的中轴线，中轴线是一条长约6千米的神路（专供棺椁、神牌通过的甬路），将自陵区入口的标志物石牌坊至宝顶（地宫之上的封土）

清东陵世界文化遗产标志碑。

的几十座建筑贯穿在一起，并依山川形势分成了三个区段：（1）石牌坊到影壁山间长约1.5千米的区段，配置了宽大的石牌坊和高耸的神功圣德碑亭（内竖为皇帝歌功颂德的石碑的方亭，亦称大碑楼），与金星山及影壁山相呼应。（2）影壁山至五孔桥间长约3.5千米的区段内，配置了石像生（设在神路两旁的石人、石兽雕塑群）、龙凤门（由三间石雕火焰牌楼和四段琉璃壁组成的门坊）、一孔桥、七孔桥和五孔桥等低平建筑，与周围的平坦地势相协调。（3）五孔桥至宝顶间长约1千米的区段。在这个区段内集中配置了神道碑亭（内竖镶刻帝后谥号石碑的方亭）、隆恩门（陵院的大门）、隆恩殿（举行大祭活动的主要殿堂）、方城（砖砌的方形城台）、明楼（建在方城之上的内竖墓碑、檐挂陵名匾额的方亭）、宝顶、宝城（围绕宝顶的城墙）等主要礼制性建筑。并且这些建筑由南至北依次升高，以与昌瑞山及两侧护砂（陵寝左右的山丘）相互配合。这些建

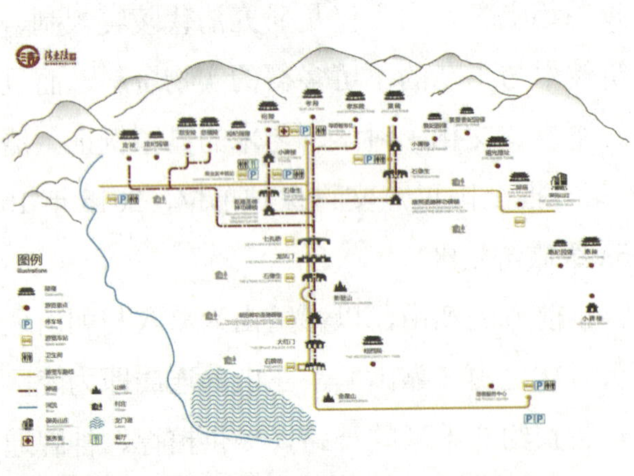

清东陵陵墓分布示意图。

清东陵鸟瞰。

筑的配置与组合，均以旧时风水学中的“形势理论”为指导，其大小、高低、远近、疏密皆以“百尺为形，千尺为势”的尺度进行视觉控制，并将山川形胜纳于景框之中，作为建筑的对景、底景和衬景，实现了“驻远势以环形，聚巧形而展势”的目的。

整个陵区布局严谨，中轴线正中是孝陵（顺治帝陵），其他陵墓（康熙帝的景陵、乾隆帝的裕陵、咸丰帝的定陵和同治帝的惠陵）排列在两边，还有附属于5座皇陵的嫔妃、阿哥、公主的陵墓。这种中国气派的皇家陵寝完全有着申报世界文化遗产的坚实基础和独特魅力。

1996年，国家文物局将清东陵列入中国申报世界文化遗产的预备名单，10月完成全部申报资料，正式向联合国教科文组织申报。2000年1月，联合国教科文组织有关专家到清东陵进行了实地考察，认为清东陵“是一个非常奇特的具有世界价值的遗产”，并高度评价了清东陵的保护工作。

2000 年 11 月 30 日，在澳大利亚凯恩斯召开的联合国教科文组织世界遗产委员会会议上，成员国全票通过把包括清东陵在内的明清皇家陵寝列入《世界遗产名录》。联合国教科文组织在把包括清东陵在内的明清皇家陵寝列入《世界遗产名录》的标准中说：“在风水理论指导下建造的明清皇陵达到了建筑景观与自然景观的和谐统一，是人类具有创造性的天才杰作。”“由于它们和自然环境的和谐统一，从而使它成为世界上独一无二的文化景观。”

UNITED NATIONS EDUCATIONAL,
SCIENTIFIC AND
CULTURAL ORGANIZATION

CONVENTION CONCERNING
THE PROTECTION OF THE WORLD
CULTURAL AND NATURAL
HERITAGE

The World Heritage Committee
has inscribed
Imperial Tombs of the Ming and Qing Dynasties
on the World Heritage List

Inscription on this List confirms the exceptional and universal value of a cultural or natural site which requires protection for the benefit of all humanity

DATE OF INSCRIPTION
2 December 2000

DIRECTOR-GENERAL
OF UNESCO

清东陵被联合国教科文组织列入《世界遗产名录》的证书。

2001 年 5 月 28 日，中国·清东陵世界遗产地标志揭幕仪式隆重举行，全国政协、河北省人民政府、国家旅游局、国家文物局、唐山市人民政府相关领导和联合国教科文组织驻中国的官员以及国内外来宾 1000 多人参加了揭幕仪式。中国联合国教科文组织全国委员会、联合国教科文组织驻华代表处、国务院新闻办公室、北京天坛管理处、北京颐和园管理处、北京北海景山管理处、承德避暑山庄博物院、敦煌研究院、成都武侯祠等 80 多个单位发来了贺电。《人民日报》、中央电视台等国家媒体进行了报道。8 月 15 日，在北京人民大会堂领取了世界遗产地证书。

清东陵开始走向世界。

★柒拾

市区再扩展　丰润丰南融

丰南和丰润两个区并入唐山市区（2002 年 8 月 28 日）

丰南区原为丰南县，明清时期属丰润县和滦州，19 世纪晚期开平矿务局创办时，这里是中国第一条标准轨距铁路——唐胥铁路的终点，唐胥铁路结束了中国没有铁路的历史，同时也拉开了中国铁路建设的序幕，是中国铁路起点标志；为了把开平矿务局产的煤炭运往天津，又以这里为起点开凿了运煤河，从而带动了域内经济的发展和工业化进程。1945 年建丰南县，县治位于河头镇，新中国成立后迁至胥各庄。1954 年 7 月，撤销丰南县建制并入丰润县。1961 年 6 月，经国务院批准，恢复丰南县建制，1988 年 3 月被国务院确定为沿海开放县。进入 20 世纪 90 年代，丰南的国民生产总值快

位于丰南的胥各庄火车站是中国最早的两座火车站之一。

速增长，尤其是第二产业和第三产业发展迅猛，跨入全国百强县之列。1994 年 4 月，国务院正式批准丰南县改建丰南市。这里工业基础雄厚，是华北地区重要的钢铁基地。21 世纪之初，随着中国改革开放的深入和城市化的推进，特别是南湖中央生态公园的建设，使丰南与唐山主城区的联系大大加强，交通、通信、文化教育和社会交往与主城区日益融合，成为主城区的一个重要组成部分。

丰南运河唐人街夜景。

丰润区原为丰润县和唐山市新区。

丰润县秦汉时期分属右北平郡的土垠县、徐无县，后并入无终县，唐时属玉田县。因此地“负山带水，涌地成泉，清流导河”，“润泽丰美”，金大安元年（1209 年）改为丰润县。又据 1931 年出版的《今县释名》载：“夹史家河五十余里，皆可屯之区。又自水道沽关黑岩子墩，至诸家营处，东西百余里，南北百八十里，皆濒海，平旷可耕，故以丰润名县。”清代丰润县析为两部分，分属遵化直隶州和滦州管辖。据考证，清代文学巨匠曹雪芹的祖籍即在丰润。1928 年改直隶省为河北省，恢复丰润县，隶属河北省。1961 年 6 月，国务院决定丰润县分为丰润、丰南两个县，

丰润区曹雪芹公园大观楼。

两县均属唐山地区行政公署。

唐山新区是1976年地震后建立的。震后，为重建新唐山，于当年10月制定了《唐山市城市总体规划》。这一总体规划把唐山市分成老市区、东矿区和新区三大片，老市区在原路北区的基础上建设，保留开滦唐山矿、唐山钢铁公司、唐山发电厂和一些陶瓷、机械工业的工厂；地、市党政机关设在这里，居民区进行了重新规划建设。东矿区以开滦的赵各庄、林西、唐家庄、范各庄、吕家坨五个矿为基础，以矿建点，分散布局，相对集中，紧密联系，形成矿区小城镇。在毗邻丰润县的东部新建唐山新区，将京山铁路以南地区（即原路南区）的唐山机车车辆工厂、轻机厂、齿轮厂及纺织、机械工业的工厂迁到新区，并在这里新建大型水泥厂、热电厂等。这一规划于1977年5月经国务院批准，到1979年年底，新区的各项建设已经初具规模，经中共唐山市委、唐山市革命委员会研究决定，并报中共河北省委、河北省革命委员会和国务院批准，于1980年1月12日正式设立区级建制，名为“唐山市新区”。

建于辽代的丰润天宫寺塔。

随着改革开放的深入，唐山经济迅速发展，丰润县与新区已经深度融合，形成了“你中有我，我中有你”的城市格局，二者合并成一个城区的条件已经成熟。

经国务院批准，撤销丰南市，设立唐山市丰南区；撤销丰润县和唐山市新区，合并设立唐山市丰润区。2002年8

月 28 日，丰润区和丰南区两个区举行成立大会，中共唐山市委、市政府主要领导参加了大会，并在会上宣读了中共唐山市委、唐山市人民政府《关于撤销丰南市设立唐山市丰南区的通知》和《关于撤销丰润县和唐山市新区合并设立唐山市丰润区的通知》。与此同时，中共唐山市委和唐山市人民政府要求两区在并入主城区后努力实现综合经济实力、发展开放型经济、扩大开放和推进科技进步、建设现代文明城区四个新跨越。

新建立的丰南区，是唐山市唯一的沿海城区；新建的丰润区，是全市人口最多、面积最大的市辖区。此次区划调整后，唐山市辖路北、路南、开平、古冶、丰南、丰润 6 个区，市区总面积达到 3874 平方千米，人口达到近 300 万，成为当时河北省人口最多和面积最大的城市。

唐山劳动日报
TANGSHAN LAODONG RIBAO
2002年8月29日 星期四
江泽民会见出席全国宣传部长会议和全国
江泽民发表重要讲话 胡锦涛尉健
抓住机遇 发挥优势 加快建设现代化沿海大城市
唐山市丰南区丰润区成立大会昨举行
白润璋讲话 张和宣读区划调整通知 张学游江郑宝林等出席
此次区划调整后，我市已成为全省城区面积最大、人口最多的城市，城区总面积达到三千八百七十四平方公里，人口达到二百九十三万余人
白润璋在市委中心
认真加强理论学习 深入
不断促进党的作风
唐山市行政区划调整示意图

《唐山劳动日报》头版头条报道两区成立大会。

丰南区和丰润区的设立，不仅有利于两区更加紧密地融入中心城市整体发展，更好地接受中心城市的辐射，而且有利于唐山进一步拓宽城市发展空间，提升城市功能，为建设现代化沿海大城市创造条件。

★柒拾壹

环境大改善　喜获迪拜奖

唐山市荣获联合国迪拜国际改善居住环境最佳范例奖（2004 年 7 月 17 日）

“迪拜国际改善居住环境最佳范例奖”（DIABP）简称“迪拜奖”，是根据第二届联合国人居大会和《迪拜宣言》确立的标准，对在改善人居环境和可持续发展方面作出突出贡献的城市、社区及居住环境等而设立的奖项，由联合国人居署和阿拉伯联合酋长国迪拜市政府于

迪拜奖奖杯。

迪拜奖奖状。

1995 年设立，旨在奖励在人类居住条件的改善及可持续发展方面作出杰出贡献的项目，注重可持续、改善环境、公共利益，评选范围涉及 26 个主题共 100 多个子项。该奖每两年评选一次，每次评选出 10 个获奖项目。1996 年至 2002 年共评选了四届，2004 年是第五届评选，共有 10 个最佳范例被授予第五届联合国“迪拜国际改善居住环境最佳范例奖”，唐山市南部采沉区生态建设项目是其中之一，这也是当年我国唯一获此殊荣的项目。

唐山南部采煤沉降区紧邻城市中心区，总面积 1800 公顷，水面面积 195 公顷，是全市沉降区中面积最大的一个。由于周边居民陆续搬迁，这里逐渐成了人迹罕至的废弃地。市内的垃圾废墟、污水雨水以及电厂排放的煤灰，都集中到了沉降区里，夏天蚊蝇飞舞，污水横流；冬天飞灰蔽日，满目狼藉，被市民称为唐山的“龙须沟”。

为有效改善城市生态环境，实现可持续发展，1996 年，中共唐山市委、市政府决定治理南部采沉区，变劣势为优势，化腐朽为神奇，让昔日城市的“疮疤”变作城市未来的“明珠”。把南部采煤下沉区综合治理项目列入市政府“实事工程”，采取政府资金拉动、社会资金投入和全民义务植树等办法，对采煤下沉区实施全面整治。先后清除垃圾废墟 10 多万立方米，拆除鸡舍、猪圈、废旧厂房等各种违章建筑 24 万平方米，迁出坟墓数千座，并栽植了 40 多万平方米的草坪、148 万多株树木。同时，对靠近市区的 300 公顷采沉区进行了重点治理，把 165 公顷、250 个塌陷坑周围的所有排污口全部封堵，并改造管网 5300 多米，将采沉区的污水引入污水处理厂，使南部采沉区的水体基本还清。

在此基础上，根据不同地段、不同环境，园林部门因地制宜，科学配置植物，充分发挥植物的生态功能。在贫瘠地或粉煤灰上，广泛种植紫穗槐；在土质较好的地段，种植乔木、灌木，通过色彩、层次与环境的合理搭配，营造出自然式园林景观；在湿地，多植荷花、芦苇、菖蒲等植物，既体现了自然之美，又发挥了植物对水体的净化功能。

经过整治后的南湖。

唐山市还利用垃圾堆因势造型，堆造成了4万立方米的假山，并把它改造成山体花园；修建了8000多平方米的东门景区及350平方米的游艇码头；整合散乱分割的湖面65公顷，并在一些适宜的位置修建了亭、廊、桥，建成了具有独特景观的南湖公园，使这里既充满江南水乡风情，又不乏北方园林特色。这里生长的挺水植物、浮水植物和沉水植物达到20余科40余种，各种动物、鱼类达30余种；荷叶田田，树枝依依，如画的风景可与江南媲美。由于保持了湿地系统的完整，成为新唐山的“城市绿肺”。

南湖公园一景。

经过整治，原来的

南湖公园东门。

采煤沉降区变成了风景怡人的公园，市政府将其命名为南湖公园。

唐山南部采煤沉降区由沉降区改造成公园，是唐山由资源型城市向生态城市转型的历史性一步，标志着这座老工业城市正在摆脱依赖资源的发展模式，是践行科学发展观的一个经典范例，向世人展示了一张变劣势为优势、化腐朽为神奇的名片。

2001 年，南部采沉区生态建设项目获河北省“人居环境奖”，2002 年获“中国人居环境范例奖”，在此基础上，由国家建设部推荐申报“迪拜国际改善居住环境最佳范例奖”。

2004 年，南部采沉区环境治理项目从全球 240 个环境治理项目中脱颖而出，获得了联合国人居署和阿联酋迪拜市政府联合颁发的“迪拜奖”。7 月 17 日，阿拉伯联合酋长国迪拜市市长和联合国国际人居环境组织执行主席致信唐山市，祝贺唐山市南部采沉区生态建设项目荣获“2004 年迪拜国际改善居住环境最佳范例奖”。唐山人在采沉区治理过程中的新理念，不但改善了自身环境，也赢得了国际社会的肯定。

★柒拾贰

冀东三枝花　花花入非遗

唐山的评剧、皮影戏、乐亭大鼓入选第一批国家级非物质文化遗产名录（2006年5月20日）

非物质文化遗产是指各民族世代相承的、与群众生活密切相关的传统文化表现形式和文化空间。我国拥有丰富多彩的文化遗产。国家非物质文化遗产分为民间文学、民间音乐、民间舞蹈、传统戏剧、曲艺、杂技与竞技、民间美术、传统手工技艺、民俗、传统医药10大类，共518项。第一批国家非物质文化遗产名录推荐项目的申报和评审工作，由文化部根据国家非物质文化遗产名录申报评定暂行办法，按照申报条件和相关标准，组织有关专家对全国31个省、自治区、直辖市及相关部门推荐申报的项目进行审议。评审委员会根据其价值进行认真评审和科学认定，提出第一批国家非物质文化遗产名录推荐项目，并将名录上报

中国非物质文化遗产标志。

评剧创始人成兆才塑像。

国务院批准。

评剧，流传于中国北方，是广大人民所喜闻乐见的剧种之一，位列中国五大戏曲剧种。20世纪初，今唐山市滦南县的成兆才等人把莲花落演变成“唐山落子”时，给这个新剧种命名为“京东第一平腔梆子戏”，简称“平剧”，演唱时用本嗓。辛亥革命后，北京改称北平，京剧也随之称为平剧。以成兆才为首的平剧此时已经发展到了天津等地，于是就改名为评剧，寓“评古论今”之意。1936年，白玉霜在上海拍影片《海棠红》时，新闻界首次把“评剧”的名称刊载于《大公报》，从此，评剧的名字广泛传播于全国。

新中国成立后，评剧获得了长足发展，逐渐发展成为一个在全国有重要影响的剧种，创作演出了许多剧目，有的还拍成了电影、电视剧等，涌现出了大批名家。

2000年，由国家文化部艺术司、河北省文化厅和唐山市人民政府联合主办中国评剧艺术节，每年一届（后改为两年一届）。中国评剧艺术节以继承、发展、弘扬评剧艺术，不断扩大评剧艺术在国内外的影响力为宗旨。艺术节的内容包括优秀剧目的评选和演出、召开评剧艺术研讨会、组织评剧爱好者演艺比赛和评剧电影展映周等活动。

皮影戏，又称“影子戏”或“灯影戏”，是一种以兽皮或纸板做成的人物剪影，在灯光照射下用隔亮布进行演戏，是我国民间广为流传的傀儡戏之一。滦州皮影是一种古老的传统民间艺术形式，起源于河北滦州，亦称乐亭皮影及冀东皮影，又称滦州影戏，因位于河北省

唐山皮影戏《穆桂英挂帅》剧照。

唐山市，又名河北皮影、唐山皮影，是中国皮影戏三大流派（陕西皮影、潮州皮影、北方皮影）中北方皮影的代表之一。

滦州皮影人物造型为通天鼻，眉线高挑，眉梢弯曲回收与细长的丹凤眼相连，樱桃小口，下巴尖翘，五分脸，七分装，具有强烈的装饰色彩和欣赏价值。内容文辞典雅，通俗健康，借史讽今，针砭时弊，寓教于乐。音乐唱腔则吸纳滦州方音方言俚曲，以及民间歌曲小调叫卖声都渗透其中，所以形成浓厚的地域特色。滦州皮影由于其鲜明的艺术特点，影响遍及冀东、东北各地，也赢得了日本、法国、德国、美国、意大利等国人民高度赞誉，被《欧洲时报》称为“魔术般、闪电式的艺术”。滦州皮影融音乐、绘画、剪纸、雕刻、戏曲于一身，历经数百年的发展演变，已相当完美。滦州皮影将我国的皮影文化发展到了一个艺术高峰。

乐亭大鼓是中国北方较有代表性的曲艺种类之一，唱腔音乐为板腔体，曲调丰富多变。除有完整的慢板、流水板、快板、散板外，并有上字调和凡字调两种不同调性的往复转换，板式变化十分灵活。乐亭大鼓的主奏

乐亭大鼓书场。

乐器由书鼓、铁板、大三弦构成。乐亭大鼓的表现形式主要有两种，第一种只需要一鼓一板一弦一人演唱就可以了，演唱者打鼓又打板，边说边唱，描绘场景、刻画人物、议论得失，都由演唱者一人承担；第二种由一人自击鼓板站立说唱，另有人分持三弦等乐器伴奏。乐亭大鼓的唱腔要求字正腔圆、韵足味浓，气氛真实、色彩鲜明，气口得当、鼓板合宜。其唱腔，自成体系，独具一格。固定的唱腔是九腔十八调，有的抒情，有的激昂，有的悲沉，有的诙谐，用这些唱腔来表现不同的场景、意境、情感和情绪。演唱传统乐亭大鼓时，男演员一般身着长衫，女演员穿旗袍；演唱近现当代曲段时男演员多穿中山装，女演员有穿旗袍，也有穿连衣裙、拖地裙的。随着现代舞台需要，可以进行变化。

乐亭大鼓因其广泛的受众和鲜明的地域特色，在唐山及其周边地区有较为固定的受众群。改革开放以来，乐亭县加强对乐亭大鼓代表性传承曲目、书目的挖掘整理和保护。

评剧、皮影和乐亭大鼓由于其鲜明的艺术特色和广泛的群众基础，被誉为“冀东文艺三枝花”。

唐山市非常重视非物质文化遗产的保护传承，积极向国务院相关部门申报国家级非物质文化遗产。2006 年 5 月 20 日，国务院以国发〔2006〕18 号文件的形式公布了第一批国家级非物质文化遗产名录。“冀东文艺三枝花”的唐山皮影、评剧和乐亭大鼓入选。评剧被列为传统戏剧类 51 号（Ⅳ—51），皮影戏被列为传统戏剧类 91 号（Ⅳ—91），乐亭大鼓被列为曲艺类 8 号（Ⅴ—8）。

★柒拾叁

抗震三十年　成就举世瞽

中共中央总书记胡锦涛参加唐山抗震30周年纪念活动并视察唐山（2006年7月28—29日）

2006年7月28日，在唐山抗震30周年之际，中共中央总书记胡锦涛来到唐山，深入企业、农村、社区和曹妃甸工业区了解新唐山建设情况，就贯彻落实科学发展观等问题进行调查研究。

28日下午，胡锦涛前往位于市中心的抗震纪念碑广场，向纪念碑敬献花篮，并参观了唐山抗震纪念馆、河北理工大学地震遗址，视察了震后重建的居民小区。胡锦涛还亲切接见了唐山抗震救灾模范人物和新唐山建设劳模代表，代表党中央、国务院向他们表示崇高的敬意。胡锦涛对他们说："在抗震救灾的危急时刻，你们临危不惧、勇往直前，为夺取抗震救灾胜利建立了功勋。在建设新唐山的过程中，你们奋发图强、艰苦创业，为促进唐山各项事业发展作出了突出贡献。"他希望大家保持荣誉，再接再厉，为建设繁荣、文明、和谐的新唐山作出新的更大的贡献。

胡锦涛牵挂着地震受伤人员，专门来到唐山市截瘫疗养院看望慰问地震截瘫伤员。他仔细询问他们的伤情和康复情况。当得知不少伤员克服病痛、在一些领域作出成绩时，胡锦涛动情地说："看到你们身残志坚、自强不息、乐观向上、勇敢面对人生，并努力为社会做一些有益的事情，我为你们感动，也为你们高兴。"胡锦涛希望疗养院医务人员精心做好医疗护理工作，为伤员奉献更多爱心。胡锦涛还叮嘱中共唐山市委、市政府的负责同志继续帮助地震伤员解决实际困难，使他们切实感受到党、政府和全社会的关爱。在场的许多截瘫伤员眼含热泪对总书记说："是党和政府给了我们第二次生命，我们衷心感谢党和政府，感谢社会主义大家庭。"

唐山南部渤海之滨，曹妃甸工业区正在加紧建设，首钢京唐钢铁联合有限公司将落户这里。胡锦涛一行驱车100多千米考察了工业区规划展示中心、围海造地工地、矿石码头一期工程现场，仔细了解工业区规划和建设情况。他强调，一定要按照科学发展观的要求，着眼长远、整体规划，扬长避短、发挥优势，加快科技进步和创新，狠抓节约资源、保护环境，着力推进经济结构调整和产业优化升级，高起点、高质量、高水平地把曹妃甸工业区规划好、建设好、使用好，使之成为科学发展的示范区。

胡锦涛来到丰润区沙流河村，考察农业生态建设等情况，并到村民家中看望。他说，新农村建设要坚持因地制宜、讲求实效，防止形式主义、盲目攀比，尊重农民意愿，认真解决农民生产生活中的实际问题，努力使农业基础地位更加巩固、农民生活水平不断提高。

考察期间，胡锦涛听取了河北省和唐山市的工作汇报，对唐山市近年来经济社会发展取得的成绩给予充分肯定。胡锦涛希望河北省坚持以邓小平理论和"三个代表"重要思想为指导，坚持以科学发展观统领经济社会发展全局，以改革创新的精神、求真务实的作风、团结和谐的氛围谋发展、促发展。胡锦涛强调，要认真落实国家宏观调控的政策措施，积极主动地调整经济结构和投资结构，坚决抑制高耗能、高污染和产能过剩行业盲目扩张，坚决把固定资产投资过快增长的势头降下来，切实把经济发展的着力点放在提高质量和效益上。

胡锦涛指出，保持和发展党的先进性是一项长期而艰巨的任务，要持之以恒地进行努力，不断从思想、组织、作风和制度等方面加强党的先进性建设。他要求各级领导干部不断改进作风，把造福人民作为基本原则，把真抓实干作为基本准则，把清正廉洁作为基本守则，努力成为党放心、群众满意的好干部。

7月28日，纪念唐山抗震30周年大会在燕山影剧院隆重举行。全国政协、中央直属机关、国务院直属部门领导，中国人民解放军四总部及有关军兵种、各大军区首长，中央宣传机构负责人，北京市、天津市领导，河北省委、省人大、省政府、省政协和省军区领导，在抗震救灾中作出

纪念唐山抗震30周年大会会场。

过突出贡献的抗震救灾部队、医疗队、援建单位和英雄模范代表，指挥过抗震救灾工作的老领导和曾经在唐山担任过主要领导的老同志，防震减灾专家和对唐山经济建设及对曹妃甸建设有突出贡献的专家、学者以及国外友好城市的代表参加了大会。大会召开前，河北省委、省政府和唐山市委、市政府领导和各界群众代表710余人来到纪念碑广场，举行了向大地震中罹难的同胞和抗震救灾中英勇牺牲的烈士敬献花篮仪式。

参加唐山抗震30周年纪念活动的全国各地来宾，深入唐山城乡厂矿参观考察，震后30年唐山的巨大变化、跨越式发展给来宾留下了美

2006年7月28日，曹妃甸25万吨级矿石码头，载有20多万吨巴西矿石的巴拿马籍巨轮“亚瑟”号挂上了“向英雄的唐山人民致敬”的条幅。

好印象。日本酒田市议会议长左藤弘先生、美国林肯市市长史蒂夫·奥纳特、美国锡达拉皮兹市市长凯瑟琳·哈罗、波兰热拉都夫市市长克·乔乌凯维奇等来到抗震纪念碑前献上花篮，低头默哀，悼念在大地震中遇难的人们及抗震救灾中牺牲的英雄。

★柒拾肆

又一荣誉榜　优秀旅游城

国家旅游局正式命名唐山市为“中国优秀旅游城市”（2007 年 12 月 12 日）

改革开放以来，中国旅游业得到了飞速发展。为了促进城市旅游业的发展，1995 年 3 月，国家旅游局发出《关于开展创建和评选中国优秀旅游城市活动的通知》。1996 年，经国务院、中央文明办同意，国家旅游局成立创建中国优秀旅游城市指导委员会，2003 年，国家旅游局颁布了修订后的《中国优秀旅游城市检查标准》，为创优工作确立了科学依据。2007 年又对这一标准作了修订。

中国优秀旅游城市雕塑标志。

唐山自然和文化遗产丰厚，有着丰富的旅游资源。

历史古迹方面有代表性的主要是：

唐山人文地图中的主要旅游景区。

万里长城是中华民族的瑰宝，1987年被联合国教科文组织列为世界文化遗产。唐山域内的一段，总长200.4千米，分布于迁安、迁西、遵化三个县（市）的北部边境，虽然有些地段的长城已经严重损毁，但还有许多地段保存基本完好，尤其是一些关口如青山关、白羊峪等地段保存完好，是现有长城的精华。20世纪30年代，今唐山域内喜峰口、冷口、罗文峪一带中国军队抗击侵略的长城抗战，表现了中华民族“把我们的血肉筑成我们新的长城”的民族精神。

唐山市“红色基地游”线路图。

遵化的清东陵，包括顺治皇帝的孝陵、康熙皇帝的景陵、乾隆皇帝的裕陵、咸丰皇帝的定陵、同治皇帝的惠陵、慈禧太后的定西陵和慈安太后的定东陵以及众多的皇后、嫔妃、阿哥、公主等陵寝，2000年12月被联合国教科文组织列为世界文化

唐山青山关长城。

遗产。

景忠山（位于迁西县），清康熙帝曾御题“天下名山”，有四帅殿、三道茶棚、碧霞元君殿、圆通寺、玉皇殿、知止洞等大小景点30余处，集佛、道、儒三教于一山。山上古岩峥嵘，苍松蔽日，峡谷清幽，云雾缥缈，1872级台阶直达峰顶，自然景观鬼斧神工，风格独具，素有“灵山秀色”之美称。

汤泉位于遵化市，因泉水四季沸腾如汤，故称“汤泉”。汤泉水温高达62～68℃，富含氟、硫等对人体有益的微量元素及矿物质，具有很高的医疗保健作用，被称为“京东第一泉”。唐太宗李世民曾于此地洗浴疗疾，赐建福泉寺，设立福泉公馆；辽国的萧太后（萧绰）冬日出巡狩猎经常到此，并修建了梳妆楼；明朝蓟镇总兵戚继光在此修建流杯亭和温泉总池，并立六棱石幢刻记当时汤泉胜景；清朝入关后，顺治、康熙两帝都对汤泉进行了开发，留下了许多建筑遗产。自唐至清，历代修葺，文人墨客诗赋吟咏，山水环绕、殿宇恢宏、风光秀丽、景色迷人，是一处集度假疗养、旅游观光为一体的优美景区。

自然景观方面有代表性的主要是：

曹妃甸湿地公园是具有国际意义的北方最大的滨海湿地。湿地内野生动植物资源达1200余种，是澳大利亚至西伯利亚鸟类迁徙的重要驿站和栖息场所。建成了休闲区域、垂钓中心、湿地迷宫、观鸟拍照点等。

乐亭旅游三岛包括石臼坨岛（菩提岛）、月坨岛（月亮岛）和打

开滦国家矿山公园。

网岗岛（祥云岛）。其中菩提岛是华北第一大岛，自然和人文景观独特。月亮岛沙净水清，是避暑度假胜地。祥云岛海岸为优质天然细沙，是天然优质海滨浴场。

北部山区有鹫峰山、青龙山、灵山等山川自然景观。

近代工业方面有代表性的主要是：

进入第一批国家工业遗址名录的有：开滦煤矿、唐山铁路遗址、滦河铁桥、启新水泥公司、唐山磁厂等。开滦煤矿是中国近代建立的国有大型煤矿，是民族工业兴办成功的一个范例；唐山铁路遗址主要是唐胥铁路一段，是中国第一条标准轨距铁路；滦河铁桥是中国铁路桥梁史上第一条大型铁路桥梁，由中国铁路巨擘詹天佑主持修建；启新水泥公司和唐山磁厂都是中国近代工业的杰出代表。

近代革命和社会主义建设方面有代表性的主要是：

在原启新水泥厂旧址上打造的旅游文化项目启新1889。

乐亭县中国共产主义运动的先驱李大钊的故居和纪念馆、辛亥滦州起义纪念园、丰润县潘家峪惨案和滦南县潘家戴庄惨案两处遗址、长城抗战遗址、冀东抗日暴动纪念碑、唐山抗震纪念碑和唐山地震遗址等。

在市委、市政府领导下，唐山市由市旅游和文化部门从20世纪90年代末开始申报中国优秀旅游城市。根据国家旅游局安排，2007年12月初，国家旅游局派出验收组对唐山市创建“中国优秀旅游城市”工作进行了验收。验收组认为唐山市基本达到了中国优秀旅游城市标准，并向中国优秀旅游城市评定委员会提交了验收报告。2007年12月12日，国家旅游局正式命名唐山市为“中国优秀旅游城市”。

唐山被列为中国优秀旅游城市，标志着唐山这座工业城市在转型过程中又取得了新的成果。唐山，在党旗的指引下，继续在城市转型中不断创造出新的业绩。

★柒拾伍

荦荦和谐号　中国速度飞

首列国产时速 350 千米的 CRH3 型“和谐号”动车组在中国北车集团唐山轨道客车有限责任公司下线（2008 年 4 月 11 日）

唐山是中国铁路机车的发源地，19 世纪 80 年代建立的唐山铁路修理厂是中国第一家铁路工厂，是晚清洋务运动中伴随中国第一条铁路——唐胥铁路的修筑而诞生的，在这里诞生了中国第一辆蒸汽机车。解放前工厂曾名为京奉路唐山制造厂、北宁铁路唐山制造厂等，解放后成为唐山机车车辆厂（唐山人称“南厂”，以下简称唐车），主要从事轨道交通装备的开发制造及检修，是中国主要的铁路客车生产基地，国家大型一类企业。在铁路机车车辆制造方面始终走在全国前列。

唐车所属的中车集团徽标。

新中国成立后，唐车生产能力得到迅速发展，一直是中国轨道客车生产的翘楚。1953 年设计制造了中国第一辆轨道检查车，同时，开始制造 YZ21 型客车；1958 年后，开始设计制造以上游型为典型代表的各类蒸汽机车；20 世纪 50 年代到 60 年代，为越南民主共和国批量制造米轨蒸汽机车和米轨客车；70 年代工厂进行大规模技术改造，跨入生产内燃机车的新领域；1976 年大地震，由于工厂处于震中，损毁严重；1977 年 4 月，国家铁道部〔77〕铁计字第 384 号文件，向国家计委报送《唐山机车车辆工厂重建设计与任务书》，1977 年 5 月获批准，唐车在唐山市新区（今丰润区）建立了新厂。

1998 年唐车研制生产的首列双层内燃动车组。

改革开放以来，唐车迅猛发展，实现了新的腾飞，成为全国四家新造客车生产基地之一，1995 年跻身中国 500 家最大工业企业行列，是首批国家创新型企业试点单位之一，也是铁道部确定的高速铁路客运装备制造基地之一，从 20 世纪 90 年代即研发制造动车组系列。

进入 21 世纪，中国铁路不断提速，进入了高速时代。国家铁路部门将所有引进国外技术、联合设计生产的 CRH 动车组车辆均命名为“和谐号”。CRH 是“中国高速铁路”（China RailwaysHigh-speed）英文的缩写，是国家铁路集团（前身为铁道部）对中国高速铁路系统建立的品牌名称。2004 年，原铁道部开展为引进用于中国铁路第六次大提速的动车组技术招标，在“以市场换技术”的原则下，加拿大庞巴迪、日本川崎重工联合体、法国阿尔斯通以及德国西门子分别与中国企业签订协议，向中国全面转让关键技术，中国通过消化吸收的方式达到一定程度的国产化，成为具有我国自主知识产权的动车组产品系列，并在此基础上进行自主创新研发。

CRH3C 是由德国铁路 ICE3 型动车组发展而来。根据合同，西门子在德国本土制造首批 3 列 CRH3C 列车和一些重要部件，并向中方合作伙伴——中国北车集团唐山轨道客车有限公司等厂家提供技术支持和技术转让，使中国具备相应的生产能力。唐车承担 57 列列车的生产，第一阶段国产率是 30%，第二阶段提高到 50%，最终达到 70%，并且全部列车均使用中国品牌（CRH）。由唐车在中国制造的国产化 CRH3 型动车组称为 CRH3C，其结构与进口车完全相同。

2008 年 4 月 11 日，时速 350 千米 CRH3“和谐号”动车组在中国北车集团唐山轨道客车有限公司下线。

2008 年 4 月 11 日，首列国产时速 350 千米的“和谐号”动车组在中国北车集团唐山轨道客车有限责任公司下线，这是当时动车的最高时速，运用了当今世界顶级的高速动车组先进技术，在牵引系统、制动系统、高速转向架、车体空气动力学等方面技术先进、成熟，标志着我国铁路技术装备水平取得重大突破，已经跃上了新的平台，处于当今世界领先地位。

铁道部、发改委、国务院国资委、中共河北省委、中共唐山市委、市政府有关领导出席了当天的剪彩仪式。首批高速动车组下线后不久，就为迎接2008年北京奥运会驰骋在京津城际铁路上。2008年6月24日上午9时13分在京津城际铁路的试验中创下了394.3千米的最高时速，当天的试验中CRH3C仅用了5分钟左右，速度就提升至300千米/小时。

唐车生产的时速380千米的和谐号动车组。

2010年7月17日，时任国家副主席习近平在河北省唐山市调研期间，前往唐山轨道客车有限责任公司考察新一代时速380千米的CRH380BL“和谐号”动车组生产线，并登上一列即将下线的CRH380BL型动车组，夸赞唐车制造的高速列车跑出了“中国速度”。

2015年6月1日，中国中车股份有限公司成立，唐车成为中国中车旗下的核心子公司——中车唐山机车车辆有限公司。

后来，中车唐山公司又研制生产了时速350千米“复兴号”高速

中车唐山公司谱系化高速动车组系列产品。

动车组、时速 400 千米跨国互联互通高速动车组、时速 350 千米高速货运动车组、可变编组高速动车组、时速 350 千米交互式卧铺动车组，形成了具有完全自主知识产权的谱系化高速动车组研发制造平台，并在城际动车组、城轨地铁车辆、磁浮列车等领域达到国内领先地位，产品先后出口美国、阿根廷、土耳其等 20 多个国家，成为一张闪亮的“中国名片”。

★柒拾陆

汶川震灾骤　唐山援手股

唐山人民倾力支援四川人民抗震救灾（2008 年 5 月）

2008 年 5 月 12 日 14 时 28 分 04 秒，中国四川省阿坝藏族羌族自治州汶川县发生强烈地震，此次地震为里氏震级 8.0 级，地震烈度 11 度，地震波共环绕了地球 6 圈。地震波及大半个中国及亚洲多个国家和地区，北至辽宁，东至上海，南至香港、澳门、泰国、越南，西至巴基斯坦均有震感。

2008 年 5 月 13 日下午，唐山市赴四川地震灾区抢险队在抗震纪念碑广场宣誓后出发。

在汶川地震中遭到严重破坏的地区超过 10 万平方千米，共造成 69227 人死亡，374643 人受伤，17923 人失踪，是中华人民共和国成立以来破坏力最大的地震，也是唐山大地震后伤亡最严重的一次地震。

汶川大地震牵动着党中央和全国人民的心。

中共唐山市委第一时间作出反应。地震当天，市委号召全市各级各单位全体党员干部和广大人民群众，紧急动员起来，就像当年全国人民支援唐山抗震救灾那样，以实际行动迅速投入到支援四川灾区抗震救灾斗争中来。市委决定：第一，市委、市政府迅速成立援助四川地震灾区抗震救灾领导小组，由市委书记担任组长、市长任常务副组长、市其他主要领导同志任副组长，下设办事机构，负责支援抗震救灾行动的指挥、组织和协调工作。第二，统一协调指挥，快速有序地组织救援力量，要把灾区人民的需要当作命令。紧急启动相关预案，为支援四川抗震救灾动员必要的人力、物力，随时准备驰援灾区。第三，充分利用我市抗震救灾经验，为灾区抗震救灾提供咨询服务，迅速成立专家顾问组，把亲历唐山抗震救灾的干部、工程技术人员组织起来，根据灾区情况会商应对措施，并及时向上反馈。全市经历过抗震救灾的普通市民，把自己防震、逃生、互救、震后生存、防疫灭病等方面的经验和技巧通过电话、短信等形式向媒体反馈，或通过网络等各种途径向灾区传播。第四，市委、市政府要求各级各部门和企业，千方百计与灾区有关地方和单位取得联系，开展对口

2008年5月13日下午，唐山市第一批抗震救灾医疗人员整装待发。

支援。全市人民踊跃向灾区人民捐款、捐物、献血。市、县相关部门要认真做好捐助活动的组织协调和服务工作。第五，各级各单位要在支援抗震救灾斗争中大力弘扬唐山特有的抗震精神，凝聚起公而忘私、患难与共、百折不挠、勇往直前的巨大力量，以实际行动为灾区人民分忧解难。

5月13日上午，唐山市召开援助四川地震灾区紧急会议。会议决定：市委、市政府代表全市人民向四川省抗震救灾指挥部捐款1000万元人民币。会议决定成立唐山市援助四川地震灾区领导小组，由市委书记任组长，市长和其他主要领导任副组长，负责指挥援助地震灾区相关工作。会议决定立即展开各项救援工作：一是由市卫生局、市红十字会组织成立唐山医疗队，设三个分队，立即赶赴灾区；二是由市安监局、市工促局组织成立唐山抢险队，设两个分队，立即赶赴灾区；三是由市地震局组织成立唐山市支援灾区专家组，尽快出发；四是组成志愿者小分队，奔赴灾区参加抢险救灾工作；五是由市卫生局负责，准备足够的血浆等急救品，根据灾区需要及时提供；六是由市民政局负责与四川省抗震救灾指挥部联系，商洽输送伤员到唐山救治等工作。会议还决定，立即为灾区捐送帐篷、棉被、服装、油毡、食品、铁锹、

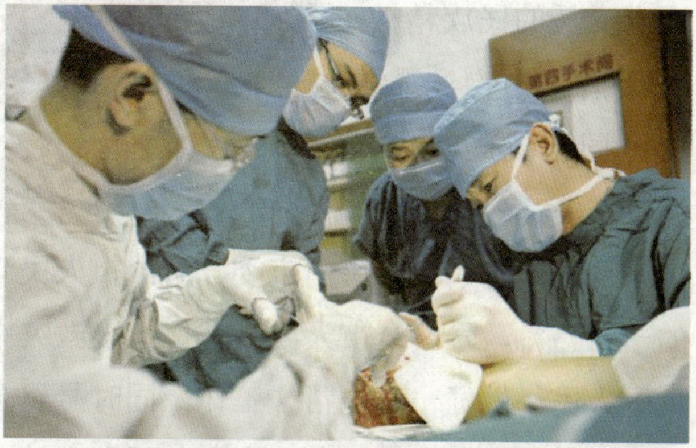

2008年5月14日晚，唐山医疗救护队赴四川地震灾区的首台手术在成都医学院第一附属医院实施。

撬杠等救灾物资20卡车。市委、市政府号召全市各级党组织、广大党员干部和人民群众，弘扬一方有难、八方支援的民族精神，踊跃捐款捐物，帮助灾区同胞抗震救灾，渡过难关。

来自唐山工人医院的唐山医疗队成员，在紧张的工作之余来到成都红十字会募捐站捐款。

与此同时，中共唐山市委、唐山市人民政府发表了《致全市人民的一封信》，号召全市人民，把在抗震救灾中积累的丰富经验贡献给灾区人民，做好一对一帮扶工作，同时号召全市人民积极为汶川抗震救灾建言献策。市委、市政府办公厅向全社会发出《关于开展向四川地震灾区捐款捐物活动的通知》。

全市人民积极响应市委、市政府的号召，以不同的方式表达对灾区人民的支援。5月13日下午，唐山市赴四川汶川地震灾区抢险队踏上征程；同一天，由全市医疗战线80名医护人员组成的第一批唐山市抗震救灾医疗队从抗震纪念碑广场启程；全市人民积极捐款捐物，支援灾区，唐山市红十字会一天之内就收到捐款51万元。

全国各大媒体在报道对汶川震灾的支援时，都把唐山作为重点，为唐山人民的爱心而赞叹。国外许多媒体如英国路透社、美国美联社、美国CNN、法国法新社、《欧洲时报》、新加坡《联合早报》、加拿大《环球游报》、马来西亚《星洲日报》等都对唐山人民支援汶川抗震救灾做了专门报道。

★柒拾柒

遗址存敬畏　筑墙寄哀思

唐山地震遗址纪念公园建成（2008 年 7 月）

为了更好地保护地震遗址，给唐山市民提供一个祭奠地震罹难者的场所，中共唐山市委、市人民政府决定辟建“唐山地震遗址纪念公园”。2007 年 5 月，唐山市规划局与中国建筑学会合作，面向全球展开“唐山地震遗址纪念公园概念设计国际竞赛”，共收到来自 17 个国家和地区的设计方案 276 套，经过评审，最终选定现地震遗址公园的方案。

唐山地震遗址公园大门雕塑。

唐山地震遗址纪念公园于 2008 年 4 月开始兴建，当年 7 月初步建成开放。

公园总占地面积 40 万平方米，是世界上首个以“纪念”为主题的地震遗址公园。公园设计充分体现“敬畏自然、关爱生命、探索科学、追忆历史”的理念，以原唐山机车车辆厂铁轨为纵轴，以纪念大道为横轴，自东向西分为纪念水区、大地震罹难者纪念墙、纪念林区、地震遗址区、纪念广场等区域。公园用写实语言，展现了唐山人民在灾难面前风雨同舟、

唐山大地震罹难者纪念墙。

患难与共的生动场面，激发人们珍爱生命、奋发向上的豪迈情怀。

从正门进入公园，正对大门的是一座用不规则形状的黑白两色大理石组成的时钟型雕塑，告诉我们唐山大地震发生的时间：1976.7.28 3：42：53.8；白色大理石钟面背景是烈火中涅槃的凤凰，寓意唐山在大地震后的奋然崛起。

进入公园正门后沿横轴向西，是纪念区。纪念区自北向南依次为纪念林、唐山大地震罹难者纪念墙和水区三个区域。正中间的唐山大

地震罹难者纪念墙是纪念区的主体，东端镌刻着《唐山大地震罹难者纪念墙记》。纪念墙由5组13面墙体组成，镌刻着在1976年唐山大地震中罹难的24万余同胞的姓名。纪念墙全长500米左右，每面墙高7.28米，前方的纪念大道宽19.76米，代表唐山大地震发生日期1976年7月28日。纪念墙上，密密匝匝地整齐镌刻着唐山大地震24万余罹难者的名字。这些名单主要按照罹难者生前所在县、区或工作单位进行分组，他们名字有的一家几口排在一起，有的和同事、同学排在一起；还有一些由于全家震亡，且受地震时统计条件限制，无人能够回忆起他们的姓名，只能用“某某之母、某某之父”代替；一些刚出生的婴儿，还来不及起名字，就用“某某之子、某某之女”代替。在水区的设计中，水池与天空及中间的人造空间形成一个强烈的主题，即大地、人和自然之间的关系。水池面积3万平方米，水池内主题雕塑采用石材和青铜质地，用写实的雕塑语言，展现唐山人民在灾难面前风雨同舟、患难与共的生动场面，激发人们珍爱生命、奋发向上的情怀；水池内还保留了一段被地震扭曲的铁轨和一株泡桐树。在纪念墙的北侧正后方，是一片占地14万平方米的纪念林，栽植各类苗木3万余株，用树木表达生命和纪念的意义，体现出对自然的敬畏，对生命的关爱。

地震遗址（原唐山机车车辆工厂铸钢车间）。

纪念墙西侧是纪念广场，广场占地3万平

方米，地面由黑白相间的大理石铺成，可供上万人举行重大集会活动，是公园内供人们纪念亲人、凭吊逝者的一个重要场所。广场中间安放着中国地震局赠送的中国古代地动仪的模型。

中国地震局赠送的中国古代地动仪模型安放在纪念广场前。

唐山机车车辆厂铸钢车间地震遗址。厂房建于 1959 年，现保存的遗迹是南北走向的三跨厂房，建筑面积 9072 平方米。地震时，厂房处于宏观震中，烈度为 11 度，三跨厂房除部分中间立柱扭曲、倾斜外，四周墙柱全部倒塌，屋架落地。目前，这处遗址已经被国务院公布为全国重点文物保护单位。

2009 年 10 月，在纪念广场北侧又建起了中国・唐山地震博物馆，建筑面积 12000 平方米，由纪念展馆和科普展馆两个分展馆组成，是国内目前最大的地震主题展馆。纪念展馆位于博物馆地下一层，展出照片近 500 幅，实物 300 余件，复原式景观 4 组，蜡像 30 余尊。主要展示唐山大地震造成的巨大灾难以及震后唐山人民在党中央的关怀领导下，在中国人民解放军和全国人民支援下，抗震救灾、重建家园的伟大壮举。科普展馆地上、地下各一层，是一个以纪念展馆为依托，以科技馆的展示方式，全面介绍古今中外地震现象、普及宣传地震知识的主题性专业科普馆。其布展面积 6500 平方米，分为序厅、地震科学展厅、地震活动观测展厅、地震灾害防御展厅、地震紧急救援展厅、4D 动感影院、防灾体验教室等。人们在这里可以亲身感受地震的强大力量，了解掌握逃生避险自救的相关知识，接受应对多种自然灾害的培训教育。

唐山地震博物馆。

唐山地震遗址纪念公园为社会各界和广大人民群众提供了一个文明祭奠地震罹难者、开展爱国主义教育、防震减灾科普宣传以及进行地震学术研究和交流的理想场所，发挥着宣传唐山的窗口和前沿阵地作用。2011年6月，公园被列入“全国红色旅游经典景区”名录，2011年7月，被中国地震局授予“国家防震减灾科普教育示范基地”称号。

附：唐山大地震罹难者纪念墙记

燕山砀莽，渤海涛平，原丰土沃，河畅渠清。兹地形胜，物阜民熙。因古韵之遗风，绪文明之传承。然天行有舛，丙辰之岁，降奇灾于唐山。是时，地维崩裂，城邑颓毁，家园瞬时夷为墟土，繁盛转目化作云烟。二十四万乡亲殁于瓦砾，七千余家庭阖门罹难。悲夫！母子骤然而别，夫妻遽然而散，白发诀英年之子，幼孤失双慈之怙，兄弟阴阳两隔，挚爱音信杳绝。斯人类之巨殇，家国之巨痛，海内同哀，全民共咽。

我唐山人民临此灭顶之灾，显慷慨英杰之本色，冒余震之危，飞石之险，匍匐互救，扶危拯绝，慷慨舍身，义薄云天。幸赖中央关怀，举国支援，军民携手，同赴危艰。栉风沐雨，重整家园。抗灾之壮举惊天地泣鬼神，谱就公而忘私，患难与共，百折不挠，勇往直前之壮举高歌。

逝者已矣，魂系故园。念灾害之无穷，嘱后来以铭记：天运有常，人与自然宜和谐共处；大爱无疆，同胞手足应守望相助。有中国共产党之英明领导，有社会主义制度之无比优越，有人民子弟兵之忠贞可靠，有自主命运人民之英勇无畏，纵灾难不足以危，艰险不足以惧，实国家之大幸、人民之福祉。

物换星移，三十二载，唐山儿女承感恩、博爱、开放、超越之精神，当建设繁荣、文明、和谐新唐山之大任，忧近谋远，励志图新，历经十年复建、十年振兴、十年快速发展，经济腾飞，城乡日新，社会和谐，民生改善。又建大港，筑新城，开油田，山海辟利，沧桑巨变。今巨擘绘科学发展蓝图、万众图幸福之都愿景，示范区展现于冀东沃野，曹妃甸崛起于渤海之滨。回望桑梓，山原葱茏，海晏河澄，人民安居乐业，百业欣欣向荣。

维当盛世，愈缅逝殇。由父老之思，以百姓之愿，于南湖整饬之初，即辟地五百余亩，投资五亿余元，就地震遗址，筑奠怀之园。培花为坛，哀朝露易晞；植柏成株，表壮志弥坚。曲流水为环绕，思将无竭；砌碎石为广场，痛弗或忘。敬列长壁，镌罹难者名讳，拓凭吊之所，使后来者有人文之思。

工程告就，勒石以铭，谨慰亡者，并与生者勉。是为记。

中共唐山市委

唐山市人民政府

二〇〇八年九月

★柒拾捌

百年奥运火　凤凰城中传

北京奥运会圣火在唐山传递（2008 年 7 月 31 日）

2008 年北京奥运会圣火传递（国内）是当年我国的一项重大活动。北京奥组委提出的火炬传递地点选择标准是：省会城市、奥运会赛区城市、历史文化名城、重要的革命圣地、风景名胜所在地、有代表性的城镇和乡村。根据这些标准和河北省的具体情况，北京奥运会境内传递火炬接力河北省组委会召集有关方面的专家，经过多次比对，最终确定了省会石家庄、滨海城市秦皇岛和工业重镇唐山。唐山能成为奥运火炬传递城市，缘于她独有的魅力：唐山震后重建与腾飞的奇迹，与奥运精神的“更

2008 年北京奥运会国内圣火传递路线图。

高、更快、更强”完全契合；作为中国近代工业的摇篮，经过100多年的发展，唐山已成为全国重要的工业基地、国家科学发展示范区，经济实力跻身全国前列；唐山人民有着经过艰苦的斗争磨砺的非凡意志，有着宏伟的事业孕育的崇高精神，“公而忘私、患难与共、百折不挠、勇往直前”的唐山抗震精神已经成为中华民族精神的重要组成部分……在体育方面，新中国成立后到改革开放以来，唐山为国家输送了大批各个项目的优秀运动员和教练员，多次承办了大型国内国际赛事，群众性的体育活动开展得有声有色。尤其是，参加2008年北京奥运会，唐山入选运动员数为全省最多。

2008年北京奥运会圣火传递宣传画。

唐山入选奥运圣火传递城市后，中共唐山市委、市人民政府高度重视这一活动，市领导亲自挂帅，组成了由市公安局、宣传部、体育局、文化局、卫生局等有关部门负责同志为成员的“奥运火炬接力境内传递唐山市组织委员会”，组委会下设综合协调指挥部、办公室、宣传部、安保部、财务部、活动部、接待部、环境整治部等部室，明确了各自的职责任务。

奥运火炬手的报名更是异常踊跃。火炬手的选拔从2007年7月开始，消息传出后，各单位、各团体报名的人员爆满，上有耄耋老人，下有垂髫稚子。最后本着公开、公正、透明的原则，采取由各行业系统推荐的方式，选拔不同战线、不同行业先进代表组成火炬手。

7月30日上午，奥运火炬的火种自秦皇岛抵达唐山。208名火炬手在唐山宾馆集中接受了培训，有关人员讲解了相关知识，介绍了火炬传递的时间、路线和每个火炬手的传递路段，火炬手、护跑手们共同观看了奥运短片，感受火炬传递的激情与魅力。

在唐山，奥运圣火沿体育中心—抗震纪念碑—曹妃甸工业区—曹妃甸25万吨级矿石码头—曹妃甸工业区广场传递，传递路线全长10.1千米，其中市区段为2.7千米，共有208名火炬手和54名护跑手参加圣火传递。2008年7月31日上午8时5分，北京奥组委圣火礼仪护卫从火种灯中引出圣火，点燃唐山市传递的第一支火炬。

第一棒火炬手是河北籍奥运游泳冠军钱红，她手持火炬，以矫健的身姿从体育中心跑出，沿途站满了挥舞着国旗和奥运五环旗的市民，大家高呼口号，为火炬接力加油助威。8时35分，奥运圣火传递到唐山抗震纪念碑广场，这里是一座城市战天斗地的精神图腾，是一方人民不可折服的性格特征。20名来自四川地震灾区并就读于玉田银河中学的孩子们围靠在火炬手的身边，孩子们打出了醒目横幅“唐山人民与四川人民心连心”。此刻，“中国加油”“唐山加油”“四川加油”“任

奥运游泳冠军钱红是奥运圣火传递唐山站的第一棒。

唐山体育中心成了沸腾的海洋。

何困难都难不倒英雄的中国人民”的口号声撼天动地。火炬在市区传递结束后，圣火团队乘车转场至曹妃甸工业区继续传递。上午 10 时 35 分，圣火抵达曹妃甸 25 万吨级矿石码头，开始了在曹妃甸的传递。中午 12 时，圣火传递结束。

在圣火传递过程中，许多唐山市民面对如此盛况都激动不已，纷纷表示：为中国高兴，为唐山高兴。在全国这么多城市里，把唐山选为火炬传递城市之一，是咱唐山人的骄傲。举重世界冠军云艳红是唐山市乐亭县人，也参加了在曹妃甸的火炬传递。她右手高擎火炬，左手挥舞着奔跑在传递路线上。云艳红说：“我这是第一次做火炬手，参加世界级比赛也没有这么紧张过！我这心跳得厉害！这火炬还不到 2 斤重，可我快举不动了，太激动了！”

中央电视台、河北电视台、唐山电视台及省、市多家媒体对唐山的奥运圣火传递做了现场直播。

火炬传递过程中，唐山亮丽城市形象的景观大道、正在大规模建

中国加油！唐山加油！

设中的曹妃甸科学发展示范区、唐山辉煌的建设成就和唐山人民昂扬奋发的精神风貌得以在世人面前尽情展现。来自各界的火炬手高擎火炬，将友谊、和平传递到了城市的每一个角落，传递着“更快、更高、更强”的奥林匹克梦想，也传递出725万唐山人民对全世界人民的热情。《唐山劳动日报》发表评论员文章说：“北京奥运火种点燃的精神力量，必将化作我们建设新唐山的巨大动力，化作我们建设科学发展示范区和人民群众幸福之都的无穷能量。”

★柒拾玖

十大名片亮　城市精神展

唐山城市“十大名片”公布（2009 年 2 月 20 日）

唐山城市“十大名片”是由唐山市文明办主办的评选活动。其评选标准既能承载唐山丰富的城市内涵，又能体现独具的城市特色和精神品格，共有 10 个类别，力求形成城市的“立体坐标”。

1. 城市精神（能集中代表唐山人民精神品格的城市精神）：新唐山人文精神。新唐山人文精神是“感恩、博爱、开放、超越”，是一代又一代唐山人巨大心血、智慧和汗水的结晶，是对唐山不同历史时期所形成的大钊精神、抗震精神等精神的继承和发展，是唐山人民一笔宝贵的精神财富。

渤海明珠曹妃甸。

2. 地域标志（有代表性、标志性的唐山

地理名称）：曹妃甸。曹妃甸原是渤海中的一个小岛，21 世纪初大规模开发，现在已成为辐射华北、西北、东北，面向东北亚和全世界，连接东北亚的桥头堡，是唐山市打造国际航运中心、国际贸易中心、国际物流中心的核心组成部分，是河北省国家级沿海战略的核心，是京津冀协同发展的战略核心区。

3. 艺术种类（发源于唐山又具较大影响的传统文艺形式）：评剧。20 世纪初评剧发源于唐山，是一个全国性的剧种，深受观众喜爱。在长期的发展过程中，出现了许多在全国有影响的演员和剧目。2006 年 5 月 20 日，评剧经国务院批准列入首批国家级非物质文化遗产名录。

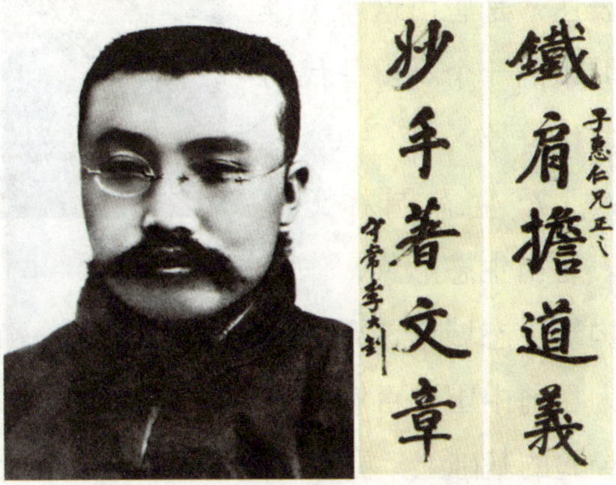

中国共产主义运动的先驱李大钊。

4. 历史人物（历史上有影响有作为的唐山代表人物）：李大钊。“铁肩担道义，妙手著文章。”中国共产主义运动的先驱、中国共产党的主要创始人之一，为了共产主义事业不惜牺牲自己的一切，精神励后世，浩气贯长虹，不仅是唐山历史上最有影响的代表人物，而且是中华民族英雄人物的杰出代表。

开滦集团徽标。

5. 工矿企业（历史上对城市建设和唐山发展有重大影响的工矿企业）：开滦矿务局。诞生于 19 世纪 70 年代，在一个多世纪的发展中，不仅为国家提供了巨大的能源，而且托起了两座城市（唐山和秦皇岛）。

6. 城标建筑（境内体现唐山城市内涵的标志性建筑）：唐山抗震纪念碑。唐山抗震纪念碑是在中国共产党领导下，在人民解放军的支援下，唐山人民和全国人民抗震救灾的具象化表达，是唐山这座英雄城市的一个不可替代的文化符号。

南湖中央生态公园。

7. 生态园林（代表唐山生态形象、作为构筑生态城市重要元素的景观园林）：南湖生态城。生态城建设已成为目前中国近百座个城市研究的新课题。建设唐山的生态城，在借鉴经验的基础上，更多的是需要自己的探索……2007 年，中共唐山市委、市政府以打造人民群众幸福之都的全新理念，对南部采煤沉降区生态化改造进行重新审视和定位，明确提出建设南湖生态城的总体部署，把南湖生态城建成一流的中心城区、生态城区、休闲度假胜地。南湖生态城改造前是开滦采煤沉降区，垃圾遍地、污水横流，严重影响城市形象和环境，通过对采煤沉降区的生态化改造，完成了一批生态改造工程，昔日人迹罕至的废弃地嬗变为城市中央生态公园。目前，它是世界最大、最年轻的城市中央生态公园，它像一个巨大的城市“绿肺”，改善着唐山的区域气候和生态环境。由于南湖生态城在改善人居方面的贡献，先后获得了“中国人居环境范例奖”、联合国“迪拜国际改善居住环境最佳范例奖”等，2016 年还在这里举办了世界园艺博览会。

8. 工业产品（在全国有较大影响的工业产品）：“和谐号”动车组。唐山是中国第一辆蒸汽机车的诞生地，唐山机车车辆厂在中国铁路机车制造方面执全国牛耳。改革开放以来制造的动车组一直居全国领先地位，2010 年下线的 CRH380 高速动车组刷新了动车组的世界纪录，被国人自豪地称作“中国速度”。

9. 土产风味（最富地方特色的土特产品和特色风味）：京东板栗。唐山北部遵化、迁西、迁安等县（市）所产的板栗被称为“京东板栗”，以色泽鲜艳、含糖量高、甘甜芳香和营养丰富在国内外市场久负盛名。它有很高的营养价值，含有蛋白质、脂肪、淀粉、糖，并含有多种维生素。2006 年 12 月 31 日，原国家质检总局批准对京东板栗实施地理标志产品保护。

京东板栗。

10. 旅游景区（游客量和影响力均较大的旅游景区）：清东陵。世界上最大的皇家陵寝，2000 年被列入《世界遗产名录》。

唐山城市“十大名片”评选揭晓后，于 2009 年 2 月 20 日在媒体公布。对于宣传唐山、树立良好的唐山城市形象具有积极意义。

★捌拾

两岸同携手　合作求共赢

第四届海峡两岸企业发展与合作论坛及第二届河北·曹妃甸临港产业国际合作会议在曹妃甸举行（2009年6月15—16日）

海峡两岸企业发展与合作论坛是中国民主促进会履行参政党职能的一个重要平台。在21世纪初国际金融危机蔓延的形势下，全面扩大和深化了两岸经济交流合作，相互扶持、共克时艰、共谋发展，势在必行。

在国务院台湾事务办公室和中华海外联谊会的支持下，分别于2005年在湖北武汉、2006年在陕西西安、2008年在天津滨海新区成功举办了三届海峡两岸企业发展与合作论坛。共邀请了海峡两岸和香港特区的企业家800余人参加，达成39项合作协议，利用资金总额十分可观，为促进中部地区崛起、西部大开发和带动环渤海经济圈的发展，起到了积极的推动作用。环渤海经济圈的开发开放是中国改革开放进程和社会经济发展规划中区域战略布局的重要一环，在唐山举办论坛，唐山的人才科技优势、人文优势和地下资源优势会给台商留下美好深刻的印象，带来无限商机。

第四届海峡两岸企业发展与合作论坛由民进中央和中共唐山市委

共同主办，旨在推动海峡两岸经贸交流与合作，促进祖国统一和中华民族振兴，促进河北经济社会发展和唐山、曹妃甸新区的开发开放。“第四届海峡两岸企业发展与合作论坛”能够在唐山举办，也表明了唐山在环渤海经济圈中迅速崛起的强劲发展态势备受世人瞩目。与会者就两岸共同应对金融危机、促进循环经济和资源型城市可持续发展、曹妃甸与台湾临港产业对接、中小企业发展与产业结构优化、台资进入环渤海地区的机遇和选择等议题进行研讨。

第四届海峡两岸企业发展与合作论坛在曹妃甸举行开幕式。

论坛开幕前夕，时任台湾海峡交流基金会（海基会）董事长的江丙坤写信预祝在唐山举办的第四届海峡两岸企业发展与合作论坛圆满成功。江丙坤在信中说：“欣闻第四届海峡两岸企业发展与合作论坛将于 6 月 15 日至 16 日在唐山隆重举行。届时嘉宾云集，盛况可期，环渤海地区经济发展实力雄厚，商机无限。举办此论坛，协助台商了解进入环渤海地区的机遇与挑战，为促进两岸经贸合作与交流搭建沟通平台。丙坤乐见其成。预祝各项筹备工作顺利，大会圆满成功！”

2009 年 6 月 15 日上午，第四届“海峡两岸企业发展与合作论坛”在唐山曹妃甸渤海国际会议中心开幕，来自海峡两岸 200 多位经济界、学术界人士参会，就进一步加强两岸经贸合作与交流进行深入探讨。全国政协副主席、民进中央常务副主席罗富和，国务院台湾事务办公室副主任叶克冬，海峡两岸关系协会副会长王富卿及河北省、唐山市的有关领导参加了开幕式并致辞。

罗富和在论坛开幕式上说，在国际金融危机的冲击下，大力开展海峡两岸经贸交流与合作，符合两岸同胞共同的利益，有利于海峡两岸企业提升应对各种风险的能力，有利于两岸的和平与稳定，有利于中华民族的伟大复兴。他希望两岸企业家抓住环渤海地区崛起的难得机遇，积极推动海峡两岸经贸交流交往，共谋发展，共创双赢，造福两岸人民。

叶克冬表示，两岸经济交流合作直接关乎两岸同胞福祉和切身利益，是当前和今后一个时期对台工作的优先重点。两岸关系和平发展，归根结底要靠两岸同胞的共同努力。实现中华民族伟大复兴，要靠全体中华儿女的努力奋斗。我们欢迎台湾企业界人士与大陆企业家一道，互相支持，携手合作，通过自身努力，运用大陆的市场、资源、技术、人才优势，积极调整生产方式和理念，提高核心和关键技术，优化投资结构，加快实现产业、产品升级，为台资企业在大陆的发展，为两岸经济合作打造新的天地。河北省地处环渤海经济圈，在国家整体发展战略中占有重要地位。唐山是河北省的工业重镇，正在成为环渤海地区新的经济增长极，堪称优势突出、潜力巨大、前途

第四届海峡两岸企业发展与合作论坛闭幕式。

光明。冀台经济合作必将迈上一个新台阶，两岸同胞应继续加强合作，推动两岸经济交流合作向更深层次、更高水平发展。

论坛期间安排了主旨演讲和主题演讲。

6 月 16 日下午，为期两天的第四届海峡两岸企业发展与合作论坛完成各项议程，在曹妃甸渤海国际会议中心圆满闭幕，全国人大常委会副委员长、民进中央主席严隽琪，中华社会救助基金会理事长许嘉璐出席闭幕式并讲话。全国人大、全国政协、河北省人大、河北省政协以及中共唐山市委、市政府的主要领导出席。

6 月 16 日，第二届河北·曹妃甸临港产业国际合作会议举行，来自世界 500 强企业、跨国公司、国际商会和国内重点企业等的 500 多名嘉宾云集曹妃甸。首届河北·曹妃甸临港产业国际合作会议于 2008 年 9 月份在唐山市成功举行，共有 529 家国内外企业参会，中外客商达到 1000 多人，其中世界 500 强企业 46 家，中央重点企业 23 家。会议期间洽谈对接活跃，招商引资成果丰硕。第二届河北·曹妃甸临港产业国际合作会议共签订 17 个内资项目，合同引资 136.8 亿元；签订外资项目 6 个，协议引进外资 10 亿美元。

驻外使节出席第二届河北·曹妃甸临港产业国际合作会议开幕式暨循环经济合作论坛。

★捌拾壹

论坛曹妃甸 世界瞩目时

首届曹妃甸论坛在唐山开幕（2009 年 10 月 16 日）

曹妃甸论坛是由河北省人民政府、国土资源部、环境保护部、国务院发展研究中心联合主办，唐山市人民政府具体承办的国际论坛。

曹妃甸是我国的国家级循环经济示范区，也是唐山极具代表性、标志性的地理名称。参考国际上的通行做法，论坛的正式名称定为曹妃甸论坛，首届论坛的主题为：国际金融危机背景下的可持续发展与

中国网曹妃甸论坛宣传网页。

首届曹妃甸论坛会址——曹妃甸渤海会议中心。

新型工业化。重点研讨国际金融危机对世界经济，特别是发展中国家的影响；在应对金融危机进程中推动可持续发展；新一轮科技革命与新型工业化；资源型城市的可持续发展；环渤海地区的经济发展和区域合作；循环经济、绿色经济和生态城市建设等议题。

论坛以政府官员、中外城市市长、知名企业及专家学者为主要对象。国际嘉宾邀请了部分国际政要及知名人士，联合国有关机构代表和世界银行、亚洲开发银行负责人，环渤海及东北亚周边国家城市及在可持续发展领域有重要影响的城市市长，对华友好的经济界专家学者，世界500强企业代表参加。共邀请国内外嘉宾约300人，其中外宾约100人。

2009年10月16日，首届曹妃甸论坛在渤海国际会议中心贝壳大厅隆重开幕。时任中共中央政治局常委、全国政协主席贾庆林出席开幕式并发表了题为《发展可持续 世界更美好》的主旨演讲。他强调，在国际金融危机影响仍在持续的大背景下，世界各国更应携起手来，进一步加强交流与合作，以更大的决心、更坚实的步伐，推进新型工业化，实现可持续发展，促进共同繁荣。贾庆林指出，坚持走新型工业化道路，实现可持续发展，是全人类的普遍愿望，是世界各国人民的共同利益所在。为此，世界各国应在以下四个方面加强协作，共同努力。一是把绿色增长作为共同的追求。世界各国应积极制定全球绿色发展路线图以及符合本地区实际的发展规划，有效协调政策和行动，把推进绿色增长作为政府调控经济的基本取向，通过各种可行的调控手段，大力推动绿色产业发展，促进绿色城市建设，把经济发展进一步引向绿色增长的发展道路。二是把节能减排作为共同的责任。世界各国应积极地制定应对气候变化的国家方案，大力调整产业结构，深入推动节能减排，努力减缓温室气体排放，发达国家应带头大幅度降低温室气体排放，并为发展中国家应对气候变化提供资金、技术和能力建设支持，发展中国家也应尽最大的努力，为应对气候变化作出积极的贡献。三是把科技交流作为共同的抓手。世界各国应把科学技术特别是节能减排、环保、新能源等高新技术领域的成果，广泛应用于经济社会发展实践；充分依靠科技进步，增强世界经济可持续发展的能力；国际社会和各国政府应采取新的政策和机制，既有效保护知识产权，又加强国际间技术交流与合作，强化科技创新对世界经济复苏和可持续发展的支撑作用。四是把对话合作作为共同的行动。世界各国应展开交流，增进理解，加强合作，共同探索可持续发展之路。发达国家应该承担更多的责任和义务，在科技成果转化、资金援助、减免债务等重点问题上切实采取措施，帮助发展中国家加快实现可持续发展；发展中国家应积极参与国际合作与竞争，不断地提升可持续发展能力。贾庆林强调，大力推进生态文明建设，坚持走中国特色新型工业化道路，是中国实现全面建设小康社会宏伟目标的必然选择。我们将深入贯彻落实以人为本，全面协调可持续的科学发展观，坚持走中国特色新型工业化道路，大力调整经济结构，着力提高自主创新能力，狠抓节能环保和生态建设，切实保障和改善民生，继续深化改革开放，加快建设资源节约型、环境友好型社会和建设创新型国家，促进经济社会可持续发展，更好地造福广大人民。

中共中央、全国政协、外交部、国土资源部、环境保护部、国务院发展研究中心、河北省、唐山市的相关领导出席了开幕式。

出席本届论坛的国外政要有新西兰前总理詹妮·希普莉、英国前副首相约翰·普雷斯科特、新加坡人力部部长颜金勇、韩国国务总理室前室长赵重杓、联合国前副秘书长默里斯·斯特朗、欧盟使团驻华大使、瑞典驻华大使等。来自美国、英国、荷兰、瑞典、比利时、澳大利亚、日本、韩国、伊拉克、南非、马达加斯加等国家的驻华使节、城市市长，联合国工业促进组织、欧洲经济合作与发展组织、国际绿色产业合作组织等国际机构的代表，德国西门子、美国摩根大通、日本日立等世界 500 强企业和跨国公司的代表，中国航天科工集团、首钢集团、华能集团等国内央企代表，中国内地资源型城市、全国环保模范城市和河北省各城市的市长以及一些知名专家学者。

新西兰前总理詹妮·普莉也在开幕式上作了主旨演讲，她以深入浅出的语言探讨了国际金融危机对世界经济的影响，探讨了在应对危机的过程中如何实现可持续发展，如何更好地推进新型工业化等问题，并以荷兰鹿特丹市发展绿色经济为例对唐山市走可持续发展之路和发展低碳经济提出了建议。论坛开幕前，贾庆林亲切会见了出席论

首届曹妃甸论坛会场。

坛的外国贵宾。

首届曹妃甸论坛闭幕式。

论坛的主要内容是：循环经济与新型工业化问题、资源型城市的可持续发展及产业转型、生态城市建设、区域经济发展与合作等；还举办了投资推介和经贸洽谈活动、参观考察等活动。第一次全会会议主题是“国际金融危机背景下的可持续发展与新型工业化”；第二次全会会议暨第一分论坛议题是“可持续发展与新型工业化”；第三次全体会议暨第二分论坛议题是“资源型城市的可持续发展及产业转型”；第四次全体会议暨第三分论坛议题是“循环经济与生态城市建设”；第五次全体会议暨第四分论坛议题是“区域经济发展与合作”。

10 月 17 日下午，首届曹妃甸论坛第五次全体会议暨闭幕式在渤海国际会议中心金色大厅举行。出席论坛的国内外嘉宾围绕“环渤海区域经济发展与合作”议题进行探讨。国家发改委地区司、法国苏伊士中国区执行副总裁、香港联合交易所前副主席、韩国全罗北道经济文化顾问、韩国经商学会理事等官员出席会议并作主旨发言。接着，论坛宣读并通过了“关于可持续发展的曹妃甸共识”，论坛宣布圆满结束。

★捌拾贰

插上银鹰翅 唐山再起飞

唐山三女河机场通航（2010 年 7 月 13 日）

唐山拥有四通八达的海路交通网络，铁路、公路、港口设施完备，却一直缺少直通世界的空中快捷渠道，海陆空大交通网络尚未真正形成。2000 年 12 月，唐山空军机场正式迁建；2007 年 3 月，中共唐山市委、市政府作出了建设唐山机场的战略决策；2008 年 1 月，河北省政府与北京军区空军签署空军唐山机场实行军民合用的协议；2008 年 12 月 15 日，国务院、中央军委批复机场项目立项；2009 年 2 月 26 日正式开工建设。因唐山机场位于唐山市丰润区石各庄镇三女河村南，根据《民用机场使用许可规定》关于“机场名称应当由机场所在地城市（或地、州）名称后缀机场所在地具体地

唐山三女河机场航站楼和停机坪。

点名称组成”的条款，取名为“唐山三女河机场”并获批。2009 年 6 月 1 日，唐山军民合用机场正式定名为“唐山三女河机场（Tangshan Sannvhe Airport）”。

唐山三女河机场坐落在唐山市丰润区境内，距离市中心区 20 千米，是经中央军委、国务院、中国民航总局批准利用现有空军北空训练基地的机场改扩建实现军民合用的机场。机场为空军一级机场，民航飞行区等级为 4C，适用机型为波音 737 及空客 A320 系列机型，航站楼面积 6187 平方米，塔台高度 42 米。唐山机场航站楼为全钢框架结构，总建筑面积 6921 平方米，全长 216 米，跨度 54.14 米，地上二层，檐高 20 米，屋顶为钢膜结构，外装饰采用玻璃幕墙。

唐山三女河机场当时准备相继开通到达上海、广州、成都、昆明、长沙、西安、三亚等 7 条主航线及石家庄、大连、青岛、哈尔滨等 4 条近距航线，计划当年吞吐量为 10 万人次，是继石家庄正定、邯郸、秦皇岛山海关后河北省正式运营的第 4 个客运机场。

2010 年 7 月 13 日，唐山三女河机场通航庆典仪式隆重举行。

河北省相关部门的领导，北京军区、中国民用航空局机场司、民航华北地区管理局、海航集团董事局相关人员，中共唐山市委、市政府有关领导出席通航庆典仪式。出席和参加通航庆典仪式的还有国家部委、总参、空军、北空、北空训练基地和民航系统有关单位的领导。省直有关部门和河北机场管理集团有限公司负责同志，各县、市、区、市直单位、大专院校、大厂企业负责同志，参加机场设计、监理建设单位的代表以及来自全市各行各业、各条战线的干部群众代表。

有关领导在通航仪式上的讲话中指出，唐山机场的建成，是党中央、国务院、中央军委亲切关怀，省委、省政府坚强领导，有关部门大力支持，

2010年7月13日三女河机场通航仪式。

唐山人民顽强拼搏的结果。唐山机场的通航，实现了唐山人民的飞天梦想，将大大方便人民群众的生活，提高人民群众的幸福指数，完善唐山城市功能。自此，唐山人民在家门口就可以搭乘飞机，便捷地走向全国、走向世界。唐山机场的通航，打通了唐山通向世界的“天路”，为国内外嘉宾来唐投资、兴业、旅游提供最大便利，唐山与世界更加紧密地联系在一起，尤其是曹妃甸的开发、中日曹妃甸生态工业园的建设，也随着机场的开通大大提速。唐山机场的通航，为唐山的跨越发展插上了腾飞的翅膀，为唐山未来向国际化城市的目标发展提供更加广阔的平台和强劲的动力。

通航现场锣鼓齐鸣，彩花飞舞，掌声如潮，激动、兴奋、自豪，

三女河机场候机厅和指挥塔台。

种种情感交织在一起，唐山人民用不同的方式表达着终圆飞天梦想的喜悦之情。9时50分，由海南航空公司执飞的HU7806次航班从唐山三女河机场腾空而起，开始了唐山—广州的首航旅程。该次航班的首批乘客见证了这条唐山对外开放新通道的首航之旅。12时30分，HU7806次航班成功降落在广州白云国际机场，唐山三女河机场首航圆满成功。

参加通航仪式的各界人士无不喜气洋洋，盛赞唐山机场通航。他们为这件注定载入史册的盛事而激动、自豪，认为唐山开辟“天路”，将给城市对外开放、实现跨越式发展提供强劲动力，将大大提升全市百姓的幸福指数。机场通航为唐山市接轨国际产业前沿、引进人才技术提供便捷通道，有利于发展空港经济，将大大加快唐山市旅游业发展，将加快促进百姓就业。

唐山三女河机场开通民航业务，填补了唐山大交通网络的空白，拥有730万人口的唐山告别了没有空港的历史，海陆空立体交通新格局初步建立，极大地改善了人民群众的出行条件。机场的成功通航，开辟了唐山连通国内、走向世界的空中通道，优化了京津冀都市圈交通运力配置，进一步改善和提升环渤海地区的投资环境和对外开放形象。

★捌拾叁

览唐山巨变 勉努力建成

习近平同志到唐山调研（2010 年 7 月 17—18 日）

2010年7月17—18日，时任中共中央政治局常委、中央书记处书记、国家副主席的习近平同志到唐山调研。

习近平先后来到唐山市丰南区和南湖生态城、曹妃甸新区等地，深入企业、社区和码头，围绕转变经济发展方式和加强党的建设等进行调查研究。

习近平同志视察过的曹妃甸25万吨级矿石码头。

曹妃甸新区地处渤海之滨，一派热火朝天的建设景象。在曹妃甸新区首钢京唐钢铁联合有限责任公司和曹妃甸港区25万吨级矿石码头，习近平详细了解生产经营情况，同企业干部职工探讨结构调整、

习近平同志视察过的中车唐山机车车辆有限公司。

节能减排等问题。在北车唐山轨道客车有限责任公司，习近平兴致勃勃地登上具有我国完全自主知识产权的中低速磁悬浮列车，同技术人员深入交谈。在总装车间，习近平踏上“和谐号”动车组列车观看先进的操作系统，体验优良的服务设施，当得知一些轨道客车技术已达到国际先进水平时，习近平称赞他们为中国工人阶级和中华民族争了光。

习近平指出，要深入贯彻落实科学发展观，以转变经济发展方式为主线，以高新技术为支撑，坚持绿色增长的发展方向，大力发展循环经济，着力发展绿色产业，建设绿色城市，努力走出一条资源节约、环境友好、创新驱动的发展道路。要正确处理转变发展方式与平稳较快发展，改造提升传统产业与培育发展战略性新兴产业，推进城镇化与加强社会主义新农村建设，解决突出矛盾与完善体制机制，扩大内需与扩大开放等重大关系，推动科学发展。

在唐山震后危旧平房改造的路北区龙华里益民园小区，习近平向小区居民嘘寒问暖，叮嘱当地干部要经常深入群众，体察民情、体验民生，千方百计为群众排忧解难；在丰南区胥各庄街道新华社区，习近平对社区开展的党员活动日、党代会代表工作日、党员志愿服务日和唐山共产党员网站活动给予充分肯定。他强调，开展创先争优活动，要深入挖掘“先进”“优秀”的科学内涵，把重点放在“争”“创”上，着力在健全基层组织体系、增强党员队伍活力、构建城乡统筹的基层党建新格局上下功夫。要紧密结合各自实际，创新活动载体，解决实际问题，多为群众办实事，使活动成果充分体现在人民群众得实惠上。正在基层党组织和党员中开展的创先争优活动，为加强和改进党的执政能力建设和先进性建设提供了有力抓手和重要平台。各级党组织要把这一活动与本地区本部门本单位中心工作结合起来，与基层党建工作创新结合起来，与实现好、维护好、发展好人民群众的根本利益结合起来，进一步激发广大基层党组织和党员干事创业的热情和动力，为转变经济发展方式，推动经济社会又好又快发展提供坚强保证。

习近平来到唐山地震遗址公园，在地震纪念墙前敬献鲜花，向唐山大地震罹难同胞表示深切哀悼，向具有光荣传统的唐山人民致以崇高敬意。他指出：唐山巨变，展示了中华民族的伟大精神，体现了社会主义制度的优越性；唐山抗震精神是宝贵的精神财富，要把它进一步转化为凝聚人民团结奋进、推动科学发展的强大精神动力。

调研结束时，习近平召开党政干部座谈会，听取中共河北省委、省政府和中共唐山市委、市政府的工作汇报，充分肯定他们近年来取得的成绩，就进一步推进河北省及唐山市经济社会发展和党的建设提出了明确要求。他指出，要进一步完善选人用人机制，真正把那些坚

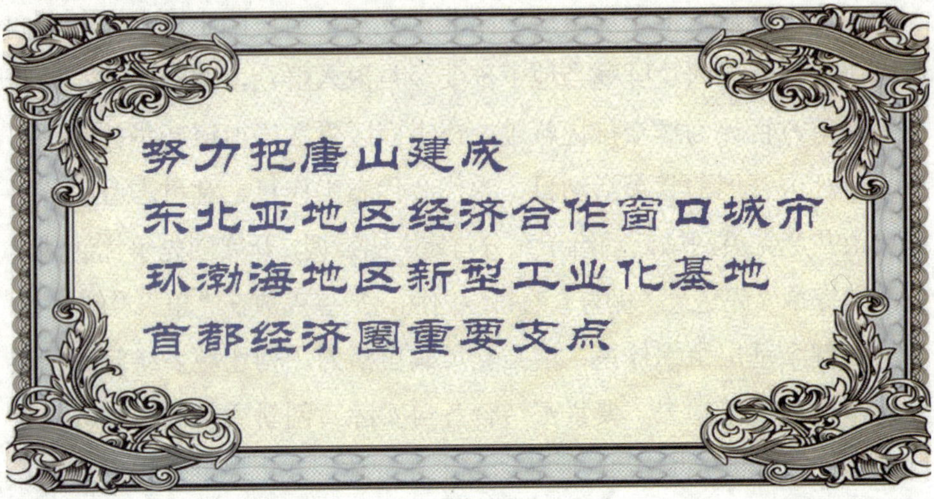

习近平同志对唐山提出的“三个努力建成”。

持科学发展有韧劲、谋划科学发展有思路、推动科学发展有激情、实现科学发展有贡献的优秀干部选出来、用起来，努力造就推动科学发展的骨干队伍。

这次调研，习近平同志对唐山市党的建设提出了更高的要求，也给予了殷切的期望，特别是为唐山提出了“三个努力建成”的目标，即努力建成东北亚地区经济合作窗口城市、环渤海地区新型工业化基地、首都经济圈重要支点，擘画了唐山未来的发展蓝图。

★捌拾肆

外环高速通　高速网络成

长深高速公路唐山段通车，唐山高速公路网络形成（2010 年 11 月 8 日）

长深高速公路是指长春—深圳的国家高速公路，简称长深高速（编号 G25），是连接吉林省长春市和广东省深圳市的高速公路，是国家高速公路网的重要组成部分，全长 3585 千米。

长深高速公路承唐段是河北省“五纵六横七条线”高速公路网的重要组成部分。该公路全长 125.934 千米，设计时速 80 千米 / 小时，双向六车道。整个工程穿越山岭重丘，地理情况复杂，桥梁隧道比例占到 40％以上，是河北省高速公路施工难度最大的工程之一。

长深高速唐山段入口。

1999 年 10 月开始建设长深高速的唐山

G25 唐山出入口路标。

西外环段，这段高速公路全长 34.23 千米，双向 4 车道，全立交、全封闭，与已经通车的唐津、京沈、唐港高速公路的部分路段，共同构成全国同类城市中的第一条长达92千米的环城高速公路。2001 年 11 月 28 日，唐山市环城高速公路全线贯通，唐山现代化大交通的格局初步构成。交通部为此发来贺信。贺信说：“唐山市西外环高速公路建成通车，在河北省率先建成环城高速公路，标志着唐山市向交通现代化迈出重要一步。对沟通唐津、京沈高速公路，完善国道主干线路网布局，提高环渤海地区路网服务水平，促进唐山乃至河北经济发展具有十分重要的意义。”

在修建了西外环高速公路后，唐山市继续向北延伸修建长深高速唐山段（又称承唐高速唐山段）。工程一期从丰润区到遵化南小营，于 2007 年通车；二期于 2008 年 12 月开工建设，工程起于南小营村，向北经大党峪、前黎河店、

G25 唐承段的牛狼峪隧道。

侯家寨，止于遵化侯家寨乡甘渣峪村的承唐交界处，与承德段相接。沿线跨越大秦铁路、潘遵铁路、唐遵铁路、东沙河、黎河、省道邦宽线和国道 112 线。向南与已建成的一期公路相接。全线共设互通式立交 4 座，分离式立交 16 座，大中桥梁 29 座，隧道 1 座，主线收费站 1 处，服务区 1 处。该项目是唐山公路建设史上第一条山区高速公路，建成了唐山第一条高速公路隧道——牛狼峪隧道。

2010 年 11 月 8 日，唐承高速公路正式建成通车。这段高速公路是国家高速公路网和全省高速公路网的重要组成部分，也是唐山市贯彻落实中共中央、国务院扩大内需决策部署的重点项目之一。它的建成通车，不仅完善了全市高速公路网，使全市高速公路通车里程达到了 507 千米，密度达到每百平方千米 3.76 千米，继续在全省领先，而且使承唐之间行车时间由原来的 4 个多小时缩短至 1.5 小时，在唐山与承德之间架起了一条纵贯南北、通山达海的快速通道。不仅对唐承两市整合旅游资源、推进地区旅游产业聚集发展、加快经济发展方式转变起到重要的推动作用，而且对于唐山市

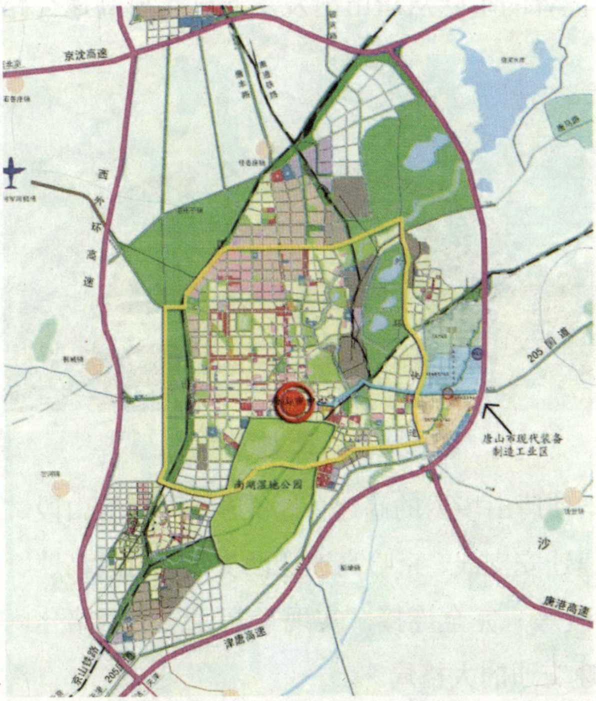

唐山市环城高速公路地图。

加快北部山前城市带组团发展，密切与内蒙古及以远地区的经济交流合作，增强曹妃甸对华北北部、东北地区的辐射能力，进而推动唐山在京津冀和环渤海地区的快速崛起、跨越发展都具有十分重要的现实意义。

承唐高速公路的开通，使唐山市市民能以最方便快捷的方式游览承德避暑山庄及周围寺庙景区。在承唐高速开通之际，唐山市旅游局、市旅游集散中心联合承德避暑山庄景区管委会举办了"承唐高速开通，承德之旅首发团"活动，唐山市140多名游客游览了承德的风景名胜，体验了承唐高速的方便与快捷。通车当天又恰逢记者节，唐山交通文艺广播举行"山海连玉带，唐承一线牵"记者节承唐高速特别体验活动，载着唐山市部分新闻媒体记者的车队从唐山出发，通过承唐高速公路驶向塞外古城承德。车队时而越跨桥梁，时而穿行隧道，让人们在一个多小时的车程中充分领略到沿途迷人的山峦美景，体会到了"衢塞轮生翼，唐承变通途"的奇妙。

G25 唐山南湖入口。

承唐高速公路通车后，使唐山境内的高速公路（唐津高速唐山段、京哈高速唐山段、京哈高速迁安支线、京哈高速迁西支线、唐港高速、迁曹高速、沿海高速唐山段等）完全连接，实现了高速公路网络化，基本形成了该区域现代高速交通的大格局。

★捌拾伍

沿海新城起　新区曹妃甸

国务院批准同意设立唐山市曹妃甸区（2012 年 7 月 11 日）

曹妃甸位于唐山南部沿海、渤海湾中心地带，原本是一个东北、西南走向的带状沙岛，为古滦河入海冲积而成，距大陆岸线约 20 千米，至今已有 5000 多年的历史，因岛上曾建有曹妃庙而得名，历史地图中称其为“曹妃殿”。

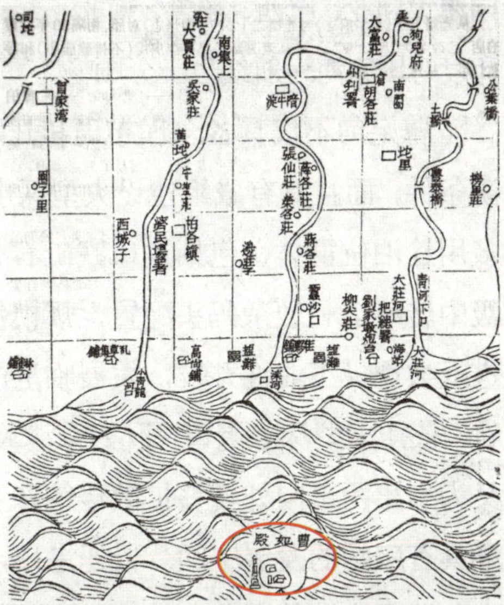

清光绪二十四年（1898 年）《滦州志》所附地图中曹妃甸的位置。

曹妃甸岛面向大海有深槽，甸前深槽水深达 36 米，由曹妃甸向渤海海峡延伸着一条水深达 27 米的天然水道，直经海峡通向黄海。水道与深槽的天然结合，构成了曹妃甸建设大型深水港得天独厚的优势。加之这里 30 米水深的岸线长达 6 千米，且不淤不冻，是渤海唯一不需要开挖航道和港池、不需要疏浚维护即可建设30万吨级大型泊位的理想港址。曹妃甸岛背靠陆地有浅滩，甸后滩涂广阔且与陆域相连，低潮时面积达30平方千米，零米等深线面积达150平方千米。可利用的浅海和滩涂面积达310平方千米，为临港产业布局和城市开发提供了足够的用地。

曹妃甸岛距韩国仁川港400海里，距日本长崎港680海里，距神户港935海里，与矿石出口国澳大利亚、巴西、秘鲁、南非、印度等国家海运航线也十分顺畅。

曹妃甸蚕沙口天妃宫（妈祖庙）的妈祖塑像。

曹妃甸不仅具备合理布局和开发建设大型深水港优越的经济地理资源条件，而且具有成组建设大型深水码头得天独厚的条件。建设多专业、多用途泊位群体，包括进口铁矿石、原油等大宗散货专用码头与中小吨级中转疏运和散杂码头配置，规模优势突出。港区后方大片国有滩涂可进行大规模工业性开发，发展临港产业。从优化京津冀产业配置的角度看，依托大型深水港口，既为京津冀地区支柱产业的发展提供有力支撑，又为京津两市向外转移扩散传统产业提供发展空间。因此，在曹妃甸建港具有广阔的发展空间。依托港口，立足国内外两种资源和两个市场，充分发挥腹地的产业、技术和资源优势，建设一个以大码头、大钢铁、大化工、大电能四大主导产业为核心的新兴工业区十分必要。

开发建设曹妃甸港区，是京津冀及周边地区钢铁、石化产业发展的客观需求，也是唐山乃至河北产业布局向沿海发展的需要。

1992 年，河北省和唐山市启动了曹妃甸港口开发建设的前期工作，先后组织交通部中交水运规划设计院、水利部南京水利科学研究院、国家海洋局勘测环评中心等 30 余家科研、勘测和设计单位，完成了 50 多项工作和科研课题，为科学决策提供了翔实的依据和定性结论。

1994 年，曹妃甸建港工程的第一份可行性报告编制完成。1997 年，国家计委、冶金部、交通部等部委和北方 6 省市（区）的主要钢铁企业汇聚唐山，研究曹妃甸建港事宜，与会人员认为，曹妃甸建港配套条件好，具有建设深水大港的优势。

2002 年，唐山市把曹妃甸工程确立为“四大兴市工程”之首，次年又确立为河北省“一号工程”。紧接着，通岛公路开工，曹妃甸的建设拉开序幕。

曹妃甸港区一角。

2004年，25万吨级矿石码头开工建设，第二年竣工。运载矿石的外国货轮开始停靠曹妃甸港。

曹妃甸渤海国际大酒店。

2004年12月，国务院通过《长江三角洲、珠江三角洲、渤海湾区域沿海港口建设规划（2004—2010）》，对渤海湾区域的秦皇岛港、京唐港、曹妃甸港和黄骅港的功能进行了分区定位。这标志着唐山两个港口的开发进入了国家战略。2006年，曹妃甸的建设正式列入全国人大常委会审议通过的《国民经济和社会发展第十一个五年规划纲要》。

2009年6月，时任国务院副总理的李克强视察曹妃甸，在30万吨级原油码头、25万吨级矿石码头上，李克强详细询问有关货运情况，希望曹妃甸港建成现代化的能源、原材料集疏港，深化相关港口的分工协作，搞好多种运输方式的配套衔接，推动物流等现代服务业实现更大发展。

2009年，曹妃甸港已经基本建成，临港产业和港城（滨海新城）建设也在同步发展。曹妃甸工业区的交通路网、供水、供电、通信、污水处理等城市基础设施都已建成并投入使用，城市的基本功能已经具备。2009年3月14日，曹妃甸新区正式揭牌成立，曹妃甸新区实行“一县两区”的管理体制，即把唐海县、曹妃甸工业区、南堡经济开发区统一纳入曹妃甸新区管理范围。曹妃甸新区陆域海岸线约80千米，常住人口约22万人。这标志着“渤海明珠”曹妃甸的开发建设

2012 年 7 月 11 日成立时曹妃甸区委、区政府。

进入了一个新阶段，唐山市的范围和城市功能进一步扩大。

继而，中共中央、国务院和中共河北省委、省政府又作出重大决策：建立唐山市曹妃甸区，这是加快推进曹妃甸开发建设的现实需要，有利于推进唐山的科学发展、优化沿海开发格局、统筹规划和统一开发管理。

2012 年 7 月 11 日，国务院批准同意撤销唐海县，设立唐山市曹妃甸区，区人民政府驻唐海镇垦丰大街 23 号。唐山市曹妃甸区规格为副地级，行政区划包括原来的唐海县全境、曹妃甸工业区、生态城、柳赞镇（原属滦南县，2010 年 1 月 1 日起改由曹妃甸新区实行整体托管，唐海县代管）、滨海镇（原属丰南区，由南堡经济开发区代管）。其中，唐海县是曹妃甸工业区产业辐射的承接区，年产优质稻米 30 万余吨、河蟹 3000 吨，建有亚洲最大的海水养殖场和国内最大的东方红鳍豚养殖基地；曹妃甸工业区是曹妃甸新区的核心区和龙头带动区；南堡经济开发区是曹妃甸新区以盐化工为主的海洋化工基地；曹妃甸国际生态城是唐山市曹妃甸新区未来的政治、文化、科技、金融、商贸中心。曹妃甸新城进入了一个港口、港区、港城齐头发展的崭新阶段，从此，唐山将逐步形成以唐山主城区和曹妃甸新城为核心的双核城市化的新格局。设立曹妃甸区不仅是曹妃甸和唐山发展史上的一件大事，也是河北发展史上的一件大事。

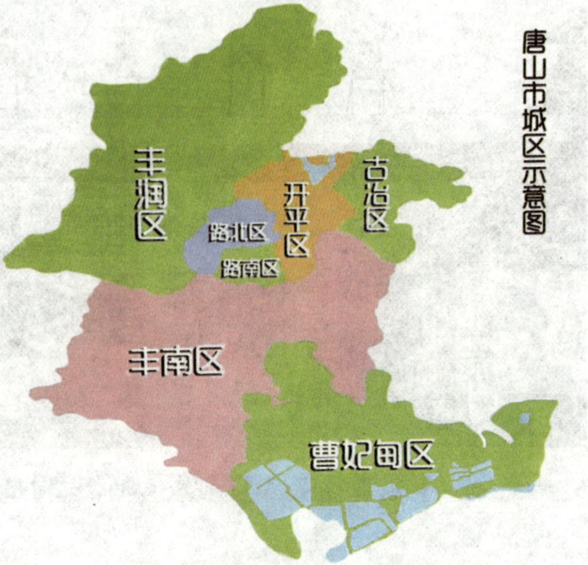

曹妃甸区成立后唐山城区示意图。

★捌拾陆

河北港口雄　移驻曹妃甸

河北港口集团总部正式搬迁至曹妃甸（2013 年 11 月 16 日）

河北港口的历史发展过程，经历了古代碣石港、近代自开港、现代枢纽港、区域港口群四个阶段。

1898 年 3 月，清政府总理衙门补奏秦皇岛自开口岸，光绪皇帝朱批“依议 钦此”。同年 6 月 10 日，在今秦皇岛市东盐务村成立开平矿务局秦皇岛经理处，开办运输业务。这是河北省建立港口并开展海运业务的开始。

河北港口开埠地。

1948 年 11 月 27 日秦皇岛解放。秦皇岛市军事管理委员会向开滦秦皇岛经理处派驻军代表，对港口实行军事管制。1952 年 5 月，中央人民政府燃料工业部对秦皇岛港实行代管，同时撤销军事管制。1953 年 1 月交通部正式接管，后成立交通部秦皇岛港务局。

改革开放以来，1999 年年初被列为中央直属大型国有企业，2002 年原秦皇岛港务局改制为秦皇岛港务集团有限公司，成为全国沿海主要港口中第一个实行公司制改革的港口。

2009 年 7 月 8 日，经河北省政府批准组建河北港口集团有限公司，成为河北省省属国有独资企业，是集港口建设、开发，国有资产运营、管理以及投融资功能于一身的综合性集团公司。河北港口集团业务涉及港口经营、港口物流、港机制造、港口建设、港口服务、港口地产、资源开发和资本运作等多个领域，主要布局在秦皇岛港、唐山曹妃甸港区、沧州黄骅港综合港区。集团总部驻省会石家庄。

河北港口集团秦皇岛石油码头。

河北港口集团有限公司共有“三港四区”：

秦皇岛港。曾经是我国最大的能源输出港，也是我国第一条能源运输大通道“大秦线”的重要枢纽港，担负着“北煤南运”的重要使命。拥有世界一流的现代化煤炭码头。秦皇岛港区拥有各类泊位 50 个，其中煤炭泊位 23 个。

唐山港京唐港区。以煤炭、铁矿石及钢材运输为主，1989 年建港后发展迅速，已成为河北省运量最大的港区，拥有各类泊位 41 个，包括专业化矿石泊位、集装箱泊位以及件杂货、通用散货泊位。

唐山港曹妃甸港区。是河北省四大港区中发展最快的港区，以铁矿石、煤炭、钢材运输为主，已建成投产运营各类泊位82个，包括6个专业化铁矿石泊位（2个具备40万吨靠泊资格）、15个专业化煤炭泊位。

河北港口集团黄骅港区。

黄骅港。港区的建设始于1997年，2010年8月18日正式开航，是冀中南地区最便捷、最经济的出海口，拥有广阔的发展空间。拥有万吨级泊位32个，其中专业化煤炭泊位17个。随着雄安新区正式成立，黄骅港决心“积极布局，打造雄安新区最便捷、最经济的出海口”。

进入21世纪以来，京唐港和曹妃甸港（后合为唐山港）的发展日新月异，国家港口建设规划的实施，使河北省港口的重心转移到了唐山港。为了服务河北沿海地区率先发展增长极建设的需要、整合全省港口岸线资源、实现河北港口集团与唐山市的互动共赢、进一步加快港口结构调整、提高河北港口的整体竞争实力，唐山市政府与河北港口集团本着“互惠互利、真诚合作、共同发展、实现双赢”的原则，签署了战略合作框架协议。按照协议约定，河北港口集团将总部搬迁至曹妃甸。2013年11月16日，河北港口集团总部正式从石家庄市搬迁到唐山曹妃甸新区。中共唐山市委、河北港口集团的负责人共同为河北港口集团总部揭牌。

河北港口集团搬迁到曹妃甸后，按照“打造现代港口物流服务商，建设和谐生态新港湾”的企业愿景，肩负“盛德大业，惠世报国”的

河北港口集团大楼。

企业使命，秉持“为国家做贡献，为企业求发展，为职工谋利益”的企业价值观，充分发挥省内行业领军企业的龙头作用，积极参与曹妃甸开发建设，拓展优化港口功能和结构，完善集疏运体系，推动省内唐山、秦皇岛、沧州“三港四区”形成布局合理、优势互补的现代化区域港口集群体系，进一步提升河北港口的整体竞争力；依托曹妃甸资源、区位、政策优势，积极延伸港口产业链，带动物流、仓储、贸易、金融、大宗产品交易、现代服务业等相关产业发展，加快产业聚集步伐，完善港区功能体系。大力发展港口经营、建设及配套服务，港口物流，其他水上运输辅助服务三大主业；努力构建港口经营、物流服务、地产开发、投资金融和综合服务五大板块；积极开展港口主业、港口物流、港口建设、港机制造、港口地产、港口服务、资源开发和资本运作八项业务，目标是形成以秦唐沧三大港区为载体、物流项目为辐射节点、集疏通道为纽带的港口物流网络，集资本运营商、资源开发商、码头运营商和综合物流服务商于一体的大型综合性集团公司。

★捌拾柒

发展可持续　国家定目标

唐山被国务院列入再生型城市（2013 年 11 月 12 日）

资源型城市是以本地区矿产、森林等自然资源开采、加工为主导产业的城市（包括地级市、地区等地级行政区和县级市、县等县级行政区）。作为我国重要的能源资源战略保障基地，唐山是国民经济持续健康发展的重要支撑。唐山，是中国以煤炭、钢铁、水泥、电力、陶瓷等为主要产业的资源型城市，几十年来为新中国作出了巨大的贡献。

为统筹推进全国资源型城市可持续发展，国务院于 2013 年 11 月 12 日以〔2013〕45 号文件的形式印发了《全国资源型城市可持续发展规划（2013—2020 年）》（以下简称《规划》）。《规划》首次界定了全国 262 个资源型城市，并根据资源保

曹妃甸湿地公园。

开滦矿山公园中的开滦博物馆。

障能力和可持续发展能力差异，将资源型城市划分为成长型（31 个）、成熟型（141 个）、衰退型（67 个）和再生型（23 个）四种类型，明确了不同类型城市的发展方向和重点任务。提出了有序开发综合利用资源、构建多元化产业体系、切实保障和改善民生、加强环境治理和生态保护、加强支撑保障能力建设五个方面的重点任务，并明确了促进可持续发展的总体目标，即到 2020 年，基本完成资源枯竭城市转型任务，资源富集地区资源开发与经济社会发展、生态环境保护相协调的格局基本形成，建立健全开发秩序约束、产品价格形成、资源开发补偿、利益分配共享、接续替代产业扶持等有利于资源型城市可持续发展的长效机制。此外，《规划》提出，结合资源型城市产业基础和发展导向，积极发展类型丰富、特色鲜明的现代服务业，推进工业历史悠久的城市发展特色工业旅游。

百年开滦广场。

根据上述标准和发展目标，唐山市被列为再生型城市。同时，开滦国家矿山公园被列为“资源型城

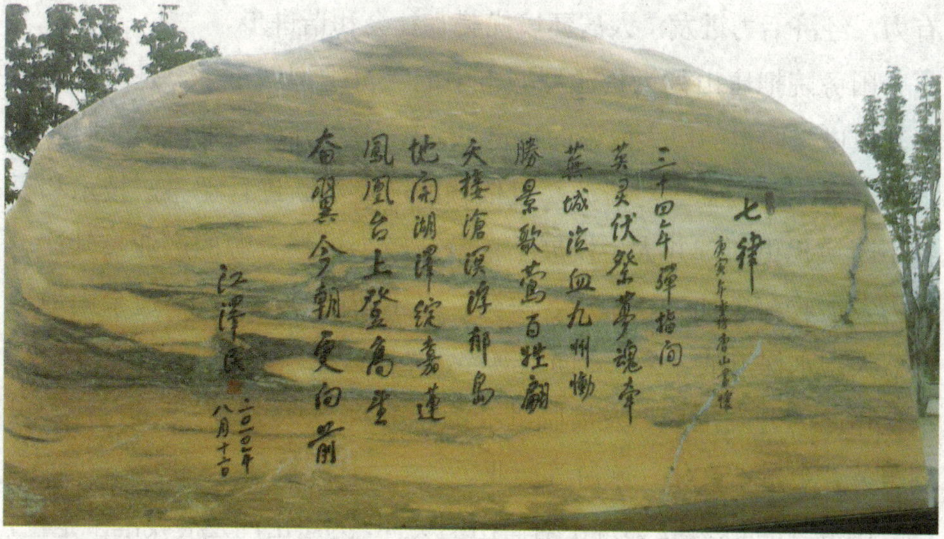

唐山南湖的江泽民同志题词诗碑。

市重点旅游区”。

《规划》遵循分类指导、特色发展的原则，根据资源型城市划分类型，明确各类城市的发展方向和重点任务，对于再生型城市，国务院的政策是：“引导再生型城市创新发展。”文件指出：“再生型城市基本摆脱了资源依赖，经济社会开始步入良性发展轨道，是资源型城市转变经济发展方式的先行区。应进一步优化经济结构，提高经济发展的质量和效益，深化对外开放和科技创新水平，改造提升传统产业，培育发展战略性新兴产业，加快发展现代服务业。加大民生投入，推进基本公共服务均等化。完善城市功能，提高城市品位，形成一批区域中心城市、生态宜居城市、著名旅游城市。”

国务院的规划目标是：到 2020 年，资源型城市历史遗留问题基本解决，可持续发展能力显著增强，转型任务基本完成，达到资源保障有力，经济活力迸发，人居环境优美，社会和谐进步。

国务院把唐山列为资源型城市中的“再生型城市”，是对唐山改革开放以来取得的巨大成绩的肯定。首先，改革开放以来，唐山对煤炭、钢铁、水泥、陶瓷等对资源高度依赖的产业不断进行调整，技术和设备不断换代更新，并大力发展不依赖或较少依赖资源的产业。其次，大力发展物流、加工、制造、医药、人工智能等产业，不遗余力地进行蓝天碧水保卫战。第三，面向海洋，“以蓝色思维改变煤都历史”，举全市之力开发港口、发展临港经济。第四，大力发展第三产业，谋划服务、金融、文化、旅游等产业。

国务院的《规划》体现了对唐山的关怀，为唐山的发展找准了定位，指明了方向，绘制了蓝图。

附：国发〔2013〕45 号文件资源型城市综合分类表中的“再生型城市”

再生型城市（23 个）

地级行政区 16 个：唐山市、包头市、鞍山市、盘锦市、葫芦岛市、通化市、徐州市、宿迁市、马鞍山市、淄博市、临沂市、洛阳市、南阳市、阿坝藏族羌族自治州、丽江市、张掖市；

县级市 4 个：孝义市、大石桥市、龙口市、莱州市；

县 3 个：安阳县、云阳县、香格里拉县。

★捌拾捌

英雄组人链　严冬暖神州

唐山市民组成“人链”勇救冰湖落水者（2014年1月5日）

2014年1月5日，3名大学生相约到唐山南湖公园游玩，其中一名大学生突然掉进冰窟，另两名同伴在紧急施救的过程中，不幸也相继落水。就在这生死关头，附近的市民听到呼救相继赶来，6名素不相识的市民，冒着数九天的严寒和冰面随时迸裂的危险，迅速在薄薄的冰面上依次排开，手挽着手，最前面的一个人拿着一根找来的长木棍，让落水者抓住木棍的一头，其他人一起努力，极有默契地拉成一条“人链”，经过奋力施救，终于使3名学生脱险。事后，6位市民悄然离开，幸好有一位市民用手机拍下了这一感人的场面。他们的义

唐山6名素不相识的市民在冰面上组成“人链”勇救落水者。

举向人们诠释了什么是正义和勇敢，彰显了唐山正能量。在严寒的冬季，唐山这座大爱之城给了遇险者、也给了世人春天般的温暖。这是一种爱，一种大爱，这种爱是无私的，是义无反顾的。

唐山晚报

2014年1月13日星期一

TANGSHAN EVENING NEWS

今明天气

新闻热线 2828000

“拉成人链勇救落水学生”成全国各大媒体报道热点

唐山六市民凡人善举温暖神州

《唐山晚报》报道唐山南湖“人链”救人的善行。

根据市民提供的线索，1月8日的《唐山晚报》在第一版对此事进行了详细报道，立即在社会上引起极大反响，人们纷纷通过各种形式赞扬救人者的正义之举。随后，《唐山晚报》《唐山劳动日报》展开追踪报道，在对见义勇为者进行褒扬的同时，通过开通电话热线、邮箱、微信等，动员广大群众共同寻找好心人，传递善行正能量。几天之内，相继找到了6名勇敢施救的市民。这6位市民处于不同的工作岗位，大家素不相识，但危难来临时，他们自然地结成了一个救人群体，毅然选择了出手相援，并没有考虑面临的危险，救人后大家就像办完了平常事一样离开。面对记者，这6位市民都觉得这是很自然的行为，因为他们都认为，面对困难时，任何一个唐山人都会出手相助，而且，一个人的力量是渺小的，众人联合起来，就能发挥出最强大的力量。

被救的3名落水者也非常感动，他们表示，6位勇敢的好心人将他们从生死线上拽了回来，这一辈子他们都不会忘记这些好心人，无论说什么都不足以表达他们对这些救命恩人的感激之情。一定要把这种大爱传递下去，以后如果见到别人有困难，也会尽自己最大的努力，帮助他人，回报好心人，回报社会。

共青团唐山市委向全市团员青年发出倡议，号召广大团员青年学习6位热心市民舍己救人的先进事迹，用实际行动为倡树文明新风、构建和谐社会贡献力量。

上海的《新民晚报》对唐山6名市民义举的报道。

这一壮举经唐山市媒体报道后，全国媒体便迅速跟进。1月10日，中央电视台在《新闻联播》节目中以“青年掉冰窟，路人齐营救”为题，播出唐山市6位市民拉成人链勇救3名落水学生的感人事迹。第二天，又在《焦点访谈》栏目以“拉起生命之链”为题，再次对此进行了深入翔实的报道。《中国新闻》《第一时间》《朝闻天下》等栏目也纷纷介入。同时，新华社、中央人民广播电台、《中国青年报》、河北电视台等媒体，网易、搜狐、腾讯等网站也对此密切关注，跟踪报道。唐山市6位市民的善行义举温暖了神州。

★捌拾玖

英雄潘家峪　抗战史册彰

潘家峪惨案纪念馆等入选首批国家抗战纪念遗址名录（2014 年 8 月 24 日）

潘家峪村位于燕山山脉腰带山东麓，是冀东丰润县城东 30 里的一个小山村。全村 220 多户人家，1700 多口人。抗日战争爆发后，这里是冀东最早、最坚实的抗日堡垒村之一，冀东党、政机关首脑经常驻留此地，八路军的兵工厂、被服厂等都设在这里，部队也经常在这里休整、安置伤病员。面对潘家峪这座抗日堡垒，日寇丧心病狂地要把潘家峪人民斩尽杀绝。

潘家峪惨案纪念馆。

1941 年 1 月 25 日，农历腊月二十八，潘家峪村民正准备过春节。3000 多名日本兵在伪驻丰润县顾问佐佐木的带领下包围了村子，并对手无寸铁的村民进行大屠杀，全村有 1000 余名村民惨遭杀害，其中包括 658 名妇女儿童，有 30 多户人家被灭门，潘家峪成了人间地狱。

惨案发生的第二天，冀东军分区党政领导率领八路军官兵来到潘家峪，带来大批粮食、衣服、药品，挨家挨户地慰问、安抚。周围村庄的乡亲挥泪赶来，捐献出大批苇席和其他物资，帮助潘家峪人埋葬死去的同胞。

2 月 5 日，抗日民主政府组织四邻村庄的乡亲清理尸首，由丰滦迁联合县政府主持公葬。公葬是在初春的寒夜里进行的，送葬的队伍由街里走上山麓，把尸体安葬在松柏常青的南山脚下。

3 月初，潘家峪 20 多名青年带头成立了 3 个“抗日复仇小分队”，附近村庄的子弟纷纷参加，迅速发展到 120 多人。5 月 9 日，冀东抗日斗争领导人李运昌、周文彬、刘诚光等来到潘家峪，在火石营村召开了由各村群众参加的追悼大会。在大会上，冀东军分区政治部主任刘诚光庄严宣布成立“潘家峪复仇团”。

“潘家峪惨案”发生后，在冀东坚持抗战的八路军十二团二营营长杨思禄和战友们发誓要“杀死佐佐木，给潘家峪的乡亲们报仇”。“潘家峪复仇团”随冀东军分区部队开展作战

部分潘家峪复仇团成员在新中国成立后合影。

行动。1942 年 7 月 18 日，八路军和潘家峪复仇团在滦县干河槽村设伏，100 多名日军被全部击毙。打扫战场时，发现了被击毙的佐佐木。这个亲手制造潘家峪惨案的主犯得到了应有的惩罚，振奋了冀东人民抗战胜利的信心。

2017 年，在干河草村（原甘河槽村）的村东新建了一座纪念碑，碑身由大理石砌筑而成，碑高 7.18 米，碑文一面刻着“干河草战斗胜利纪念碑”10 个大字，题字者为当年直接指挥这场伏击战的英雄营长杨思禄。

新中国成立后，潘家峪惨案遗址被国务院公布为第一批全国重点文物保护单位，1999 年建成潘家峪惨案纪念馆。纪念馆建筑面积 1246 平方米，展厅面积 608 平方米，内设四个展馆，通过原始照片、实物和影像资料，展示了惨案发生的历史背景、事件经过以及潘家峪人民不屈不挠的反抗精神。20 多年来，潘家峪惨案纪念馆成为干部群众、中小学生、部队官兵接受爱国主义教育、缅怀历史的大课堂，年接待观众近 20 万人次。2001 年被命名为第二批全国爱国主义教育示范基地；2005 年 3 月，被中宣部、国家发改委、国家旅游局等 13 个部委联合确定为全国首批百处红色旅游经典景区之一。

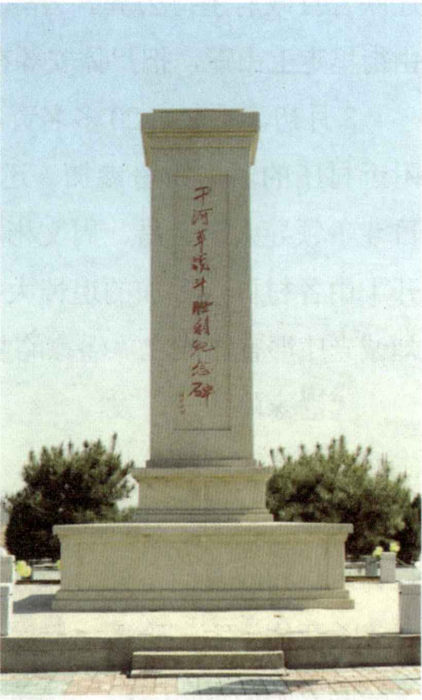

干河草战斗胜利纪念碑。碑文由当年指挥干河草战斗的杨思禄将军题写。

为隆重纪念中国人民抗日战争暨世界反法西斯战争胜利69周年，中共中央、国务院要求各地区、各有关部门要加强抗战纪念设施、遗址的保护管理，深入挖掘抗战纪念设施、遗址的历史内涵和现实意义，广泛组织开展群众性拜谒、参观和纪念活动，教育引导广大群众特别是青少年充分认清日本法西斯侵略者犯下的罪行，牢记中华民族抵御侵略、奋勇抗争的历史以及中国人民在世界反法西斯战争中作出的巨大牺牲和不可磨灭的历史贡献，学习宣传抗日英烈的英雄事迹，大力培育和弘扬伟大的爱国主义精神，进一步增强民族凝聚力、向心力，为实现中华民族伟大复兴的中国梦提供强大精神动力。

2014年8月24日，国发〔2014〕34号文件《国务院关于公布第一批国家级抗战纪念设施、遗址名录的通知》将第一批80处国家级抗战纪念设施、遗址名录予以公布。潘家峪惨案纪念馆名列其中。

2015年8月24日，在抗日战争胜利暨世界反法西斯战争70周年之际，国务院又公布了第二批国家级抗战纪念设施、遗址名录，唐山市的冀东烈士陵园、潘家戴庄惨案纪念馆、喜峰口长城抗战遗址入选。2020年国务院又公布了第三批国家级抗战纪念设施、遗址名录，遵化市长城抗战烈士陵园入选。这样，唐山市就拥有了5处国家级抗战纪念设施、遗址。

★玖拾

高校强强联　华理更华丽

国家教育部发文正式批准河北联合大学更名为华北理工大学（2015年3月27日）

唐山矿冶学院和唐山煤矿医学院是分别于1958年和1964年在唐山创办的两所全日制本科院校，在河北省高等教育布局中占有重要地位。世纪之交，两校分别发展为河北理工大学和华北煤炭医学院。

2010年5月，经教育部批准，两校合并组建为河北联合大学，是河北省人民政府与国家安全生产监督管理总局、河北省人民政府与国家国防科技工业局共建高校。2013年，中共河北省委、省政府作出将学校整体搬迁曹妃甸唐山湾生态城的重大决定，新校占地4500亩、建筑面积100万平方米，比肩国内一流大学硬件条件标准。

华北理工大学校名及校徽。

2015年2月，国家教育部发文正式批准河北联合大学更名为华北理工大学。与此同时，中共河北省委、省政府以及省教育厅将华北理工大学列入河北省“全国知名大学”建设序列，在政策和资金上给予了大力支持，并希望华北理工大学以更名为契机，把学校办得更好，加强班子建设、校园建设、学科建设、校风建设，振奋精神、形成合力，朝一流大学的目标奋进。

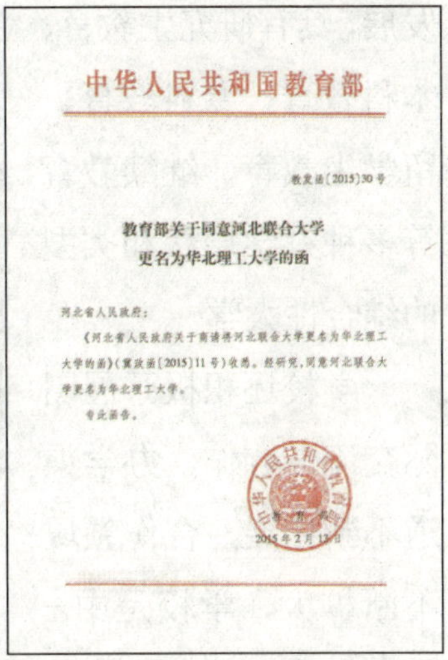
中华人民共和国教育部

教发函〔2015〕30号

教育部关于同意河北联合大学更名为华北理工大学的函

河北省人民政府：

《河北省人民政府关于商请将河北联合大学更名为华北理工大学的函》（冀政函〔2015〕11号）收悉。经研究，同意河北联合大学更名为华北理工大学。

专此函告。

教育部

2015年2月12日

教育部关于同意河北联合大学更名为华北理工大学的函。

4月8日，华北理工大学新校名揭牌仪式在主校区正门口举行。学校领导和部分单位负责同志、师生代表参加仪式，正式启用新校名。学校更名为华北理工大学意义重大，不仅有利于学校依托曹妃甸区的功能定位，辐射华北等地，为实施京津冀协同发展战略和区域经济发展提供重要的人才和智力支撑，而且也有利于学校历史传承，延续原河北理工大学和华北煤炭医学院的历史底蕴和学科特色，更好地为华北地区区域经济社会发展服务；有利于学校树立良好社会形象、提高知名度、拓宽服务范围、快速提升办学水平。2016年，华北理工大学新校区开始投入使用。

学校更名后，逐步形成了矿业工程、冶金工程、防灾减灾工程及防护工程、职业卫生与安全、煤矿创伤救治等特色优势学科，并发展成为矿山、冶金行业专业技术人才、医疗卫生及职业安全卫生高级专门人才的培养和培训基地，是国家煤炭职业卫生与安全研究领域的领军单位，建有国家职业流行病学研究中心，煤矿创伤救治研究中心及培训中心。成为一所以工、医为主，理、经、管、文、法多学科协调发展，具有研究生教育、本科教育、专科教育、留学生教育、继续教育等多种办学层次和类型的综合性大学。

华北理工大学校园鸟瞰。

华北理工大学轻工学院。

学校还积极开展国际交流与合作，办学渠道不断拓展，合作领域不断扩大，学校是中-匈医学论坛中方承办单位，与英国利兹大学和林肯大学合作建立了“中英合作英语培训中心”。先后与美国麻省州立大学、日本北海道大学和日本山形大学医学部等 10 个国家的 20 多所大学建立了合作关系，在学生联合培养、留学生互派、教师互访、科研协作、学术交流等方面开展了实质性合作。学校于 2007 年开始全日制留学生教育，目前在校留学生近 200 人，是河北省内留学生教育发展最快的高校。依托留学生教育和国际合作，学校的国际声誉和影响力与日俱增。

★玖拾壹

南湖风光美　世界已惊殊

唐山举办世界园艺博览会（2016 年 4—11 月）

世界园艺博览会（World Horticultural Exposition）是由国际园艺花卉行业组织——国际园艺生产者协会批准举办的国际性园艺展会，有着世界园林园艺界“奥林匹克”盛会的美誉。

2008 年 12 月，唐山市人民政府正式向中国花卉协会递交了关于举办 2016 年世界园艺博览会（A2 + B1 类）的请示，因为 2016 年恰逢唐山抗震 40 周年，届时举办世界园艺博览会意义深远。

2010 年 10 月 6 日，在韩国顺天市举行的国际园艺生产者协会第 62 届年会上，河北省唐山市获得了 2016 年世界园艺博览会的承办权。唐山世园会是世界园艺博览会首次利用采煤沉降地，在不占用一分耕地的情况下举办的世界园艺博览会，也是在中国大陆举办的第五次世界园艺博览会。博览会主题是“都市与自然·凤凰涅槃”，秉承“时尚园艺、绿色环保、低碳生活、都市与自然和谐共生”的办会理念，旨在打造一届特色鲜明、精彩纷呈、美景难忘、永不落幕的世界园艺盛会。2016 年唐山世界园艺博览会由国家外交部、商务部、国家林业局、中国贸促会、中国花卉协会、河北省政府主办，唐山市政府承办。

2016年，世界园艺博览会会址的核心区总体布局为“一轴八园”，规划面积105平方千米。该地曾是开滦矿100多年开采形成的采煤沉降区，经过多年的建设改造，昔日的废弃地如今已成为集政务、休闲、运动、观光为一体的综合功能区，是唐山生态环境建设的一项标志性工程。把南湖生态城作为世园会会址，不仅是保护耕地和生态修复建设的一个示范，也可永久向世人展示采煤塌陷区生态恢复的样板。

2016唐山世界园艺博览会会徽为“有凤来仪”，以一只昂首挺立的“彩凤”为主体形象，表达了“时逢盛世，有凤来仪”的美好寓意。“彩凤”整体造型分为“凤头、凤身、凤尾、凤羽”。“凤头”与“凤身”巧妙地变形为英文字母“T”和“S”，是“唐山”英文的起首字母，将“涅槃彩凤”与“唐山”的概念紧密相连。“彩凤”整体色彩为藏蓝色和绛紫色的渐变结合，藏蓝代表稳重、担当，绛紫代表坚韧、顽强，表现了唐山这座传统重工业城市推进改革创新、转型升级的果敢和坚毅，突出了绿色环保、低碳生活的可持续发展理念，强调时尚与园林的巧妙结合，促进都市与自然的和谐共生。“彩凤”环绕在七彩花蕾之中，传达出园艺事业锦簇缤纷的景象，蕴含着唐山世园会“精彩难忘、永不落幕”的美好愿景。

2016唐山世园会会徽。

2016唐山世界园艺博览会吉祥物为“凤凰花仙子”，与会徽一脉相承，在整体色彩上延续了会徽的设计模式，给人强烈的视觉冲击力。

“凤凰花仙子”采用人物造型，头戴七彩花冠和凤翎，身穿会徽图案的霞衣，身后飘着七彩的凤尾，张开双臂，奔跑而来，可爱灵动、呼之欲出，准确诠释了2016唐山世园会“都市与自然·凤凰涅槃”的主题，代表着唐山人民坚强的性格和旺盛的生命力。

2016唐山世园会吉祥物。

2016年4月29日上午，唐山南湖公园2016唐山世界园艺博览会，在一场富有唐山地域特色的群众性文艺演出中拉开帷幕。演出分为《凤凰涅槃》《万物生长》《幸福家园》三个篇章，充分展示了唐山人民坚韧不拔、锐意进取、加快转型升级、再创辉煌的决心和对幸福美好生活的追求。全国政协副主席兼秘书长张庆黎，唐山世园会组委会主席、国家林业局局长张建龙，唐山世园会组委会主席、全国政协人口资源环境委员会副主任、中国花卉协会会长江泽慧，唐山世园会组委会主席、中国贸促会会长姜增伟，中共河北省委书记赵克志，省长张庆伟，国际园艺生产者协会主席伯纳德·欧斯特罗姆等出席开幕式。

2016唐山世园会开幕式上的领导和嘉宾。

上午10时，全体起立，奏唱中华人民共和国国歌，鲜艳的五星红旗冉冉升起，在会场上空高高飘扬；唐山世园会会歌响起，国际园艺生产者协会会旗、

2016唐山世界园艺博览会会旗相继升起。随后，与会领导和嘉宾分别致辞，共同为2016唐山世园会插花启幕。

河北省人民政府省长张庆伟在致辞中代表省委、省政府和全省人民对国内外来宾表示热烈欢迎，对长期以来关心支持河北发展的国家部委、兄弟省市和各界朋友表示衷心感谢。他说，唐山是美丽的凤凰之城，1976年遭受了大地震的冲击，40年来，唐山人民弘扬伟大的抗震精神，奋发图强，不懈进取，城市面貌焕然一新，经济发展日新月异，创造了浴火重生的奇迹。本届世园会以“都市与自然·凤凰涅槃”为主题，旨在表现唐山人民自强不息的精神风貌，践行绿色、开放的新发展理念，必将有力推动唐山在转型升级、加快发展的征程中创造新的辉煌。作为本届世园会的东道主，河北唐山将珍惜荣誉，不辱使命，努力打造一届

2016唐山世园会园区鸟瞰。

特色鲜明、精彩纷呈、美景难忘、永不落幕的园艺盛会。衷心希望各位来宾以花为媒，增进友谊、加深了解，共同开创更加美好的明天。

2016 唐山世园会正门（1号门）。

国际园艺生产者协会主席伯纳德·欧斯特罗姆在致辞中说，唐山选择在纪念抗震 40 周年之际举办世园会，体现了唐山面向未来、浴火重生的坚强意志，让人心生敬意。植物和景观在城市建设中扮演着关键角色，对解决城市面临的社会与环境问题具有重要意义，越来越多的人已经意识到了这一点。唐山世园会将“绿色生活”放到了重要位置，充分展现都市与自然的和谐共生，为其他地方做出了榜样。相信本届世园会将会受到世界各地游客的欢迎，必将成为一届精彩难忘的园艺盛会。

10 月 16 日，2016 唐山世界园艺博览会闭幕，闭幕式上，发布了 2016 唐山世园会“绿色城市宣言”。

以“都市与自然·凤凰涅槃”为主题的唐山世园会，提高了唐山市园艺发展水平，推动了生态城市的发展。为中国、为唐山提供了学习世界各国的园艺文化和园艺风情的机会，让世界更加充分地了解了中国，了解了唐山。来自世界各国的嘉宾和朋友对唐山的巨大变化赞不绝口，极大地提升了唐山的国际知名度和美誉度。

★玖拾贰

赞英雄城市　慰英雄人民

中共中央总书记、国家主席、中央军委主席习近平在唐山调研考察（2016年7月28日）

中共中央总书记、国家主席、中央军委主席习近平在唐山抗震救灾和新唐山建设40年之际，来到河北省唐山市，就实施“十三五”规划、促进经济社会发展、加强防灾减灾救灾能力建设进行调研考察。

习近平一到唐山，即前往唐山地震遗址公园，向唐山大地震罹难同胞和在抗震救灾中捐躯的英雄敬献花篮，并向纪念墙三鞠躬。他强调，这次来唐山，主要是看一看这座英雄的城市，看一看这里英雄的人民。40年前的大地震虽然摧毁了一个城市，但没有摧毁唐山人民和全国军民的坚强意志。在党中央坚强领导和全国广大军民支持帮助下，唐山人民以顽强拼搏的精神投入抗震救灾和灾后恢复重建，在中华民族奋斗史上谱写了一部可歌可泣的壮丽诗篇。在同地震灾害斗争的过程中，唐山人民铸就了公而忘私、患难与共、百折不挠、勇往直前的抗震精神。这是中华民族精神的重要体现。我们今天要继续弘扬抗震精神，为实现全面建成小康社会奋斗目标、实现中华民族伟大复兴的中国梦注入强大精神动力。

之后，习近平前往唐山市截瘫疗养院。他在康复室看望正在做康复训练的截瘫伤员，一一了解他们的伤情和康复治疗情况，问他们还有什么困难，祝他们健康长寿。勉励他们珍惜生命、追求健康，努力创造无愧于时代的精彩人生。

在唐山市规划展览馆，习近平参观了唐山抗震40周年成就展。他指出，随着“一带一路”建设、京津冀协同发展等国家战略的实施，唐山实现城市定位目标的外部环境和条件更好了。要抓住历史性机遇，遵循城市发展规律，努力把唐山发展得更好、建设得更美。还考察了2016唐山世界园艺博览会园区。他要求善始善终办好这次博览会，向世界展示新唐山建设的成就，也借此提高城市治理和运营水平。

上：1976年被震毁的唐山火车站。下：40年后的唐山火车站。

在唐山市祥富里社区服务中心的政务服务大厅，习近平了解社区加强基层党建工作、开展便民服务的情况，对工作人员表示慰问。在社区花园，习近平向这里的居民们问好，祝他们心情愉快、生活幸福。

习近平还主持召开座谈会，听取了河北省和唐山市工作汇报。他对河北省和唐山市在国内外经济形势复杂多变、自身发展面临多重困难和挑战的情况下取得的各方面成绩表示肯定。

习近平指出，唐山抗震救灾和新唐山建设之所以能够在条件相当艰苦的情况下取得显著成效，很重要的一点就是在大灾大难面前，党的各级组织和广大党员、干部始终同人民群众同呼吸、共命运、心连心，吃苦在前，冲锋在前，成为人民群众的主心骨。党的力量来自人民。只要党把人民凝聚起来，紧紧依靠人民，我们就能经受住前进道路上的各种严峻考验，战胜各种困难和挑战。

习近平强调，唐山抗震救灾和新唐山建设 40 年的光辉历程，以及我们开展的许多重大抗灾救灾和灾后恢复重建取得的伟大成就，充分体现了中国共产党领导和我国社会主义制度的优越性。这深刻启示我们：只要紧紧依靠中国共产党的坚强领导，充分发挥我国社会主义制度的优势，我们就能不断把中国特色社会主义伟大事业推向前进。习近平指出，我国是世界上自然灾害最为严重的国家之一，灾害种类多，分布地域广，发生频率高，造成损失重，这是一个基本国情。新中国成立以来特别是改革开放以来，我们不断探索，确立了以防为主、防抗救相结合的工作方针，国家综合防灾减灾救灾能力得到全面提升。要总结经验，进一步增强忧患意识、责任意识，坚持以防为主、防抗救相结合，坚持常态减灾和非常态救灾相统一，努力实现从注重灾后救助向注重灾前预防转变，从应对单一灾种向综合减灾转变，从减少灾害损失向减轻灾害风险转变，全面提升全社会抵御自然灾害的综合防范能力。防灾减灾救灾事关人民生命财产安全，事关社会和谐稳定，

40 年，浴火重生。

是衡量执政党领导力、检验政府执行力、评判国家动员力、体现民族凝聚力的一个重要方面。要着力从加强组织领导、健全体制、完善法律法规、推进重大防灾减灾工程建设、加强灾害监测预警和风险防范能力建设、提高城市建筑和基础设施抗灾能力、提高农村住房设防水平和抗灾能力、加大灾害管理培训力度、建立防灾减灾救灾宣传教育长效机制、引导社会力量有序参与等方面进行努力。

习近平希望河北广大干部群众认真贯彻创新、协调、绿色、开放、共享的发展理念，继续解放思想、奋发进取，扎实营造风清气正的政治生态，加快建设经济强省、美丽河北。唐山市有关负责同志汇报了 2010 年习近平到唐山考察工作时对唐山提出的“三个努力建成”目标方面工作的情况，习近平对唐山取得的成绩感到满意。习近平希望唐山广大干部群众继续弘扬抗震精神，抓住国家推动京津冀协同发展的有利时机，按照“三个努力建成”目标，再接再厉、不懈努力，全面做好改革发展稳定各项工作，争取在转变发展方式、调整经济结构、推进供给侧结构性改革等方面走在前列，使这座英雄城市再创辉煌。

★玖拾叁

中拉高峰会　贵客聚唐山

第十届中国—拉美企业家高峰会在唐山举行（2016 年 10 月）

中国—拉美企业家高峰会于 2007 年 11 月由中国贸促会倡导创立，是中国首个针对拉美地区的经贸合作促进机制性平台，得到中拉各国政商两界的高度重视和积极参与，被誉为“中拉务实合作的旗舰品牌”。

2008 年 11 月 5 日，中国政府发布了《中国对拉丁美洲和加勒比政策文件》，中国—拉美企业家高峰会作为促进中拉经贸关系发展的重要渠道被正式写入该文件。2015 年年初，高峰会被列入《中国与拉美和加勒比国家合作规划（2015—2019）》，成为“中国—拉共体论坛”项下经贸领域机制性活动。高峰会每年一届，轮流在中国和拉美国家举办，到 2015 年，已在中国、智利、哥伦比亚、秘鲁、哥斯达黎加、墨西哥举办了九届。

为进一步推动中拉企业间务实交流与合作，促进中拉经贸关系转型升级，由中国贸促会、中国人民银行、河北省政府和美洲开发银行共同主办的第十届中国—拉美企业家高峰会决定于 2016 年 10 月在唐山市举行。第十届高峰会以“携手创新、合作共赢”为主题，着重探讨在中国经济发展进入新常态、拉美各国经济增长减速背景下的中拉贸易投资新领域、企业合作新模式和商协会服务新内容，有31个拉美和加勒比国家地区代表和企业参加此次活动。办好本届高峰会将为扩大中拉工商界交流、促进中国与拉美国家经贸合作，推动中国特别是河北品牌企业和优势产能“走出去”，提升中拉合作水平发挥积极作用。

2016年10月14日，第十届中国—拉美企业家高峰会在唐山南湖国际会展中心凤凰厅开幕。会期共两天。

国家主席习近平发来贺信，对高峰会召开表示热烈的祝贺。习近平指出，当前中拉关系正处在新的历史时期。以中拉论坛成立为标志，中拉整体合作顺利起航，中拉携手推进平等互利、共同发展的全面合作伙伴关系，共建中拉命运共同体，为双方各领域合作开辟了广阔前景。习近平强调，这次会议以“携手创新、合作共赢”为主题，将增进双方企业交流、产业对接，推动中拉经贸合作优势互补、互利共赢，为中拉关系朝着更高水平发展增添新的助力。在双方共同努力下，这次会议必将取得中拉合作、共同发展的新成果，为中拉双方人民带来更多福祉。

乌拉圭总统塔瓦雷巴·斯克斯出席开幕式并讲话。他指出，此次中拉峰会是进一步推动双方在贸易投资领域合作的良好契机，中国已成为世界第二大经济体、第一大贸易国和重要的资本输出国，目前中国经济正经历重要变革，为拉美国家带来新的机遇，包括乌拉圭在内的广大拉美国家愿与中国人民一道，推动人文、经济、社会等方面的共同发展。

时任中国国家副主席李源潮作了题为《共建中拉命运共同体　开创合作共赢新局面》的致辞。他在致辞中就落实本届会议主题谈了几

第十届中国—拉美企业家高峰会开幕式。

点建议：第一，巩固传统友谊，持续增进互信。中拉同属发展中国家和新兴经济体，希望双方不断增进互信，扩大战略共识，在涉及各自核心利益和重大关切问题上相互理解、相互支持，共同促进世界和平与繁荣。第二，优化经贸结构，推进产能合作。中拉经济互补性强，合作潜力巨大，希望双方加强发展战略对接，以贸易、投资、金融合作为三大引擎，以能源资源、基建、农业、制造业、科技创新、信息技术等六大领域为合作重点，深挖贸易潜力，优化贸易结构，扩大相互投资，推进产业对接、产能合作，打造中拉经贸合作“升级版”，增进交流、深化合作，为中拉关系朝着更高水平发展增添新的助力。第三，用好合作机制，推进整体合作。我们要落实好中方对拉美一揽子融资安排，办好中拉企业家高峰会、中拉青年政治家论坛等活动。中方愿加强同拉美相关地区组织和多边机构的对话与合作，同拉方在

高峰会中的业务洽谈。

国际多边框架和机制内开展更紧密的协调配合，努力构建全方位、立体化的中拉合作网络，维护好双方共同利益。第四，加强人文交流，厚植民意基础。当前“未来之桥”中拉青年领导人千人培训计划、科技伙伴计划、青年科学家交流计划等领域正在有序推进。希望双方进一步加强教育、文化、体育、旅游等领域交流合作，架起心灵沟通的桥梁，夯实中拉关系长远发展的民意基础。他指出：我们正在推动新一轮高水平对外开放，扩大同世界各国利益交汇点。这将为包括拉美和加勒比各国在内的广大发展中国家带来更多发展机遇。中国高举和平、发展、合作、共赢的旗帜，愿与拉美人民一道，共建中拉命运共同体，开创中拉合作共赢新局面！

高峰会期间，共组织了约1300多场企业洽谈，主要覆盖食品加工、电子产品、IT、纺织、风能设备、旅游、金融服务、法律服务、花卉、渔业等行业，对于中国企业扩大出口、拉美企业拓展产业链和销售链起到积极的促进作用。

峰会期间的全体会议、平行会议和研讨会上，50多位中外嘉宾围绕峰会主题，发表了精彩演讲。峰会安排的项目对接会，组织了中国—拉美产业合作展，共有25家国内企业参展。此次中拉高峰会共签署了68个合作项目，其中，13家拉美商协会与中国贸促会及各地方贸促会签署44项合作备忘录，中国与拉美企业间签署了21个经贸合作项目，签约金额共 171 亿美元，展现了中拉经贸合作的实质性成果。

该届中拉高峰会，也极大促进了河北与拉美国家的经贸合作，河北省与拉美国家签署了一批合作协议，真正实现了“以会促贸、以会促交”，使参会企业“带着意向来，带着成果走”，促进了中拉深入交流和务实合作。

峰会上，中国贸促会及地方和行业贸促会，与拉美和加勒比地区 44 家贸易促进机构召开圆桌会议，并发表联合宣言《唐山宣言》。《唐山宣言》认为，中拉产能合作恰逢其时，通过发展产能合作，推动基础设施建设、能源资源、农业、制造业、科技创新和信息技术产业六大领域深入对接，是拉动经济增长、应对经济下行压力的良方。为更好地帮助拉美各国吸引中国直接投资，帮助中国企业在当地落户兴业，中拉贸促机构一致同意：充分发挥贸促机构渠道优势，推动构建创新、活力、联动、包容的合作机制；努力创造和维护稳定的投资政策和环境，完善配套服务和明确相关法律框架，推动减少在劳动法和税收法等方面对外资设置壁垒；帮助中拉企业更加及时和方便地共享各国政策、法律、经贸摩擦应对、商业习惯和投资项目等方面信息；在法律风险防范等领域为中拉企业提供建议和咨询。

★玖拾肆

产业转型好　名列示范区

唐山入选全国首批产业转型升级示范区（2017 年 4 月 25 日）

为贯彻落实党中央、国务院关于全面振兴东北地区等老工业基地的决策部署，按照国家发展改革委、科技部、工业和信息化部、国土资源部、国家开发银行五部门联合印发的《关于支持老工业城市和资源型城市产业转型升级的实施意见》和《老工业城市和资源型城市产业转型升级示范区管理办法》，经统筹研究，确定辽宁中部（沈阳—鞍山—抚顺）、吉林中部（长春—吉林—松原）、内蒙古西部（包头—鄂尔多斯）、河北唐山、山西长治、山东淄博、安徽铜陵、湖北黄石、湖南中部（株洲—湘潭—娄底）、重庆环都市区、四川自贡、宁夏东北部（石嘴山—宁东）12个城市（经济区）为首批产业转型升级示范区。

2017 年 4 月 25 日，国家发展改革委、科技部、工业和信息化部、国土资源部、国家开发银行等五部门联合印发了《关于支持首批老工业城市和资源型城市产业转型升级示范区建设的通知》，支持包括唐山在内的 12 个城市（经济区）建设首批产业转型升级示范区，并明确了各示范区已初步取得的经验及建议下一步重点探索的示范领域。

按照要求，示范区所在城市人民政府要将示范区建设作为促进城市转型发展的重大工作来抓，结合本地实际完善工作机制，健全工作机构，分解工作任务，落实工作责任，积极探索加快示范区和示范园区建设的新机制、新方法。结合建设方案，指导各示范区稳步推进相关工作，加快建立创新驱动的产业转型升级内生动力机制，形成以园区为核心载体的平台支撑体系，构建特色鲜明、竞争力强的现代产业集群。要按照示范区建设方案和“建议重点探索的示范领域”，结合本地实际，深入推进供给侧结构性改革，明确分阶段重点建设任务，

产业转型升级的成果之一：唐山港建成花园式港口。

产业转型升级的成果之一：唐山国际钢铁冶金博览会中的绿色唐钢展区。

积极探索符合本地实际、各具特色的产业转型升级路径和模式。

《通知》中对唐山产业转型升级示范区已初步取得的经验和下一步建议重点探索的示范领域进行明确。其中取得的经验包括推动钢铁去产能、推进创新创业、发挥沿海优势扩大对外开放、对接京津带动城市转型等方面；下一步建议重点探索的示范领域包括四个方面：一是继续探索煤炭、钢铁等传统产业改造升级、延伸产业链和化解过剩产能的有效途径。二是探索加快高端装备制造、电子信息、节能环保等新兴产业发展的有效途径。三是继续探索通过加强与京津等中心城市的合作，完善城市功能和推动产业转型升级的有效途径。四是探索加快沿海开发开放和临港产业发展的有效途径。

产业转型升级的成果之一：中国（唐山）国际钢铁冶金工业博览会民营瑞丰钢铁展台。

唐山市已经取得的经验是：明确 40 条支持政策，着力构建“4+5+4”现代产业体系。推进港产城一体化发展，打造京津冀区域性中心城市，围绕打造京津冀“微中心”，有效承接非首都功能疏解，高标准规划京唐智慧新城。加快打造世界一流综合贸易大港，唐山港货物吞吐量居全国沿海规模以上港口前列。

入选示范区后，唐山市紧紧围绕传统产业转型升级、新兴产业发展、对接京津带动城市转型、加快发展临港产业 4 个重点领域，力促产业整体素质和综合竞争力全面提高。

以钢铁产业为突破口，着力推进传统产业改造升级。围绕钢铁产业转型升级，全力推进“一去（去产能）三调（调整产业布局、调整组织结构、调整产品结构）四提（提升创新能力，提升绿色发展水平，提升产业链延伸水平，提升对外开放水平）”，打造沿海钢铁强市。

以总量扩大为主抓手，着力推进新兴产业发展。在增产业规模上下功夫，加快培育壮大以高铁动车、特种机器人、石墨烯等为代表的新兴产业集群。

以协同提速为融合点，着力推进与京津对接带动城市转型。在深化京津冀协同发展中打造唐山发展新优势。

以五年倍增为总目标，着力推进临港产业发展。强化沿海意识，利用好国际国内两个市场、两种资源，加快临港产业发展。港口实现跨越式发展。

为加快推进生态唐山建设，促进陶瓷产业转型升级、高质量发展，中共唐山市委办公厅、唐山市人民政府办公厅于 2018 年 9 月 6 日联合印发《唐山市陶瓷产业转型升级实施方案》。《方案》要求要全面践行创新、协调、绿色、开放、共享五大发展理念，坚持“生态优先、破立并举、合理布局、创新驱动”的基本原则，着力实施“四个一批”（整合重组一批、搬迁入园一批、转型发展一批、关停淘汰一批）、全力建设“五个中心”（陶瓷展示中心、交易中心、物流信息中心、研发设计中心、品牌孵化中心），促进陶瓷产业高端化、集约化、品牌化、绿色化发展，努力打造国际知名、国内领先的“陶瓷名城、创意瓷都”。

在中央政策的引领下，在中共唐山市委、市政府的领导下，唐山已成为名副其实的中国产业转型示范区。

★玖拾伍

汽笛响云霄　中欧班列开

唐山港至安特卫普中欧班列正式开行（2018 年 4 月 26 日）

港口是唐山的核心战略资源和最大竞争优势，也是唐山扩大开放、动能转换，实现由大到强战略性转变的根本依托。对此，唐山港集团举全港之力，从陆向和海向攻坚突破，全方位推进港口的开放合作。

进入 21 世纪以来，唐山港集团全方位推进港口的开放合作，在海向航线布局上，开通内外贸集装箱航线 33 条，实现了对国内沿海主要港口、韩国釜山港、日本关东关西七个港口的高密度全覆盖，通过与天津港的合作，两港的外贸内支线可将京唐港的货物中转至世界各地，目前京唐港区水路通达全球70多个国家、190 多个港口。在陆向联运网络上，抢抓“一带一路”建设机遇，全

承载中欧班列第一段运输的唐港铁路。

国首批示范工程唐山港集团“东部沿海—京津冀—西北”集装箱海（运）铁（路）公（路）多式联运项目有力拓展；在山西（晋中、忻州、朔州）、内蒙古（鄂尔多斯、乌海）、新疆（乌鲁木齐）设立 6 座内陆港，20 多个集装箱场站；还设立山西（安塘）、内蒙古（呼和浩特、萨拉齐、临河）、新疆（哈密、乌鲁木齐三坪、奎屯）7 座内陆港；已开通连接西北地区海铁联运班列 15 条。“日韩中蒙”过境班列常态运营，水路通达 70 多个国家和地区 190 多个港口。全面融入“一带一路”，加强与沿线国家产能合作。

京唐港区是唐山市最早开发建设的国家一类对外开放口岸，是国家《水运“十三五”发展规划》重要港口，集绿色港口、智慧港口、多式联运港口三个交通运输部示范工程于一身。2017 年，京唐港区货物吞吐量完成 2.9 亿吨，居河北港口第一位、全国第九位；集装箱运量突破 200 万标箱，占河北港口总量的 54%，居全国第十六位。

比利时安特卫普港是欧洲第二大港，借助地处欧洲中心，有着与海外各地连接顺畅的优势。它已经成为“一带一路”西部的重要联通港口和中欧班列的重要目的地。为此，唐山港京唐港区积极筹划中欧班列的开通。

2018 年 4 月 26 日，中欧班列（唐山港—安特卫普港）开行仪式。

为保障京唐港中欧班列顺利运行，唐山海关严密监管，主动服

唐山港至比利时安特卫普中欧班列路线。

务，帮助企业优先办理查验、转关等手续。同时，充分释放机构改革红利，优化整合监管流程，实现“一口对外、一次办理”，有效降低了企业通关成本。

2018 年 4 月 26 日，满载着集装箱货柜的列车从唐山港京唐港区封关始发，经北京、呼和浩特、包头、哈密、乌鲁木齐，由阿拉山口口岸出境，途经哈萨克斯坦、俄罗斯、白俄罗斯、波兰、德国到达比利时安特卫普，全程约 11000 千米，运行时间约 16 天，比传统海运节省 16 ~ 40 天时间。首发中欧班列装运 41 个集装箱，货品种类包括唐山市的高岭土、酵母等，后期货源主要有精品钢材、建材、陶瓷、家具、家电等。

唐山港到比利时安特卫普的中欧班列是唐山市的首条中欧班列，这是唐山快速融入国际产业链，推动港口高质量发展取得的又一重要成果。它的顺利开行，也使唐山港集装箱的多式联运示范工程成功扩展到了中亚、西亚、欧洲，为唐山的外向型经

披红挂彩的中欧班列驶出唐山港。

济发展注入了强大的动力，也为京津冀和广大西北地区对接“一带一路”开辟了新的国际物流大通道。

唐山港中欧班列的成功开通，构建了以京唐港区为枢纽，覆盖三北、联通中亚、通往欧洲的水陆国际联运网络。这趟班列打开的铁路大通道，将位于欧亚大陆东端的世界第五大港口——唐山港和位于欧亚大陆西端的欧洲第二大港口——安特卫普港更加紧密地联系在一起，是唐山港集团全面推动高质量发展的生动实践。欧亚大贯通，纵横两万里，也标志着唐山沟通世界的国际铁路物流大通道由此打通，将加速推进产业链、物流链向唐山沿海临港布局，也开启了以港口为龙头、实现唐山高质量发展，扩大对外开放、深度融入国家“一带一路”建设的新征程，站在了新的坐标起点上。

唐山港集团将成为京津冀和西北地区对接“一带一路”的新窗口，不断加快国际大港建设步伐，为唐山建成东北亚和欧洲地区经济合作窗口城市、环渤海地区新型工业化基地、首都经济圈重要支点提供交通先行力量。以建设世界一流大港为目标，唐山市东出向海、西进欧亚的开放新格局正在形成，唐山将在这新一轮的高水平开放中实现高质量发展，朝着“三个努力建成”的目标扬帆远航。

唐山港中欧班列的成功开通，对唐山这座城市的发展和对外开放，都有着特殊的历史意义。唐山，不仅走向了蔚蓝，改写了煤都的历史，而且成为“一带一路”的重要起点城市，成为亚欧大陆桥的一个重要的桥头堡。

★玖拾陆

滦州新设市　古城展新颜

滦县撤县建立滦州市（2018 年 9 月 26 日）

改革开放以来，随着国家经济的快速发展，一些发展较快的县工业总产值在国民经济中所占比重增大、非农业人口增加。1983 年，国家对这些县域开始撤县设市。1986 年，国务院以国发〔1986〕46 号文件的形式，发布《国务院批转民政部关于调整设市标准和市领导县条件报告的通知》。该通知在总人口、非农业人口等方面设定了具体标准。1993

滦州市人民政府揭牌。

年的国发〔1993〕38号文件又对设市标准作了调整，主要是人口密度及非农业人口所占的比重，工业总产值在国民经济中所占的比重，城市基础设施，地质地理环境条件，具有政治、军事、外交等特殊需要的地方等。根据《设立县级市申报审核程序》的相关规定，设立县级市由县级以上地方人民政府提出方案，逐级上报上级地方人民政府或者派出机关审核，由省级人民政府上报国务院审批；省级人民政府根据国家和区域重大发展战略要求，以及本地区经济社会发展等实际情况进行研究论证，并形成决议；省级人民政府设立县级市的请示上报国务院后，由国务院办公厅转民政部审核办理；民政部收到国务院办公厅转办的设立县级市请示后，应当对地方提交的设立县级市申报材料的合规性、完整性、真实性进行审核；民政部提出审核意见后，形成请示文件报国务院审批。

冀东名胜滦州文峰塔。

滦州市龙山为纪念辛亥滦州起义而建的中山公园。

中国铁路巨擘詹天佑主持修建的滦河铁路大桥已被列为中国近代工业文化遗产。

在这些文件的框架下，唐山市所辖的经济发达的遵化县、丰南县、迁安县先后于1992年、1994年和1996年撤县设市（其中丰南市于2002年撤市改设唐山市丰南区）。

2016年，我国的城市化水平已经达到57.35%。在这种背景下，5月，国务院出台了新的《设立县级市标准》，规定县级市的设立要尊重城市发展规律，符合我国城镇化发展阶段性特点，与城市发展所需要的综合承载能力相匹配。设立县级市要与国家和省、自治区主体功能区规划、新型城镇化规划、土地利用总体规划、城镇体系规划和环境功能区划相衔接，应当有利于优化城镇化空间布局和城镇规模结构，保障生态安全，促进大中小城市和小城镇协调发展。具体设定了人口指标、经济指标、资源环境与基础设施指标、基本公共服务指标等。申报审核程序规定由县级以上地方人民政府提出方案，逐级上报上级地方人民政府或者派出机关审核，由省级人民政府上报国务院审批；省级人民政府根据国家和区域重

坐落在滦州市滦河岸边的《滦河母亲》雕塑。

大发展战略要求以及本地区经济社会发展等实际情况进行研究论证，并形成决议；省级人民政府设立县级市的请示上报国务院后，由国务院办公厅转民政部审核办理；民政部收到国务院办公厅转办的设立县级市请示后，应当对地方提交的设立县级市申报材料的合规性、完整性、真实性进行审核；民政部提出审核意见后，形成请示文件报国务院审批。

我国的撤县设市，增加了城市数量，反映了城镇化发展的现实，是生产关系适应生产力的表现。有利于城镇化进一步发展，有利于形成合理的城镇体系机构，有利于拉动城市建设投资，有利于带动城乡协调发展。唐山市辖县的设市，对地方国民经济和社会发展起了积极的推动作用。所以，在新时期又积极推动滦县撤县设市。

滦县古称滦州，殷商时期属黄洛城旧址，是孤竹国所在地，素有“关西第一州”之称。公元923年，辽太祖耶律阿保机建立的辽政权设滦州；公元1913年，中华民国政府改滦州为滦县。设州时间共990年，设县时间共105年。改革开放以来，滦县经济快速发展，在唐山以至河北省的县域经济发展中处于领先地位。

新设的滦州市以原滦县的行政区域为行政区域，地处河北省北部、滦河西岸，西北距北京220千米，西南距天津136千米，西距唐山35千米，东距秦皇岛82千米，总面积为1028平方千米，滦州市下辖4个街道、10个镇。2017年，户籍总人口57.24万人。滦州市是河北省唯一集国家卫生县城、国家园林县城和全国文明县城于一身的县级城市，被评为“中国滦河文化之乡”“中国最具投资价值旅游城市”。经唐山市上报河北省并经中华人民共和国国务院批准，河北省滦县于2008年9月26日撤县设立滦州市。滦州市人民政府驻滦河街道滦河西路3号，滦州市由河北省直辖，唐山市代管。

★玖拾柒

自贸试验区　挂牌曹妃甸

河北自贸试验区曹妃甸片区挂牌（2019 年 8 月 31 日）

自由贸易试验区（Free Trade Zone，简称 FTZ）从自由港发展而来，是指在贸易和投资等方面比世贸组织有关规定更加优惠的贸易安排，在主权国家或地区划出特定的区域，准许外国商品豁免关税自由进出。自贸区通常设在港口的港区或邻近港口地区。20 世纪 80 年代开始，许多国家的自由贸易区向高技术、高知识和资本密集型发展，形成科技型自由贸易区。截至 2013 年 6 月 19 日，全球已有 1200 多个自由贸易区。

中国（河北）自由贸易试验区曹妃甸片区区牌。

中国于 2013 年在上海设立第一个自由贸易试验区。党的十八大提出要加快实施自由贸易试验区战略，形成面向全球的高标准自由贸易区网络。到 2018 年，全国共有 12 个自由贸易试验区。

2019 年 8 月，国务院发布《关于印发 6 个新设自由贸易试验区总体方案的通知》。根据相关政策，中国（河北）自由贸易试验区的实施范围 119.97 平方千米，涵盖四个片区，即雄安片区、正定片区、曹妃甸片区、大兴机场片区。各片区既互为整体，又独立发展，共同承担河北自贸试验区试验任务，努力构筑各有侧重的产业体系。

2019 年 8 月 31 日上午 10 时，中国（河北）自由贸易试验区曹妃甸片区正式挂牌。

2019 年 8 月 31 日，中国（河北）自由贸易试验区曹妃甸片区举行挂牌仪式。

曹妃甸片区共 33.48 平方千米，东至曹妃甸新城绿珠河西岸、青裳河西岸，南至纳潮河北岸线、三号港池岸线，西至新兴产业园区高新大街，北至曹妃甸工业区北边路、曹妃甸新城新港大道。

根据功能定位，曹妃甸片区重点发展国际大宗商品贸易、港航服务、能源储配、高端装备制造等产业，建设东北亚经济合作引领区、临港经济创新示范区。

曹妃甸片区是唐山建设“东北亚地区经济合作的窗口城市”的引领区。随着东北亚经济日趋活跃，建设曹妃甸片区，通过创新贸易便利化和投资自由化措施，能够有效吸引东北亚特别是日韩企业来唐山投资兴业，发展新兴贸易业态，构建中日韩三国合作的产业链，有力推进唐山地区对外贸易的发展。

中国（河北）自由贸易试验区曹妃甸片区政务服务中心。

建设曹妃甸片区，也有利于唐山开创环渤海区域合作新局面。到 2019 年，曹妃甸已建有泊位 89 个，其中 40 万吨泊位 2 个，是我国重要的能源和原材料集疏大港，在全国沿海港口中占据重要位置。未来曹妃甸片区将立足优势互补，连接辽宁、天津，形成统一对外开放高地和对外开放窗口，发挥好区域协同效应和各自产业优势，打造抢占科技发展制高点的新兴产业集群，形成新的区域经济增长极，促进环渤海地区的加速崛起。

同时，建设曹妃甸片区，有利于唐山构筑对接“一带一路”的新枢纽。借助蒙冀铁路和深水大港优势，随着中欧班列的开通和蒙古国出海口的建设，通过发展多式联运体系，优化环渤海区域功能，可将曹妃甸建成内向京津、外联东北亚及俄罗斯远东地区大通道，推动大宗商品、高端装备制造业、新型贸易业态以及国际物流与航运服务集聚，加强我国与“一带一路”沿线国家特别是俄、蒙及欧洲的经贸合作，形成全方位、宽领域、多层次、内外融通的大开放格局。

在开展国际大宗商品贸易方面，未来，曹妃甸片区将依托现有交易场所，开展矿石、钢铁、煤炭、木材、天然气、粮食、食糖等大宗商品现货交易。建设大宗商品期货保税交割仓库、跨境交易平台。开展矿石混配业务，完善仓储、分销、加工及配送体系，完成曹妃甸国际大宗商品贸易新跨越。

在加快临港产业发展方面，曹妃甸片区将设立多式联运中心，培育发展航运企业。设立航运保险机构和国际船舶备件供船公共平台、设备翻新中心和船舶配件市场。开展平行进口汽车试点。建设国际海运快件监管中心，促进曹妃甸由集疏大港向贸易大港转变。

发展国际能源储配贸易。曹妃甸片区将开展成品油和保税燃料油交割、仓储，允许区内企业开展不同税号下保税油品混兑调和。建设液化天然气（LNG）储运设施，完善配送体系，促成曹妃甸国际能源储配贸易新发展。

支持装备制造产业开放创新。未来，曹妃甸片区将建设国家进口高端装备再制造产业示范园区，试点数控机床、石油钻采产品等高附加值大型成套设备及关键零部件进口再制造。放宽高端装备制造产品售后维修进出口管理，适当延长售后维修设备和备件返厂期限。允许进口入境期限不超过一年的二手研发专用关键设备，实现曹妃甸高端制造产业新突破。

中国（河北）自由贸易试验区曹妃甸片区入口。

曹妃甸片区未来将大力发展新型贸易，包括建立和发展国家电子商务综合试验区，开展汽车平行进口试点，发展进境指定口岸贸易，发展冷链物流产业等，借助自贸区贸易便利化政策的东风，越来越多的境外优质产品将进入国内市场。

曹妃甸片区挂牌后，将加快转变政府职能，打造国际一流营商环境；深化投资领域改革，深入推进投资自由化便利化，完善投资促进和投资保护机制；推动贸易产业升级，提升贸易便利化水平，支持开展国际大宗商品贸易，建设国际商贸物流重要枢纽。走出一条有序承接北京非首都功能疏解和产业转移、建设一批战略性新兴产业和高技术产业基地的自主创新道路，总结一批具有曹妃甸特色、符合唐山实际、可操作性强的经验做法，形成一批可复制、可推广的改革创新成果，为唐山地区深化改革、扩大开放、加快发展探索路径、创造经验，推动形成京津冀协同开放、区域错位、各具特色的发展格局。

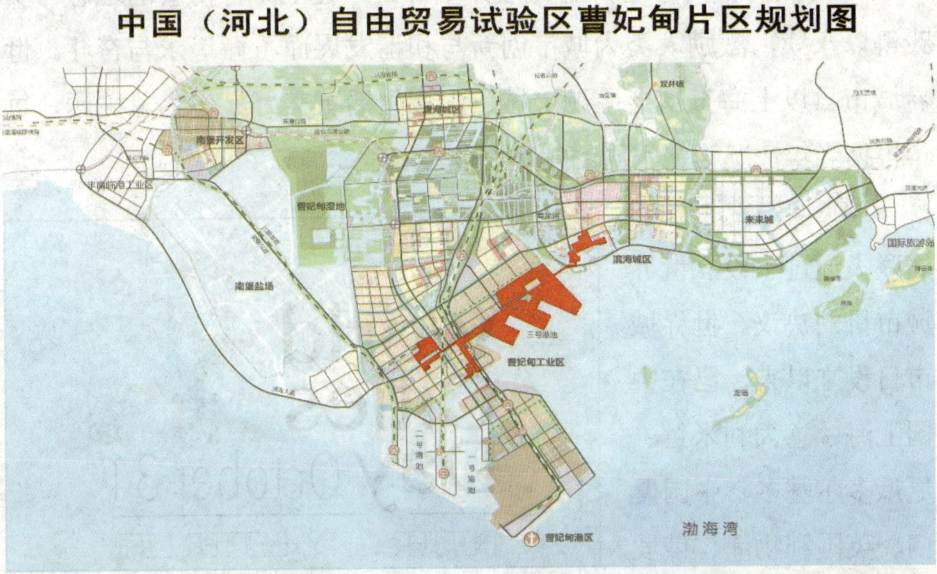

中国（河北）自由贸易试验区曹妃甸片区规划图。

★玖拾捌

唐山脱颖出　承办城市日

唐山举行世界城市日中国主场活动（2019 年 10 月 31 日）

世界城市日是中国政府在联合国推动下设立的国际日，源自 2010 年上海世界博览会闭幕之际发布的《上海宣言》。宣言倡议将 10 月 31 日上海世博会闭幕之日定为世界城市日，让上海世博会的理念与实践得以永续，激励人类为城市创新与和谐发展而不懈追求与奋斗。世界城市日以上海世博会主题“城市，让生活更美好”作为总主题，每年根据当年情况设定不同的年度主题。

世界城市日宣传海报。

2013 年 12 月第 68 届联大通过了设立世界城市日的决议。世界城市日设立以来，已在中国上海、意大利米兰、厄瓜多尔基多、中国厦门、英国利物浦、俄罗斯叶卡捷琳堡、中国广州等城市举行了活动，成为国际社会宣传城市可持续发展理念、共同探讨构建宜居和谐城市、应对城市化带来的各类挑战的重要平台。

2019 年世界城市日唐山主场活动开幕式。

国家住建部于 2019 年 6 月 26 日印发通知，公布了 2019 年和 2020 年世界城市日中国主场活动承办城市名单。唐山市在福州、西安、大连、新余、衢州等 6 个申办城市中脱颖而出，获得评审总分第一名。该通知说："根据《住房和城乡建设部关于印发世界城市日中国主场活动承办城市遴选办法（试行）的通知》（建外〔2019〕1 号）和《住房和城乡建设部办公厅关于开展 2019 年和 2020 年世界城市日中国主场活动承办城市遴选工作的通知》（建办外函〔2019〕133 号），在各地推荐基础上，经评审委员会评审和我部常务会审议，决定由河北省唐山市承办 2019 年世界城市日中国主场活动。"

2019 年 10 月 31 日上午，由住房和城乡建设部、河北省人民政府与联合国人居署共同主办，唐山市人民政府承办，中国市长协会、中国城市规划学会、上海世界城市日事务协调中心共同协办的，主题为“城市转型，创新发展”的2019年世界城市日中国主场活动在唐山市南湖国际会展中心盛大开幕。

2019年世界城市日中国主场活动包括主题演讲、市长对话、专家交流、城市适应气候变化国际研讨会、《城市转型创新发展唐山倡议》、《上海手册·2019年度报告》首发仪式、中国城市发展案例展及相关配套活动，举办世界城市日论坛、主题展览和实地参观等。来自中国、德国、荷兰、丹麦、菲律宾等近20个国家、地区和国际组织的官员、市长、专家学者出席活动，并围绕年度主题进行交流讨论，分享在促进城市可持续发展和改善人居环境方面的经验和做法。

国家住房和城乡建设部，河北省人民政府，中共唐山市委、市政府主要领导和联合国助理秘书长、联合国人居署副执行主任维克托·基索布出席活动。

河北省副省长张古江在致辞中指出，近年来，河北省围绕建设以首都为核心的世界级城市群，贯彻创新、协调、绿色、开放、共享的发展理念，不断提高城市综合承载能力和内涵式发展水平。城市面貌日新月异，人居环境持续改善，城市发展转向规模扩张与质量提升并重的新阶段。河北将以世界城市日为契机，虚心学习借鉴国内外城市发展的先进经验与做法，转变城市发展方式，完善城市治理体系，提升城市治理能力，推动城市发展迈上新台阶。

联合国助理秘书长、联合国人居署副执行主任维克托·基索布在致辞中感谢中国政府为推动设立世界城市日及开展世界城市日相关活动所做的大量工作，希望在“一带一路”“南南合作”等合作框架下继续与中国开展更加广泛而深入的合作，号召各国通过采取创新政策和举措，

2019 年世界城市日中国主场活动市长对话。

建设环境友好、绿色生态、包容宜居的城市，为子孙后代创造更美好的生活。

唐山市市长丁绣峰在致辞中说，转型是城市不懈的追求，创新是发展永恒的主题。唐山始终致力建设宜居城市、发展绿色产业、防灾减灾救灾、优化生态环境，由英雄城市震后崛起彰显中国力量和制度优势，到资源型工业城市对转型升级、可持续发展的执着求索，打开了世界了解中国城市发展的“唐山窗口”，赋予了世界城市日中国主场活动新的时代内涵。唐山将充分学习借鉴世界城市转型发展经验，深化交流合作，凝聚广泛共识，与世界各城市携手共建人类更美好的家园。

活动期间，举行了 2019 年世界城市日中国主场活动市长对话，对话由中国市长协会承办，与会嘉宾、代表 300 余人参加。对话会上，中外城市的市长、联合国人居署亚太区域办事处高级官员以“城市转型，创新发展”为主题，围绕“加强生态修复，推动城市绿色发展”“提升城市基础设施质量，改善城市人居环境”等议题进行了广泛发言。

2019 年，世界城市日中国主场活动还举行了专家对话，专家们围绕“城市更新，消除城市空间不平等”“升级转型，助力城市繁荣发展”“社区微更新，焕发城市新活力”等议题进行了广泛对话。通过对话，专家们一致认为，城市更新，既要搞好发展又要做好保护，充分尊重广大市民的想法与意愿，注重城市品位的提升，重视自然生态的修复与维护，以及城市文化与历史的传承，不断实现“城市增长”向“城市成长”的转变，为下一代创造更适合生活与发展的美好环境。

唐山市副市长曹全民代表唐山宣读了《城市转型创新发展唐山倡议》，向全球城市发出“唐山倡议”。倡议坚持生态优先，共同推进城市绿色发展；坚持优化结构，共同转变城市发展方式；坚持创新竞进，共同提升城市治理水平；坚持开放包容，共同加强城市交流合作。并呼吁，落实《2030 年可持续发展议程》和《新城市议程》是世界各城市的共同责任，让我们以 2019 年“世界城市日”为新的起点，深入交流全球城市发展的宝贵经验，推进城市转型、创新发展，共同开创城市更加美好的未来！

参加活动的联合国助理秘书长、联合国人居署副执行主任维克多·基索布，菲律宾圣罗克市市长唐·阿布朗，联合国人居署城市规划与设计局局长希普拉等，都表达了对唐山的热爱之情，赞美了唐山的转型发展，认为唐山将为全球城市的绿色、健康、可持续发展贡献智慧和力量，更好地回应世界人民对城市发展的美好向往。

为了让世界城市日更加深入人心，让更多的人更加关注城市、关注自己的家园，此前，唐山市还开展了世界城市日摄影大赛、2019 穿越城市世界巡回赛·唐山站、“爱城市、爱家园”世界城市日公益日等活动。

★玖拾玖

唐山环境美　国家森林城

唐山市正式被批准为“国家森林城市”（2019 年 11 月 15 日）

2016 年 11 月，以“森林城市与人居环境”为主题的首届国际森林城市大会在中国深圳举行，来自 40 多个国家的近 500 位生态学、环境保护、城市林业、景观设计规划及市政管理领域的专家学者及多位市长参加了大会。会上通过了森林城市与人居环境《深圳宣言》，指出坚持森林城市发展理念和原则，发展近自然的城市森林，提高城市森林与湿地生态系统的完整性和连通性，保护生物多样性，提高城市森林生态系统对气候变化的适应能力。

“国家森林城市”奖状。

自此，我国开始了创建森林城市活动。“国家森林城市”荣誉称号是一个城市生态建设水平的最高荣誉，也是综合体现一个城市科学发展水平与和谐发展成就的重要标志。创建国家森林城市是建设美丽中国的必然要求，是增进民生福祉的重大举措，是实现绿色发展的重要抓手，是推进生态文明的有效途径。通过开展森林城市建设，实现“让森林走进城市，让城市拥抱森林”的目标。

南湖公园的唐山市市树国槐林。

早在2011年8月31日，唐山市第十三届人大常委会第27次会议就通过了《唐山市人大常委会关于批准唐山市市树和市花的决定》，将国槐树作为唐山市市树，将月季花作为唐山市市花。国槐、月季是适应唐山市自然条件的乡土树种和花卉，外形美观，抗逆性强，病虫害少，种养方便；同时，国槐、月季有一定的经济价值和历史文化内涵，观赏性强，形态、姿态、颜色等特性能反映唐山市的自然风貌和人民朝气蓬勃、奋发向上的精神，能代表唐山市的城市形象。自此，月季花和国槐在唐山市大量种植，广大人民群众热爱市树市花，积极种植，自觉养护，为创建森林城市打下了基础。

唐山市人民政府门前的唐山市市花月季花。

2016年，唐山的“创森”工作开始，制订了创森总体规划。

2017年8月唐山市创森总体规划通过专家组评审，创森工作全面展开。两年多来，全市坚持把创森作为由“资源型工矿城市”向“创新型生态城市”转变的重要抓手、改善生态质量推动绿色发展的关键行动、增强人民绿色生态福祉的有效途径，聚焦城市拓绿、乡镇扩绿、水系添绿、治霾增绿、矿山复绿、产业兴绿、心中播绿、安全护绿，明确目标，落实责任，举全市之力，强力推进落实。中共唐山市委、市政府组织实施了城区绿色空间拓展、水源地绿化建设、森林村镇建设、山地生态建设、防护林网建设、湿地保育等六大重点生态建设工程；特色果品产业、生态旅游产业、林下经济产业三大重点生态产业工程；特色果树主题文化园建设、生态文化科普教育示范基地建设、生态文化节庆活动三大重点生态文化工程。

唐山还实施了国土绿化三年攻坚行动，全市新造林约150万亩，森林覆盖率提高2.5个百分点。为了践行绿水青山就是金山银山的理

唐山花海。

迁安市长城山野绿道。

念，唐山保护、培育和合理利用森林资源，加快国土绿化，保障森林生态安全，建设生态文明，真正地实现人与自然和谐共生。

在唐山市政府的大力推动下，在全市人民的共同努力下，着力打造了环城高速绿色生态屏障，在环城高速两侧建设了各500米宽的高标准生态景观林带，打造了环城近百千米长的闭合式绿色生态屏障。同时，着力打造唐山南湖、唐山花海、迁西长河生态治理等特色亮点工程。全市营造林84.01万亩。在唐山“护林、爱绿”行动中，重点对城市道路、公园、广场等区域内的绿化养护、设施维护、病虫害防治等进行全面对标整改和提升。

特别是建设提升了南湖公园、唐山花海、迁西国家板栗公园、曹妃甸湿地、唐山湾国际旅游岛、迁西花乡果巷国家田园综合体等一批生态建设亮点工程。全市森林覆盖率达到37.9%，市建成区绿化覆盖率达到41.51%，人均公园绿地面积达到15.54平方米，超过了创森指标要求。

广大市民积极投身森林城市建设，争做“植绿、爱绿、护绿、兴绿”的使者，共植一片林、共播一片绿，为建设“山更青、地更绿、天更蓝、水更碧”人与自然和谐相处的生态家园，为推动唐山高质量发展，建设开放创新包容、宜居宜业宜游的现代化滨海城市，加快实现“三个努力建成”“两个率先”目标贡献自己的一份力量。

唐山的道路绿化。

到2019年9月底，唐山的森林生态、森林产业和生态文化三大体系12项重点工程全部高标准完成，创森40项指标全部达标，其中森林覆盖率、年新造林面积、群众对创森的满意度等17项指标超过国家标准。全市新增造林120多万亩，绿色成为唐山生态文明建设、高质量发展的亮丽底色。创森工作得到了国家森林城市验收考核组的高度评价。

2019年11月15日，2019年森林城市建设座谈会在河南信阳举行，会上宣读了“国家森林城市”称号批准决定，并举行授牌仪式，唐山市正式被批准为“国家森林城市”。

2021年年初，唐山市人民政府决定巩固“国家森林城市”创建成果，深入开展国土绿化大会战，抓好荒山披绿、矿山复绿、村镇植绿、企业扩绿等绿化工程，完成造林80万亩。

★壹佰

绿色新唐钢　滨海展雄姿

河钢唐钢新区正式投产（2020 年 9 月 7 日）

河北钢铁集团有限公司（简称河北钢铁集团）是 2008 年 6 月 30 日由原唐钢集团和邯钢集团联合组建而成的特大型钢铁企业。

唐钢，是中国转炉炼钢的先行者，是 1976 年唐山大地震中的钢铁脊梁，是城市挥之不去的“印记”。改革开放以来，唐山钢铁公司不断壮大，建立了现代企业制度，逐渐发展成为河北钢铁集团的核心企业，成为国内最大、国际知名的钢铁联合企业集团，是中国第一大家电用钢、第二大汽车用钢供应商。

河钢集团企标。

中国改革开放进入新时代，站在京津冀协同发展的高度，河北钢铁产业的转型升级和结构调整是事关全局的一盘棋。地处京津冀城市中心，整体环境容量受限，河钢唐钢发展压力越来越大。实施退城搬迁，企业不仅可以赢得更好的发展空间，还可通过资源置换，让布局、产品结构更优化，更好地迎接个性化、定制化钢铁时代的到来。

河钢唐钢要成为河钢践行习近平总书记新发展理念的典范，在中国钢铁工业转型升级道路上担使命、作表率，将企业打造成为代表中国钢铁工业乃至世界钢铁工业先进水平的技术高地、创新高地、产品高地、智能制造高地和绿色发展高地。在经济方面作出贡献的同时，更要在社会引领等方面作出贡献。所以，唐钢新区是我国钢铁行业结构调整转型升级的重要组成部分，是河北省推动河钢转型升级的示范项目。该项目是一个完全按照新发展理念、融合钢铁生产全新概念打造的现代化“梦工厂”，在设计、施工、工艺、技术等各方面，都代表着中国钢铁工业未来的高度。

河钢唐钢新区位于乐亭县，毗邻京唐港，属于大型滨海现代钢铁企业。

2020 年 9 月 7 日，河钢集团唐钢新区投产仪式在唐钢新厂区隆重举行。同时 1 号高炉（2922 立方米）成功点火，河钢唐钢新区正式投产。从此，谋划多年的河钢唐钢退城搬迁正式执行，河北省钢铁业布局优化、向海发展取得关键性突破。河钢人告别了临海不临港的历

河钢唐钢投产仪式会场。

河钢唐钢1号2922立方米高炉。

史，实现了拥有沿海钢铁项目的夙愿。从城区到沿海，从内陆到深蓝，一个集聚绿色、智能、高端的现代化钢铁材料制造基地拔地而起。

河钢唐钢新区的投产，不仅为河钢带来了全新的动力和支点，也将为钢铁行业注入强大的创新动力。河钢因此拥有了世界级现代化沿海钢铁基地，实现了从城市向沿海的历史性转变，并彻底解决了钢厂与城市发展空间的矛盾，真正实现了城市与企业的双赢。河钢唐钢新区集先进技术、区位、物流、环保、工艺、智能等于一体，体现着行业未来的高度。

“环保绿色化、产线智能化、工艺前沿化、流程高效化、产品品牌化、投资合理化”是新唐钢的主要亮点。

河钢唐钢2050毫米热轧带钢生产线，代表热轧国际领先水平。

建设国内钢铁行业首个覆盖全流程业务的数字化工厂，以数字化技术和智能制造实现业内弯道超车。临海临港的地理区位、合理优化的工艺布局以及完全市场化的体制机制，

河钢唐钢投产仪式主席台。

使企业具备了差异化竞争优势。采用238项行业前沿新工艺新技术，以世界知名汽车主机厂为重点客户群，使一流装备生产一流产品创造一流效益。突破单纯依靠银行贷款的传统建设理念，实现多元投资方式重大创新，达到了国内同等规模项目建设投资最优化。最大厚度达15毫米、最高强度级别1200MP的推拉酸洗产品，从专业书上的数字走向现实，成为钢厂新的“王牌产品”。按照集团确定的精品差异化战略，定位高端产品和高端客户，新钢厂热轧产品的高端品种钢比例将达到87%，冷轧产品的高端品种钢比例达到76%。包括被誉为汽车板“皇冠上的明珠”的05宽幅面板和超过1000MP的高强汽车用钢，都将成为唐钢的主打产品。在河钢唐钢新区200多平方米的生产指挥大厅，三块巨型屏幕实时显示着包括能源环保、生产运行、物流状态、订单执行等信息。新区构建起了全流程一体化的生产管控系统，生产业务单元管控全部可视化数字化，将实现自感知、自决策、自执行、自适应的全智能模式。

河钢唐钢新区，巨龙一般的全封闭通廊和介质管道，将海上运来的物料源源不断地输送到厂区直接投入生产。沿海布局、前厂后港模式带来的物流成本降低，可使吨钢成本下降300元左右，大大提高钢铁产出效益。

对于钢铁生产中伴生的高炉转炉富余煤气，河钢唐钢新区将之回收后进行并网发电，再用于钢铁各工序的生产。项目全部投产后，利用余热余能余压发电，新厂区自发电率将达到90%，大大提升了能源综合利用水平。

河钢唐钢搬迁，从设计、施工到经营，整个过程全面贯穿循环经济理念。多年来，河钢唐钢积累了节能降耗领域的大量经验，被誉为“世界最清洁钢厂”。退城搬迁后，这些绿色工艺大量应用到新厂区，为其高质量发展铺就最美底色。截至2000年，采用的130多项先进的环保生产技术，实现了生产单元烟气全净化和污染物高效处理。钢渣处理是钢企生产过程中现场环境最难控制的环节之一。新厂区采用新一代辊压热闷处理钢渣技术，使钢渣处理过程粉尘排放浓度达到10毫克／立方米以下，实现了钢渣100%综合利用。粉尘无排放属于钢铁治污的世界性难题。新厂区建起48千米长的全封闭通廊和271千米长的介质管道，将海上运来的物料、焦化厂的焦炭、自有矿山的铁矿粉进行无泄漏管廊运输，从根本上杜绝了无组织排放对环境的影响。新厂区执行最严格的环保标准，所有排放指标比目前行业最严的“唐山市超低排放标准”再降10%，首次实现能源、环保、动力远程集控，全工序超低排放。

立足城市看，为中心区域腾出更多发展空间，城市和钢厂矛盾的焦点将会彻底化解，实现真正意义上的双赢。

立足行业看，钢铁产业即将进入个性化、定制化的高质量发展时期，先行一步，是面向未来、谋求主动的必然抉择。

河钢唐钢的投产，使唐山产业布局向沿海转移又迈出了一大步，钢铁强市的基础更加稳固，智能发展、绿色发展的道路更加宽广。

主要参考文献

▲ 报刊

1.《人民日报》。

2.《河北日报》。

3.《唐山劳动日报》《唐山晚报》。

4.《红旗》。

5.《求是》。

6.《新唐山》。

▲ 著述

1.《毛泽东选集》1~5 卷。

2.《毛泽东文集》1~8 卷。

3.《邓小平文选》1~3 卷。

4.《李运昌回忆录》编写组:《李运昌回忆录》,法律出版社 2006 年出版。

5. 中共唐山市委党史研究室:《中国共产党唐山历史》,中共党史出版社,2001 年出版。

6. 王昆:《冀东革命史》,中共党史出版社,1993 年出版。

7. 唐山市档案馆:《唐山市大事记》(两册),1996、2007 年出版。

8. 赵冈:《中国城市发展史论集》,新星出版社,2006 年出版。

9. 王保畲:《中国城市化的道路及其发展趋势》,学苑出版社,1993 年出版。

10. 于云汉:《中国城市发展史纲》,天津人民出版社,1996 年出版。

11. 徐性纯:《河北城市发展史》,河北教育出版社,1991 年出版。

12. 苑书义、孙保存、郭文书:《河北经济史(第四、五卷)》,人民出版社，2003 年出版。

13. 李万青：《竢实扬华 自强不息》，西南交通大学出版社，2011 年出版。

14. 唐山概览编写组：《唐山概览》，红旗出版社，1996 年出版。

15. 陈佩：《唐山市事情》，商务印书馆，1940 年出版。

16. 唐山公署：《唐山市概览》，油印本，1942 年出版。

17. 魏心镇、朱云成：《唐山经济地理》，商务印书馆，1959 年出版。

18. 黄景海：《秦皇岛港史》，人民交通出版社，1985 年出版。

19. 王子平、孙东富：《地震文化与社会发展》，地震出版社，1996 年出版。

20. 王士立、刘允正：《唐山近代史纲要·上卷》，社会科学文献出版社，1996 年出版。

21. 池作清等：《唐山现代史纪事本末》，红旗出版社，1999 年出版。

22. 王士立、王振良等：《日历上的唐山史记》，中国文史出版社，1997 年出版。

23. 回建：《唐山城市文化发展研究》，红旗出版社，2007 年出版。

24. 王长胜：《唐山名萃丛书》，红旗出版社，1997 年出版。

25. 贺永平、任荣会：《唐山百年纪事·第一卷 经济纵横》，中国文史出版社，2002 年出版。

26. 闫永增：《以矿兴市——近代唐山城市发展研究》，中国社会科学出版社，2009 年出版。

27. 曾文友：《唐山——中国铁路之源》，白山出版社，1999 年出版。

28. 唐山政协文史资料委员会：《唐山历史写真》，中国文史出版社，1998 年出版。

29. 赵竞存：《唐山历史三字经》，河北科学技术出版社，2011 年出版。

30. 赵竞存：《穿越时空看唐山》，河北大学出版社，2015 年出版。

31. 王长胜、李润平：《唐山陶瓷》，华艺出版社，2000 年出版。

32. 唐山市总工会工运史志研究室:《唐山工人运动史》,中央文献出版社,1993 年出版。

33. 任荣会:《开滦文史专辑》,1994 年出版。

34. 任荣会:《开滦史鉴文萃》,2002 年出版。

35. 唐山市政协文史资料委员会、京唐港务局:《京唐港》,社会科学文献出版社,1995 年出版。

36. 唐山市档案局、唐山港口投资有限公司、唐山港集团股份有限公司:《唐山港京唐港区史》,中国档案出版社,2009 年出版。

37. 李晓靖:《曹妃甸港口经济发展战略研究》,河北教育出版社,2001 年出版。

38. 开滦矿务局史志办公室:《开滦煤矿志》,新华出版社,1992 年出版。

39. 王克勤:《唐山城市建设志》,天津人民出版社,1992 年出版。

40. 孔繁志:《唐山市科学技术志》,天津科学技术出版社,1988 年出版。

41. 刘建亚、苑玉成:《唐山市商业志》,中国人民大学出版社,1992 年出版。

42. 刘水:《唐山市教育志》,教育科学出版社,1993 年出版。

43. 吴国栋:《跨世纪的历程》,中国铁道出版社,1995 年出版。

44. 张学:《唐钢沧桑》,书目文献出版社,1993 年出版。

45. 唐山市政协:《唐山历史写真》,中国文史出版社,1998 年出版。

46. 曹征平:《中国铁路源头》,中国文史出版社,2017 年出版。

47. 唐山市政协:《唐山城市发展史》,中国文史出版社,2018 年出版。

48. 唐山市政协:《唐山文史资料大全(1~23 卷)》,中国文史出版社,2013 年出版。

后　记

本书是在中共唐山市委网络安全和信息化委员会办公室指导下，由“唐山你好”公众号为纪念中国共产党诞生100周年而编著。因事成篇，编选100件大事，集成100篇文字。其编选原则主要是在党的领导下唐山人民走过的100年的光辉历程，在这一历程中今唐山域内发生的具有国际国内重大影响的大事。全书具有史著特色，但又不是真正意义上的史著。

书中所选100件大事，大致分为民主革命时期、社会主义革命和建设时期、改革开放时期三个历史阶段。由于篇目定数是100篇，故选择时兼顾了政治、军事、经济、文化、对外交往等各个方面。所选人物的原则是：在中共中央的正式文件中出现过或受到过毛泽东等中共中央第一代领导集体核心领导人赞誉过的人物，按照其卒年（牺牲、就义的年份）与其他历史事件按时间排序。由于本书体例和篇幅所限，有些比较有影响的历史事件或人物憾付阙如。

本书重大事件的遴选，采取了一般史著厚今薄往的原则，即年代愈久远的事件选入得愈少，反之则愈多。同时还尽量兼顾了唐山域内各县（市、区）。

本书在编纂过程中，参考了唐山市有关部门和学者的相关著述，吸收和征引了一些研究成果。由于未采取页下注的形式，只在书后用参考文献的形式列出了相关参考书目，望有关部门及学者涵谅。因资料搜集不全和限于编纂者水平，书中会有疏误之处，祈望各界人士不吝教正。

编纂者

2021年6月